地方高水平大学发展研究丛书

Internationalization of Higher Education
Global Vision and China's Choices

高等教育国际化
全球视野与中国选择

王绽蕊　［德］乌尔里希·泰希勒（Ulrich Teichler）　张优良◎主编

科学出版社
北京

内 容 简 介

国际化是当今世界各国高等教育发展的共同趋势。在全球范围内，国家和高校普遍推动高等教育国际化，学者纷纷探讨高等教育国际化的概念、现象和实践。世界范围内的高等教育国际化趋势深刻影响着高等教育乃至社会政治、经济和文化等各领域的发展。

本书梳理了高等教育国际化的国际经验，讨论了全球化背景下中国高等教育国际化的探索与实践，论述了高等教育国际化的影响及规律，包括高等教育国际化对高等教育系统内部或外部不同参与者的影响，以及参与者如何影响一个国家或地区的高等教育国际化进程，指出了未来高等教育国际化发展面临的挑战、风险和问题，在此基础上，总结归纳出了高等教育国际化的一些规律。

本书适合高等教育管理者、研究者以及对高等教育国际化问题感兴趣的研究生和本科生参阅。

图书在版编目（CIP）数据

高等教育国际化：全球视野与中国选择 / 王绽蕊，（德）乌尔里希·泰希勒（Ulrich Teichler），张优良主编. —北京：科学出版社，2021.10

（地方高水平大学发展研究丛书）

ISBN 978-7-03-069879-7

Ⅰ. ①高… Ⅱ. ①王… ②乌… ③张… Ⅲ. ①高等教育-国际化-研究 Ⅳ. ①G648.9

中国版本图书馆 CIP 数据核字（2021）第 190637 号

责任编辑：朱丽娜　冯雅萌 / 责任校对：杨　然

责任印制：李　彤 / 封面设计：润一文化

科学出版社 出版

北京东黄城根北街 16 号

邮政编码：100717

http://www.sciencep.com

北京建宏印刷有限公司 印刷

科学出版社发行　各地新华书店经销

*

2021 年 10 月第　一　版　开本：720×1000　B5

2022 年 1 月第二次印刷　印张：17

字数：298 000

定价：99.00 元

（如有印装质量问题，我社负责调换）

序

北京工业大学地方高水平大学发展战略研究中心成立于2011年10月，并于2013年8月获批成为教育部战略研究（培育）基地（以下简称基地）。基地的设立源于我们对地方高校的发展在我国高等教育强国建设中重要性的科学认识和正确定位。自成立以来，基地以“跟踪国外，关注国内，着眼学校”为定位，专注于地方高校尤其是地方高水平大学发展战略的理论与实践研究，主动参与地方高等教育发展战略与政策的制定，积极发挥教育智库政策咨询、战略研究与社会服务的功能，向政府部门提供多份决策咨询报告和政策建议，初步实现了“国家教育改革有声音，北京市教育改革有参与，学校重大改革决策有贡献”的建设目标。

2019年，我国有近3000所高校，其中90%以上是地方高校。[①]因此，地方高校不仅是中国高等教育体系的重要组成部分，而且是我国高等教育的主体。要想达成“我国高等教育总体实力显著提高”的目标，最终实现我国从高等教育大国到高等教育强国的跨越式转变，必须重视地方高校的发展。当前，我国地方高校在高等教育发展中发挥着日益重要的作用。近年来，在QS（Quacquarelli Symonds，夸夸雷利·西蒙兹公司）世界大学排名、THE（Times Higher Education，《泰晤士高等教育》）世界大学排名、ARWU（Academic Ranking of World Universities，世界大学学术排名）等大学排行榜上，我国有越来越多的地方高校上榜；在QS世界大学学科排名和ESI

① 教育部.（2019-06-15）[2020-10-10]. 2019年全国高等学校名单[EB/OL]. http://www.moe.gov.cn/jyb_xxgk/s5743/s5744/A03/201906/t20190617_386200.html.

（Essential Science Indicators，基本科学指标数据库）前1%学科排名中，地方高校上榜的学科数量也在逐年上升。

地方高水平大学是地方高校的排头兵。近年来，地方高水平大学在中国高等教育体系中的影响力也日益增大。通过长期的历史积淀和近年来的跨越式发展，我国涌现出了一批高水平地方大学，形成了“办学历史悠久，地域特色鲜明，综合实力较强，区域地位突出”的良好办学基础和强劲发展势头，像苏州大学、上海大学、郑州大学、北京工业大学、深圳大学等高校更是取得了突飞猛进的发展，综合实力已经稳居全国地方高校前列，部分学科已经达到或接近世界一流水平。因此，地方高水平大学应有足够的信心、勇气与担当，积极投身于国家“双一流”建设，全面推动我国高等教育的整体发展。

当前，国家“一带一路”倡议、京津冀协同发展战略及首都功能定位对北京市属高校的国际化提出了更高的要求，同时带来了更多的发展机遇。北京工业大学作为北京市属高校中的世界一流学科建设高校，积极贯彻国家和北京市的政策要求，全面推进一流学科建设，同时积累综合改革的经验，为市属高校和地方大学提供借鉴，这也是北京工业大学近年来坚定不移地推进一流大学建设的出发点。

争创一流是地方高水平大学的目标和追求。判断一个大学或者一个学科一流与否，要遵循三重逻辑（即学术逻辑、社会逻辑和政治逻辑）及其背后的评价标准。大学是学术的天堂，是自由探索的地方，理应追求学术和卓越，这是大学需要考虑的学术逻辑。除了学术逻辑之外，大学还需要考虑社会逻辑。遵循社会需求，立足地方，服务地方，乃大学肩负的重要历史使命和战略任务。大学还需要考虑政治逻辑，要建设中国特色社会主义的大学，除了传授给学生知识、培养其能力之外，还要培养学生的中国特色社会主义核心价值观，这也是中国大学和国外大学的区别所在。因此，衡量“双一流”的标准就不能单单是学术标准。北京工业大学在建设世界一流学科的过程中进行了三重逻辑的有益探索。

作为基地主任，我欣喜地注意到，近年来，基地不断尝试通过高水平学术研究支撑学校现代大学治理体系建设和高校工程教育改革实践。围绕中国特色大学治理体系、高等教育国际化、创新人才培养、地方高水平大学发展战略等当今高等教育的热点与难点问题，基地科研人员开展了卓有成效的工作，涌现出一批优秀的科研成果。值得欣慰的是，基地人员不是“关起门”来写论文，而是努力开展与世界一流学者的国际合作研究。在学校国际科研合作种子基金的支持下，基地责任教授王绽蕊与青年教师张优良等积极关注以北京工业大学为代表的地方高水平大学的国际化实践，与国际知名学者德国卡塞尔大学的乌尔里希·泰希勒（Ulrich Teichler）教授等合作主编了《高等教育国际化：全球视野与中国选择》一书。为此，基地与科学出版社密切合作，计划陆续推出“地方高水平大学发展研究丛书”系列著作。近期，除了这里提到的《高等教育国际化：全球视野与中国选择》一书之外，还有青年学者张优良的专著《地方高水平大学国际化改革研究》也已经付梓，后续还将陆续出版基地其他研究人员的专著。

目前，新型冠状病毒肺炎疫情的防控形势依然严峻，国际政治经济形势动荡，高等教育发展存在很多不确定性。对于这些潜在的风险和不确定因素，并不是所有的国家和高校都做好了准备。这些问题的有效解决，不仅需要高等教育实践者的齐心合力，还需要科研人员提供政策参考。真心希望北京工业大学地方高水平大学发展战略研究中心继续通过高水平的科研成果支撑学校的发展，助力地方高校的建设，为中国乃至全球高等教育的繁荣作出更大的贡献。

前　言

高等教育国际化是世界高等教育政策和发展的关键主题之一。我们往往认为，大学一直以来都以从世界各地寻求知识以及努力理解其他国家和文化的思维方式为己任，这使得它们比大多数其他社会组织更国际化。近年来，大学越来越重视增加人员和思想的国际交流，学者和学生的日常生活也更多地受到跨国联系的影响。

当前，在高等教育国际化领域，有两种现象最为引人关注。首先，身体流动是这一领域中许多研究报告的主题。数据显示，越来越多的学生前往一个不同于其国籍或不同于其在接受高等教育之前生活和学习的国家进行学习或交流，越来越多的学者在另一个国家度过他们的一段学术生涯或永久移居外国。其次，近年来，人们往往认为高等教育正在卷入一场为了达到世界一流的质量和学术声誉而展开的全球竞争中。照此推理，我们就可以把高等教育的国际化理解为一场优秀大学或优秀学者的全球性竞赛，这让很多观察者相信高等教育国际化问题主要与那些在提升其国际声誉方面最为活跃的各国顶尖大学有关，但事实上，地方高校同样也需要通过国际化来提高教育质量，提升学术声誉。

本书旨在深化对上述这两个领域知识的认识。更确切地说，本书试图说明高等教育国际化的主题要比这两个领域广泛得多。本书的各篇文章都对跨国知识转移的多种方式给予了应有的关注。学生和学者的流动性当然很重要，但我们不应该忽视知识转移的其他方式。我们还必须意识到，那些没有加入国际流动的学生和学者在获取国际化知识方面正面临挑战，因此，本土国际化成为高等教育国际化发展的重要趋势。本书中的多篇文章强调了知识本身也在通过多种方式变得日益国际化。其实，所有学科的研究者都必须清醒地意识到世界各地的普遍知识可以在多大程度上塑造我们的共性，以及不同国家与文化在多大程度上存在不同的思维方式和知识的不同优先事项。当然，最为重要的是要理解高等教育国际化并不局限于认知领域，更确切地说，国际知识影响国际理解——影响着我们理解和尊重其他文化与社会的方式，进而有助于促进世界范围的和平共处、和谐共生。

本书还旨在表明，高等教育国际化不仅仅是一种与顶尖大学以及最有雄心和最成功的学者及学生相关的现象。那种认为顶尖大学完全靠国际化观点来定义，其他大学则由国家、区域或地方观点来定义的传统论调现在已经变得越来越不合时宜。

我和王绽蕊教授分别邀请了世界不同国家的高等教育国际化知名专家为本书供稿，如日本广岛大学的黄福涛教授、美国杜克大学的Darla Deardorff博士、荷兰的Christof van Mol博士、英国曼彻斯特大学的李晗薇博士、厄立特里亚的Samson Maekele Tsegay博士，以及中国香港岭南大学的莫家豪教授、北京师范大学的王英杰教授等（篇幅所限，不再一一列举）。他们中有不少人是这一领域广受尊敬和赞誉的专家，或者近年来非常活跃地致力于高等教育国际化研究。这些作者贡献的各章内容分别研究了高等教育国际化领域不同方面的问题，阅读这些内容，中国读者既可以洞悉高等教育国际化的广泛维度，了解世界范围内有关高等教育国际化的讨论，也可以更加深入地理解中国高等教育国际化与世界高等教育国际化发展之间的相互关系。

本书的大部分工作，尤其是与文章作者之间的沟通与联系工作由北京工业大学高等教育研究院的王绽蕊教授承担。张优良博士承担了大部分翻译、校对和编辑工作，并负责与出版社沟通。我和王绽蕊教授共同提出了有关出版这本书的构想，并一起撰写了本书的引言部分。我们在高等教育各个领域的研究中合作了大约10年，并在德国和中国的很多场合进行了深入的思想交流。

乌尔里希·泰希勒

目　　录

第一部分　引　　言

第二部分　高等教育国际化及其影响与趋势

第三部分 高等教育国际化：全球视野

第四部分 高等教育国际化：中国选择

第一部分　引　　言

高等教育国际化发展：过去、现在与未来

王绽蕊　Ulrich Teichler

世界高等教育国际化经历了三个发展阶段：中世纪大学是自然国际化的结果，代表高等教育国际化的原型阶段；中世纪结束至20世纪80年代为高等教育国际化的传统阶段，实质而非形式上的国际化是这一阶段的突出特征，高等教育国际化主要表现为一种实践和一系列事件的集合；20世纪80年代以来，“现代型”高等教育国际化阶段的主要特征为全球化背景下的国际化。未来世界高等教育国际化发展面临多种不确定因素的影响，但世界高等教育国际化发展的整体方向不会改变。

高等教育国际化是当今世界高等教育发展的重要特征之一。它是如此重要，以至于只要是谈高等教育发展，没有哪个国家能够绕开“国际化”这一主题。“国际化”这一术语的英文单词“internationalisation”的末尾为“sation”，表明高等教育“国际化”是一个实践过程，它是动态变化的，“国际性”（internationality）一词则用来描述一个国家或地区高等教育国际化程度的静态特征。

人们通常认为，高等教育部门是一个非常国际化的社会部门。某些学科的知识具有普遍性，即不受国家权力的影响；在世界范围内寻找最新的高质量知识是所有学者的任务；跨境流动和合作是加速知识转移的典型手段；国际声誉被视为最高的声誉；与社会上其他领域的人相比，活跃在高等教育领域的人更经常怀有世界性的价值观。自20世纪80年代以来，不管是发达国家还是发展中国家都十分重视高等教育国际化，这表明尽管这些国家的高等教育发展

水平存在差异，但其在国际化方面或多或少都存在一些值得关注和重视的问题。理解这些问题需要将高等教育国际化放在历史和时代的大背景中，用全球视野解读地区故事。

一、高等教育国际化发展的历史考察

现代世界各国大学的共同源头是欧洲中世纪大学。虽然这些大学自产生以来就是国际性的高等教育机构，但此后的高等教育国际化却没有稳定地向前发展。就高等教育国际化的本质来说，当前的高等教育国际化与欧洲中世纪大学的国际化在很多方面已有很大不同。总地来说，自中世纪现代大学产生以来，世界高等教育国际化经历了三个阶段的发展，我们姑且将其称为高等教育国际化的原型阶段（“原型”）、高等教育国际化的传统阶段（“传统型”）和高等教育国际化的现代阶段（“现代型”）。

（一）高等教育国际化的“原型”

欧洲中世纪大学不仅是欧洲制度化大学的开始，而且按照阿特巴赫的说法，除了埃及的爱资哈尔大学以外，“毫不夸张地说，世界上所有大学都起源于中世纪欧洲模式”（Altbach，1998）。中世纪大学的学生和教师来自欧洲各地，因此，它们从产生那一天起就是国际性的大学。中世纪大学代表了国际化的“原型”，其国际化具有如下几个特征。

1. 传授普遍性的知识

中世纪大学传授的知识是普遍性的。不管是意大利博洛尼亚大学讲授的民法和教会法知识，还是法国巴黎大学讲授的雄辩术和逻辑学，抑或是萨莱诺大学讲授的医学知识，都不是地方性知识，而是适用于整个欧洲地区的知识。这种具有普遍性的知识适应了当时欧洲政府部门和商业发展的需求，是大学能够吸引欧洲各地学子前往学习的根本原因。

2. 使用统一的语言

虽然当时欧洲的不同地区都有自己的本地语言，但由于基督教会的官方语言是拉丁语，所以拉丁语的普及程度相当高。中世纪大学普遍使用拉丁语进行教学，来自不同地区的学生听课完全没有语言障碍。

3. 采用统一的教学管理制度

中世纪大学在课程设置上，无论学生学习哪一种专业，都以“七艺”的学习为基础。除此以外，中世纪大学还有统一的教学制度、学位体系和考试制度。统一的语言、课程、教学和考试制度，避免了来自不同地区学者之间的交流障碍，是国际性大学形成的基础和必要条件。

4. 师生自由流动

中世纪大学是自发产生的，实际上是先有教师和学生以及他们的教学活动，而后才有大学。中世纪大学师生的国际性流动既有主动流动，也有被动流动，例如，师生对在当地所受待遇不满时的迁徙行为就是被动的，但这种流动完全是自由的，属于自发行为，没有为国际化而国际化的动机。

总之，中世纪大学的国际化是一种自然国际化过程的结果。这种国际化是内生的、自发的，大学层面缺乏有意识、战略化的国际化动机，师生个人层面也并非出于国际化的需求而进行跨国流动和开展教与学活动。虽然教会、王国和城市都曾经介入大学发展，但其介入并不存在任何推动大学国际化的动机。作为高等教育国际化的“原型”，中世纪大学诠释了知识、语言、教学管理制度和人员流动对于大学国际化的重要性。

（二）高等教育国际化的“传统型”

中世纪大学“是当时社会政治、经济和文化发展的产物”（滕大春，1989），其国际性寓于统一性之中。这是因为当时的欧洲在政治上一方面由罗马教廷领导，另一方面各国的封建王权高度自治。由于信奉“王权神授”，各个封建王国君主需要由罗马教皇加冕。换句话说，虽然当时的欧洲存在很多封建王国，但它们在宗教意义上也是一个统一的政治体。政治上的统一为师生的跨国界流动创造了便利条件。教师和学生在边界之外的他国教学虽然会被认为是“侨民”，但在统一的宗教领导的中心协调下，权益谈判比较容易进行，师生的权利也比较容易得到保障。到了中世纪后期，随着文艺复兴和宗教改革的兴起，这种政治统一性逐渐被打破，封建王权日益强大，民族国家逐渐代替罗马教廷成为主导大学发展的主要外部力量，大学也从国际性的高等教育机构“变成了地区性的中心，为它们坐落在其版图内的国家服务”（贺国庆，2003）。这种新的高等教育国际化格局经历了近代以至现代，直到20世纪80年代经济全球化时代的来临，才被新的样态代替。这一漫长历史时期的高等教育国际化样态可以被称为“传统型”的高等教育国际化。

虽然这一时期的高等教育机构相对于中世纪大学来说失去了国际性，但并没有全部和完全地方化。整体而言，“传统型”高等教育国际化具有如下几个特征。

1）大学教授的知识范围扩大，系科增多，为不同宗教和文明之间的学术交流提供了更为丰富的资料基础和知识前提。历史上，关于什么样的知识应该进入大学曾引起不少争论。试想，如果近代和现代大学仍然以欧洲中世纪大学的神学、法学、医学为主要学科，那么它对于其他大陆上的国家的学术辐射能力必然是有限的。但历史总是向前发展，中世纪后期，由于文艺复兴对人文学科的倡导，大学中神学、法学、医学等学科“一统天下”的局面被打破，现代科学产生以后，大学不可避免地卷入科学与宗教之争，并最终成功地将科学学科引入大学。工程类的学科原本在学术性上低于科学学科，很多国家通过设置专门学校或专科大学来培养工程人才，但工程类学科最终还是成功地融入综合性大学，成为综合性大学的重要系科。知识不再具有统一性，但其多样性、复杂性却一再加深，使高等教育机构发展成为“传递深奥知识”和“探索新的学问领域”的场所（约翰·S. 布鲁贝克，1987），在社会发展中的作用不断加强，逐渐从边缘走向中心。正是因为高等教育机构对一国经济社会发展起到重要作用，后发国家才积极模仿、借鉴先发国家的高等教育模式，努力构建自己的高等教育体系。

2）全球高等教育版图不再限于欧洲。中世纪大学都是欧洲大学。但随着欧洲文明的传播以及欧洲国家不断向外殖民，美洲、亚洲、大洋洲、非洲等都相继出现了殖民地学院乃至大学。殖民地独立后，这些国家的高等教育大都延续了殖民地时期的教育传统，未被殖民的国家则结合本国对高等教育的现实需求建立了自己规模可观的高等教育体系。后发国家对先发国家从高等教育体系到高等教育制度的模仿或借鉴，是“传统型”高等教育国际化的重要特征。这种国际化是实质而非形式上的国际化，国际化行动的目的和名义都是民族化的。

3）教学管理制度各具特色。民族化的高等教育体系采纳了不同的高等教育理念，形成了不同的教学管理制度。例如，英国大学注重对大学生的博雅教育，德国大学注重将教学与研究相结合，提倡通过研讨班来进行教学，美国大学形成了通识教育加专业教育的教育模式；各国学制也不尽统一，本科阶段既有三年制，也有四年制或五年制；在学生管理方面，有的大学强调学生自治，有的大学则注重由学校统一管理；等等。不同的教学管理制度为各国高等教育机构的相互认可和交流带来了一定的障碍。

4）民族语言代替拉丁语，成为高等教育机构的学术语言。但与此同时，伴随着欧洲国家的殖民地扩张，全球形成了几种优势语言，例如，美国、澳大利亚等国家普遍使用英语，加拿大兼用英语和法语，葡萄牙语和西班牙语则成为中美洲和南美洲大学的官方语言。除此之外，英语还成为全球学术界最具优势的“至尊语言”（菲利普·G. 阿特巴赫，朱知翔，2008）。民族语言的使用使各国高等教育相互割裂，优势学术语言的存在又使高等教育世界得以相互联结。

5）人员流动仍是国际化的主要形式，除此之外，办学模式的移植、模仿和借鉴行为比较盛行。尽管“有两千年时间，学者首先是一个学者，然后有五百年越来越成为首先是一个公民”（克拉克·克尔，2001），但这一时期学者和学生的跨国流动并不少，有些甚至得到了政府的资助。17 世纪，欧洲内部的学生流动率已经达到 10%（乌尔里希·泰希勒，2014），但人员流动的结果不仅仅是个人学术水平的提高和就业前景的改善，还成为高等教育改革的重要路径。18 世纪，有很多美国人去德国留学，并将德国的研究生教育模式成功引入美国；民国时期，很多中国留学生回国后成为大学校长，将德国、美国等国家的大学管理制度移植到民国大学来实施。这些都是这方面的典型例子。

总之，“传统型”高等教育国际化是在高等教育机构外部失去了罗马教廷领导的统一性，内部增加了知识的丰富性、系科的多样性，国与国之间以人员流动和办学模式的移植、模仿和借鉴为主要形式的实质而非形式上的国际化。“传统型”高等教育国际化的行动方既有国家，也有个体，甚至在第一次世界大战和第二次世界大战之后也不乏国际组织的参与，但仍然缺乏高等教育机构层面的战略规划，“高等教育国际化”本身也不是一个流行语，而是一种实践和一系列事件的集合。

（三）高等教育国际化的“现代型”

20 世纪 80 年代以来，尤其是随着冷战的结束、信息网络技术的普及，经济全球化进程加快，为了迎接全球化时代的挑战，很多国家的政府、社会团体、大学自身以及国际组织与地区组织等纷纷出台政策文件、分析报告、战略发展规划等，致力于推进大学国际化进程。“国际化”成为高等教育发展的一种战略目标追求、日常活动乃至成功模式，呈现出前所未有的繁荣局面。

与中世纪相比，这一时期世界高等教育发展再次呈现出国际性特征，且有着相似的推动因素，那就是高等教育发展外部环境的统一性以及就业市场对人才素质要求的同一性。不同的是，欧洲中世纪高等教育国际化的外部环境是基于宗教上的统一性，现代高等教育国际化的外部环境是基于全球市场的统一性。在新自由主义经济思想的主导下，发达国家资本寻找全球市场的经济活动影响辐射到高等教育领域，使一国高等教育发展与科技创新不得不面对来自全球市场的竞争，这在客观上使大学开放办学、实施国际化战略变得至关重要。经济全球化对高等教育人才的国际就业胜任力提出了统一的要求，国际组织也从促进世界和平和国际理解的角度出发，强调培养“世界公民”。这种对人才规格的要求虽然不同于中世纪对于大学向学生传授法律、宗教、医学知识的需求，但也体现出一种全球统一性（或者说共性），是人员跨国流动的基础支撑。

“现代型”高等教育国际化的特征表现在如下几个方面。

1）国际化成为一种重要的发展理念乃至信念，深刻影响着各国的高等教育发展战略选择。人们深信国际化可以为本国高等教育发展带来大量资源和利益，认为它是提高本国高等教育与科技竞争力的重要途径，甚至有人提出国际化是高等教育在教学、科研与社会服务之外的“第四职能”，因此，政府和高等学校都高度重视高等教育的国际化发展。

2）有组织的国际化。“现代型”的国际化是有组织的国际化，这种“组织性”体现在两个层面：首先，国家甚至超国家层面制定政策，支持高等教育国际化，这方面的典型例子是欧洲。20 世纪 80 年代以来，欧盟通过博洛尼亚进程、伊拉斯谟项目等一系列超国家层面的政策措施推进欧洲高等教育一体化。其次，学校设置专门的机构并建立系统化的组织制度体系负责管理国际事务。例如，当前我国很多大学不仅设有专门的国际合作与交流处负责学校的国际交流与合作工作，还设有国际学院专门负责留学生教育与管理，设置国际校区负责中外合作办学，设置孔子学院负责海外办学，此外还通过设置专门负责国际化事务的副校长、副院长以及组建校院两级国际事务管理队伍促进二级学院的国际化办学，制定国际化发展战略，建立国际化工作考核机制等。对于很多大学来说，国际化已经不仅仅是教师或学生的自发行为，更是和教学、科研、财务等事务同等重要的核心工作。

3）国际交流与合作形式多样，国际交流与合作规模空前壮大。人员跨国流动仍然是高等教育国际化的主要形式，而且规模比历史上任何一个时期都更加庞大。这种人员流动不仅包括学生的跨国学习，也包括高等学校领导与管理人员的跨国交流，以及教学科研人员的跨国任职、学术交流与合作。除此之外，国际科研合作、国际学术出版、国际学术会议与培训、境外办学等都是高等教育国际化的表现形式，在信息技术、互联网技术的支撑下，各种在线教学国际合作形式也层出不穷。

4）各国教育教学制度统一或互认。例如，为了促进学生的国际流动，欧洲通过推进博洛尼亚进程统一各国的高等教育学制、学位和学分体系；截至2019年，中国已经与世界上48个国家和地区签订了学历学位互认协议（熊建辉，2019）。

5）英语成为高等教育机构最为常用的国际学术语言。虽然民族语言仍然是各国高等教育机构的主要学术语言，但越来越多国家的高等教育机构提供英文授课课程或者学位项目，以吸引外国留学生。欧盟更是通过伊拉斯谟项目鼓励参与项目的大学开设跨国学位项目，参加这些项目的学生虽然要学习相关国家的语言，但主要授课语言还是英语。

回望过去，展望未来，也许有人会提出一个问题：高等教育国际化模式有没有一个“理想型”？整体而言，这是一个过于理想和天真的想法。高等教育国际化本身是高等教育发展的手段而不是目标，上文关于高等教育国际化阶段性特征的描述更多地是对高等教育实践特征的一种归纳，它们是社会政治、经济、文化发展的映射性结果。在高等教育国际化的过程中，虽然大学越来越成为一种主动的推动性力量，但经济与市场、国际政治关系等外部因素始终是影响高等教育国际化的关键因素。长远来看，高等教育国际化发展取决于人们的现实需要以及满足这种现实需要的能力，并没有一定之规。鉴于知识的普遍性，我们在高等教育发展中其实更应该进行逆向思考，去审视大学的组织、人事、制度等当中存在哪些不利于知识的普遍性交流之处，而不是仅仅进行正向思考，一味在大学排行榜或者其他外在喧嚣声下强调高等教育国际化或者大学国际化发展，却不知道国际化的最终目的是什么。仅仅停留于对大学国际化现状的考察、调查、归纳与总结，也是远远不够的。

二、当今世界的高等教育国际化

当今世界，高等教育国际化的主要内在动力来自高等教育市场和经济市场的全球化，因此，“国际化”与“全球化”两个概念常常联系在一起，但它们的含义并不相同。“国际”（international）用于强调跨越现有国家边界的联系和流动，“全球”（global）经常被用来强调国家边界的相关性正在减弱。除此之外，还有一个概念，就是“跨文化”（intercultural）。国界并不总是文化的边界，很多情况下，相同的语言和文化背景促进了不同国家之间的交流。例如，讲法语的瑞士学者与法国同事的关系比与讲德语的瑞士同事更密切，后者也和他们一样，往往与德国同事关系更为密切。比利时南部（瓦隆尼亚）与法国、比利时北部（佛兰德斯）与荷兰的学术界有着类似的联系。近年来，一些国家努力开展与邻国之间的高等教育合作，这种努力在欧洲最为密集，也最为成功。在欧洲，国际化在很大程度上是“欧洲化”（Europeanization），有些人也认为它是地区层面的“全球化”，因为欧洲化同样使得国家边界的影响弱化，高等教育体系趋同化的可能性加大。

（一）高等教育国际化的主要目标和功能

当今世界高等教育国际化主要体现为五个方面的目的和功能。

1）不同层次或学术质量之间的知识和人员跨境流动，即知识和人员从学术层次或教育质量较低的高校和国家向学术层次或教育质量较高的高校和国家流动，这种流动可以被称为“垂直知识转移”（vertical knowledge transfer）和“垂直流动”（vertical mobility）。整体而言，在排名中名次靠前的大学的外国学生和学者流入比例较高。一些国家利用本国相对较高的教育质量，通过向流动学生收取高额学费来增加收入。许多低收入和中等收入国家鼓励学生和学者出国，以提高他们的能力，但这可能会导致“人才外流”现象，即流动人员不回国，无法促进母国的经济、社会和文化发展。

2）同一层次或学术质量之间的知识和人员跨境流动也很普遍，这种流动可以被称为“横向知识转移”（horizontal knowledge transfer）和“横向流动”（horizontal mobility）。这是经济发达国家研究团队、学习项目和高等学校之间最常见的高等教育国际化特征。欧盟的伊拉斯谟项目就是这样一个学习项目，它主要支持欧洲内部的学生流动。对伊拉斯谟项目的评估表明，学生横向流动的最大价值在于“从比较中学习”（learning from contrast），学术水平相同的合作伙伴之间开展研究合作也能通过相互启发提高彼此的研究水平。

3）获取有关其他国家和国际性的知识和能力。例如，一个人想要提高外语水平，想要通过区域研究获得有关其他国家的自然、经济、社会等方面的知识，想要掌握国际法或国际贸易等多个方面的知识等。

4）提高“国际性”的社会交往能力（socio-communicate competences），即在国际交往日益频繁的国际和全球社会环境中成为“国际参与者”或“全球参与者”的能力。

5）培养国际或全球价值观，养成“国际思维”，促进“国际理解”“跨文化理解”，形成“全球意识”和“普世价值观”。对于大多数人来说，越了解这个世界，其就越能够理解不同国家和不同文化，从而越有助于促进不同文化、生活方式、价值观和政治主张之间的和谐共存。

（二）高等教育国际化的主要模式

高等教育国际化有着多方面的特征，国际活动也在以多种方式展开。目前，专家对高等教育国际化并没有形成普遍、统一的分类，但一般来说，我们可以区分出以下五种模式。

1）通过媒介进行的知识转移模式。长期以来，书籍和其他书面印刷文件是知识转移的最重要媒介，图书馆则是学校国际化最重要的设施。近年来，电子媒体扮演着越来越重要的角色，如“远程会议”、通过电子邮件进行的国际交流、通过“skype”进行交谈、开放访问在线出版物、电子书、大规模在线开放课程（massive open online courses，MOOC）等。通过这些媒介，学者或学生不需要跨越国界来传播或获取知识，知识自己就可以迅速跨越国界。

2）身体流动，尤其是学生和学者的身体流动，是高等教育国际化最明显的现象。国际性的财政和组织支持往往集中在身体的流动上。但学术界对身体流动的定义和测量往往模糊不清。以下几种学生流动的功能和性质有着显著不同：临时性流动（或称“学分流动”）是指学生只是在国外学习一段时间，最终还是在原籍国毕业；学位流动是指学生出国完成整个学位项目的学习，并最终在目的地国毕业，获得学位；向上流动是指从学生从学术质量较低的国家或高校向学术质量较高的国家或高校流动，在这样的流动中，最重要的是适应目的地国的学习环境；横向流动是指在国家和高校之间或多或少平等地流动，从比较中学习，流动的主要目的是掌握国际技能，促进国际理解；外向流动是指站在输出国角度而言的学生流动，指出国学习和交流；内向流动是指站在接收国角度而言的学生流动，指入境学习和交流。相较于学生流动，学者流动的统计数据更为复杂、难懂。目前来看，学者流动至少有三种类型需要区分：短期访问，包括研究合作、短期教学、学术休假、博士或博士后阶段的海外实地研究等；中期居留，如在国外工作一段时间，或者在奖学金的资助下读博或做博士后；长期居留或长期就业，实为移民。

3）国际合作。这方面比较典型的例子是学者之间的项目合作，通常是一个以上国家的学者共同为一个研究项目筹集资金，分担项目管理责任。他们主要以书面形式交流，偶尔安排一个需要身体流动的研讨会，或一起做一些实地工作，最后合作发表出版物以结束项目研究。

4）跨国教育，即由一个国家针对另一个国家的学生开展课程教学，开设学位项目，或者一个国家在另一个国家开办高等教育机构。跨国教育又包括两种模式：一种是极端的“进出口”模式，即一个国家在另一个国家开办大学或设置分校区，在这个国家，它是“外国大学”，或者外国大学的一个“分支机构”，其管理、资金、教育过程和学位授予均由原籍国大学控制；另一种相反的模式是“合作跨国教育”，即教育原籍国的影响程度由两国的责任人协商决定，并将该项目和机构纳入提供国的监管体系。

5）本土国际化。不进行身体流动，不用参与国际合作，也可以实现教学内容与研究内容的国际化，这就是高等教育的本土国际化模式。所谓的“国际高等教育”“国际研究”“比较研究”“思维国际化”等，都是本土国际化的重要形式。因为跨境国际化存在局限性，所以本土国际化模式越来越受欢迎。以欧洲为例，欧洲近年来大力提倡和推动高等教育国际化，约有3%的学生选择到另一个国家攻读学位，约有10%的毕业生在另一个国家学习或从事与学习相关的活动。2009年，40多个欧洲国家的高等教育部长一致认为，在“博洛尼亚进程”中，教学国际化的最高目标是，到2020年，确保每个国家平均有20%的学生有在另一个国家学习或与学习相关的经验（乌尔里希·泰希勒，2014），但是，这意味着80%的学生不会有这种身体流动。采用“本土国际化”模式就可以打破这种局限，使非流动学生获得与流动学生相似的知识和能力、社会交往技能与国际价值观。

（三）支持高等教育国际化的国家政策

毫无疑问，高等教育国际化首先是高等教育学者和学生的事情，涉及他们如何思考、如何行动、如何塑造教学和研究等。然而，和那些不涉及知识转移、身体流动和价值观冲击的活动相比，它通常会受到国家和高校层面组织环境的强烈影响。在所有以高等教育和研究的高质量著称的经济发达国家，高等教育和研究的进一步国际化都是这些国家政治议程上的重要议题，尽管高等教育国际化往往意味着巨大的财政负担，且存在一些学术和社会问题。

这些发达国家支持和推动高等教育与研究国际化的政策有着显著差异，其中最突出的差异表现在以下几个方面：①各国对高等教育国际化的监督管理体系和机制有很大不同，有的国家实行实质性管理，有的国家的管理则比较松散；②各国对高等教育国际化的公共财政支持力度和方式有很大不同；③各国在为国际社会提供公共财政支持的程度和这些规定的方式上有着显著的不同；④各国的国际伙伴关系有很大不同，例如，英国注重知识输出和人员流入，许多其他欧洲国家喜欢与学术水平相近的国家开展经常性交流，也有一些国家重视对学术和经济条件较差的国家进行教育援助；⑤各国对本国学者和学生国际化程度的期望值各不相同，一些国家只强调流入学生和学者的比例，将其作为“国际化”的重要指标，而另一些国家则强调本国人向外流动和参与国际学习与研究的国际化形式；⑥各国处理跨国教育问题的方式各不相同，有些国家不提倡跨国教育，有些国家显然更喜欢境外办学或办分校的模式，而另一些国家则支持合作性的跨国高等教育；⑦各国在选择支持哪个高等教育部门的国际化方面存在显著差异，有的国家注重支持处于高等教育体系顶端的高校实现国际化，有的国家希望实现整个高等教育体系的全面国际化。

（四）学校层面的国际化战略

在许多经济发达国家，个别高等教育机构自 20 世纪 80 年代以来，在加强国际观念和国际活动方面更加积极。有三个方面的因素促成了这种变化。

首先，在这些国家，伴随着高等教育治理和管理制度的改革，大学领导层的权力增大和责任增加，政府的监督相对减少，这促使高校加强了对传统学术权力的管理。

其次，这些国家建立了多种质量保障机制，它们的大学越来越相信国际化是提高学术质量的关键。

最后，国家政策（在欧洲还有超国家层面政策）常常要求在整个高等教育系统中更加重视国际化：当今世界，国际化不再被视为高等教育精英阶层的一个特征，对于所有学者和学生来说都非常重要。

高等教育机构促进国际化方面的典型战略性方式包括以下几种：①对学

校的优势（strengths）、劣势（weaknesses）、机会（opportunities）和威胁（threats）进行分析（即SWOT分析），以建构一种符合自身条件和特征的独特国际化概念；②制定国际化战略，明确对国际化的理解、优先事项等；③加强内部责任制度和在国际化方面的全校性沟通制度建设，例如，设立一个负责国际事务的副校长职位，在一个学院中任命一名教授担任国际活动的协调人，设立由学院主要学术和行政负责人组成的委员会等；④将“国际化主流化”（internationalisation mainstreaming），即在就任何关键问题作出决策时，都要考虑它将如何影响大学的国际化，同样，在就国际化问题作出决策时，也要始终考虑它将如何对大学及其整体活动产生影响；⑤与知名度和声誉相似的高等教育机构建立伙伴关系；⑥实施“软战略”，学校在与其他国家建立伙伴关系的同时，不损害学者个人建立的合作关系，也不因为一些人的计划与学校战略所设置优先事项不同而阻止其继续实施自己的计划；⑦实施混合战略，一方面，加强现有或新开发的国际性亮点（“灯塔”）项目，另一方面，动员大学中那些几乎没有国际化的部门；⑧实施本土国际化战略，而不是仅仅注重身体流动；⑨加强国际化服务，为即将入学的教职员工和学生以及希望能够进行国际流动的本国学生和员工提供支持，增加学习外语和外国人学习东道国语言的相关规定，完善内部信息系统，加强师生之间的非正式和课外联系，设置国际办事处等；⑩关注当地和区域环境，注重加强与旅游者、企业的外国合作伙伴、同一城市其他大学和研究机构的国际活动之间的联系，努力寻求当地对大学国际活动的支持；⑪不具备国际化条件的高等教育机构非常渴望了解条件类似的高校的实践，对于这类高校来说，有关“不利条件下的最佳实践”方面的信息具有较强的激励作用；⑫积极面对人们对国际化的担忧、保留和怀疑态度，毫无保留地沟通和解决相关问题；⑬关注涉及国际事务的巨大成本及其支付方式。

三、高等教育国际化的未来发展展望

全球化改变了世界经济格局。发达国家的跨国公司在全球范围内进行投资，客观上起到了“先富带后富”的作用，带动了发展中国家的经济发展。中国作为世界上最大的发展中国家，由于实行了改革开放政策，成功地融入全球化的洪流，成为经济全球化进程的受益者。一些发达国家，如美国则由于低端市场向海外转移，影响了国内低端劳动力的收入，造成了国内不同阶层群体之间一定程度的利益分配失衡。由发达国家发起和推动的经济全球化开始遭受来自发达国家的抵制，“逆全球化”潮流逐渐兴起。2014 年 4 月 7 日，美国《时代》周刊发表的《逆向全球化》一文指出，全球经济一体化在逆转（孙杰，2017）。2019 年底以来，全球爆发新型冠状病毒肺炎疫情，成为“压倒全球化的最后一根稻草”（徐豪，2020）。在这种新的形势下，“全球化的高等教育国际化”（杨启光，2019）发展态势有所逆转，未来高等教育国际化发展面临很多的不确定性。

首先，国际政治关系因素对高等教育国际化的影响更为突出。国际政治关系一直是影响高等教育国际化的重要因素。虽然冷战结束之后，国际政治关系因素被淡化，经济因素成为全球化时代影响高等教育国际化最为重要的因素，但随着“逆全球化”的发展，国际政治关系再度成为影响高等教育国际化的重要因素。新型冠状病毒肺炎疫情发生以来，作为老牌的留学生接收大国，美国、日本、英国等都主张对中国留学生的就读专业进行限制，美国更是针对中国高校、在美学者、留学生以及孔子学院制定了多项限制性政策。鉴于高等教育国际化在促进高校科技创新中的重要作用，在未来相当长一段时期内，政治需要将继续担当高等教育国际化的发展背景，除此之外，高等教育国际化也将是国际政治博弈的重点领域。

其次，科技创新成为影响高等教育国际化的重要因素。伴随着第四次工业革命的到来，人类进入了人工智能时代。国与国之间的政治与经济竞争在很大程度上取决于科技创新实力的较量。鉴于高等教育机构在科技创新中的重要作用，如何通过促进高等教育国际化，或者对高等教育国际化的某些做法进行限制，才能既有利于实现持续性科技创新发展，又不损害自己的竞争优势，成为像美国这样的高等教育强国，这是需要研究的重要问题。发展中国家仍然需要通过高等教育国际化有效促进国家科技创新。对于中国来说，调整目前过于注重跨境流动的高等教育国际化战略，将国际化与本土化相结合，实行全面国际化战略，是应对以美国为首的发达国家的科技封锁政策的必要手段。

尽管有多种不确定因素的影响，未来世界高等教育国际化发展的形式、国际交流的对象与范围可能会有所改变，但正如“逆全球化”趋势不会真正逆转经济全球化发展趋势一样，世界高等教育国际化的发展方向也不会改变。

（一）高等教育国际化未来发展的价值观

高等教育国际化的根本价值是开放与交流。高等教育国际化的主体竞相追逐的首要对象是知识，其次是附着在知识之上的技能、态度、价值观、经济利益等。知识只有在交流中才能得到发展，交流只有在开放中才能展开。无论是在国家、地区层面还是在院校层面，打破高等教育开放和交流的壁垒与障碍，促进知识的交流与发展都应是高等教育国际化的核心目标。开放和交流的壁垒与障碍越少，高等教育国际化也就越繁盛。政治、经济和意识形态因素会影响高等教育国际化的某些方面，如方式、对象、范围、频次等，但不会损害高等教育对开放与交流价值的信仰与支持。

学术至上应是未来高等教育国际化发展需要尊崇的基本价值。20 世纪 80 年代以来，“伴随着经济全球化的浪潮，高等教育国际化越来越受商业利润和经济利益的驱动”（黄福涛，2003），由此引发了人们对于高等教育国际化商业价值与学术价值之争的思考。实践表明，在全球高等教育市场中，高等教育国际化的确可以带来巨大的商业利益，但如果将商业价值置于学术价值之上，就不能可持续地获得商业利益。只有坚持学术价值至上的国际化准则，才能实现高等教育国际化的可持续发展。

此外，未来高等教育国际化政策还应该更加注重教育公平，避免造成学生在高等教育入学机会、教育质量、财政负担等方面新的不平等，为处境不利院校、人群提供更多参与高等教育国际化的机会，努力促进更加公平的高等教育国际化。

（二）高等教育国际化未来发展趋势

从目前来看，未来高等教育国际化发展将表现为三种主要趋势。

1. 全球化

当前高等教育国际化发展受益于经济全球化的发展，与此同时，高等教育国际化本身也呈现出全球化的趋势。未来随着科技创新优势在全球市场竞争中的核心地位日益突出，对全球优质高等教育的需求会更加膨胀，世界一流大学在高等教育全球市场中仍然有很大的发展潜力。加强全球存在，建设全球性大学（杨启光，2019），仍然是世界一流大学的努力方向。对于其他大学来说，加强全球参与，努力在高等教育全球化发展过程中谋取自己的一席之地，也将成为重要的发展策略。

2. 区域化

欧洲自 20 世纪 80 年代以来的高等教育区域化进程取得了很好的成效，为世界其他国家的高等教育区域化发展提供了学习的样板。虽然各个地区的具体情况有很大差别，很多地区可能并没有类似欧洲那样的一体化需求，但区域化对于高等教育国际化仍然具有特殊的意义。处于同一区域的国家不仅跨境交流距离短，能够大大节约交通成本，而且往往处于同一个文化圈，跨文化交流成本也较低。受很多因素的影响，当今世界高等教育区域化发展并不是高等教育国际化的主流，但反过来讲，这也正表明高等教育区域化发展具有巨大的潜力。

3. 本土化

这里所说的本土化是指“本土国际化”。本土化是高等教育国际化的重要途径，不仅可以弥补跨境国际化的不足和短板，使高等教育国际化的内涵更加丰富和全面，而且可以使高等教育国际化的实践更加深入和系统，大大提高高等教育国际化的效益。除此之外，本土化也可以更好地促进更为公平的高等教育国际化的发展，使参与高等教育国际化不再成为部分经济实力强大的国家、地区、院校和个人的特权。未来的高等教育国际化发展应该更加注重制定和落实本土国际化战略。

（三）高等教育国际化发展中的问题与风险

1. 高等教育国际化活动的价值冲突风险

高等教育国际化离不开各种各样的国际活动，但由于将高等教育国际化活动过分政治化、意识形态化，充斥于这些国际活动的有可能并非开放交流的国际精神，而是狭隘的民族意识、保护主义思想。这种价值冲突会将高等教育国际化置于一种精神上的分裂状态，损害高等教育国际化的正常发展，关注高等教育国际化活动的价值基础有助于消除这一风险。

2. 功利化高等教育国际化政策的功能失调风险

因为功利化的高等教育国际化政策依然占据主流，目前高等教育国际化发展的各种功利化表现（例如，将高等教育国际化视为贸易和获利手段，将商业利益凌驾于学术价值之上；将高等教育国际化发展等同于大学在排行榜等国际化指标中的表现，不关心高等教育国际化的本质内涵；将高等教育国际化作为政治工具；等等）在短期内不会销声匿迹。这些功利化的高等教育国际化政策很难真正促进学术发展，在促进知识交流、增长与传播方面常常功能失调，因此不利于高等教育国际化的正常发展。回归高等教育国际化的学术价值，使其溢出效应成为实现高等教育国际化学术、经济和政治等多重效益的来源，而不是短视地以降低高等教育国际化质量来换取短期利益，是未来高等教育国际化发展需要深入探讨的重要问题。

3. 可能会出现越来越多的法律争端问题

由于新型冠状病毒肺炎疫情带来的影响，加上国际政治、经济局势的变革，高等教育国际交流与合作的规模和范围日益扩大，未来高等教育国际化发展的不确定性大大增加，其需要面临的法律问题，如国际学生权益保护、海外分校资产归属、教师跨国工作权益保护等也必定会越来越多。对于这种潜在的法律风险，并不是所有的国家都为之做好了准备。加强对高等教育国际化相关法律问题的研究，推动完善高等教育国际化相关立法，将有助于未来高等教育国际化的稳定发展。

参考文献

〔美〕菲利普·G. 阿特巴赫，朱知翔.（2008）. 至尊语言——作为学术界统治语言的英语. 北京大学教育评论，（1）：179-183.

贺国庆.（2003）. 中世纪大学向现代大学的过渡——文艺复兴与宗教改革时期欧洲大学的变迁. 教育研究，（11）：50-56.

黄福涛.（2003）.“全球化”时代的高等教育国际化——历史与比较的视角. 北京大学教育评论，1（2）：93-98.

〔美〕克拉克·克尔.（2001）. 高等教育不能回避历史——21 世纪的问题. 王承绪，译. 杭州：浙江教育出版社：34.

孙杰.（2017）. 逆全球化与全球化的新常态. 中国外汇，（5）：16-19.

滕大春.（1989）. 外国教育通史（第二卷）. 济南：山东教育出版社：128.

〔德〕乌尔里希·泰希勒.（2014）. 迈向教育高度发达的社会：国际比较视野下的高等教育体系. 肖念，王绽蕊，主译. 北京：科学出版社：81.

熊建辉.（2019-09-29）[2020-08-10]. 互容互鉴互通——新中国 70 年教育国际交流与合作之路. http://jsj.moe.gov.cn/news/2/1357.shtml.

徐豪.（2020-03-30）[2020-08-12]. 持续推进更高水平对外开放. http://www.chinareports.org.cn/djbd/2020/0330/14035.html.

杨启光.（2019）. 高等教育国际化发展的全球化视阈与战略选择. 北京工业大学学报（社会科学版），19（3）：79-86.

〔美〕约翰·S. 布鲁贝克.（1987）. 高等教育哲学. 王承绪，郑继伟，张维平，徐辉，张民选，译. 杭州：浙江教育出版社：13.

Altbach，P. G.（1998）. Comparative Higher Education：Knowledge，the University，and Development. Hong Kong：Comparative Education Research Centre，The University of Hong Kong：xii.

第二部分　高等教育国际化及其影响与趋势

高等教育国际化发展趋势与学生国际流动作用演变

Ulrich Teichler

高等教育的“国际化”具有十分丰富的内涵，目前高等教育研究者和行动者仅就其中的部分元素达成了共识，包括跨境是核心要素以及其中隐含着不断增长的趋势。除跨境知识转移之外，学生国际流动是传统的关键特征，人们对此也普遍关注。学生国际流动的概念界定和数据统计差异较大，比如，就学业流动而言，其既包括短期流动和学位流动，也包括横向流动和纵向流动，还包括某一特定时间的流动和整个学习阶段的流动。“纵向流动”研究多为案例分析，很难对其进行有效概括。对于短期流动，尤其是欧洲内部学生的短期流动，相关的研究较为细化，包括流动学生和非流动学生以及不同国家之间的比较研究。研究发现，学生国际流动对提升学业水平和一般能力的作用并不明显，但可以显著提升学生的国际胜任力；它只能带来微弱的职业优势，却可以显著提高学生承担国际化工作的比例以及增强职业的国际流动性。学生高度满意于参与国际流动带来的自身国际理解能力的提升和整体人格的发展。很多迹象表明，未来非流动性的国际化将变得日益重要，国际政治冲突也将对高等教育国际化产生更大的影响。

一、高等教育国际化的含义及学生国际流动的作用

（一）“国际化”的含义

就高等教育的“国际化”而言，国家之间的交流非常复杂。随着时间的

推移，高等教育国际化领域的关键议题也将不断变化（Altbach and Teichler，2001；de Wit，2014）。虽然对“国际化”这个概念应该达成国际共识，但实际上，关于国际化的讨论在不同国家之间差异较大。高等教育研究者和实践者在讨论高等教育国际化时没有基于一致的信息，对关键问题的认识还很肤浅。

为使“国际化”概念被广泛接受，界定“国际化”概念的努力尤为必要。de Wit 和 Hunter（2015）认为，Knight 提出了“人们普遍认可的定义”——“国际化即将跨国界、跨文化或全球化的维度整合到高等教育的目标、职能和传递的过程。”（Knight，2008）但在对这一概念进行进一步的阐释与说明的过程中，任何一步都会衍生出很多观点。

过去，学者关注了高等教育国际化领域的一系列议题。基于相关的公众话语和研究成果（Teichler，1996，2004，2010；Kehm and Teichler，2007），我们认为，高等教育“国际性”或“国际化”可能涵盖六个方面的内容。

1）跨境知识（图书、期刊及其他媒介）转移。

2）跨境人员（学生、学术人员及行政人员等）流动。

3）国际（包括国家、高校及学者之间等）交流与合作。

4）国际教育和研究（比较方法、跨文化学习、以提升国际理解能力为目标的社会化活动等）。

5）国际相似性（趋同化、全球化及欧洲化等）。

6）国际声誉（“世界一流大学”“国际质量”等）。

其他学者的分类方式可能有所不同。Curaj 等（2015）在分析欧洲博洛尼亚进程时曾提及高等教育国际化具有以下几个特征。

1）学生流动。

2）国际化作为推进高等教育变革的杠杆、压力和催化剂。

3）本土国际化。

4）跨文化能力。

5）国际化战略及战略性国际合作。

6）融资渠道的国际化。

7）国际化质量评估。

需要指出的是，“国际高等教育”一词也被一些学者和期刊广泛使用。美国波士顿学院国际高等教育中心还主办了期刊《国际高等教育》，该期刊内容涉及其他国家的高等教育问题以及与国际高等教育相关的国际比较（Altbach，1991；Maldonado-Maldonado and Basset，2014）。对于该期刊而言，用“比较高等教育”一词可能更合适。

一些项目旨在培养学生应对国际化环境的能力，“国际教育”“国际高等教育”等术语常用来指代这些项目中的课程元素，包括外语培训、国别或跨国知识（如国际法和国际贸易）、国际比较研究以及各种各样以增进多元文化理解和国际理解为目的的活动。

综合而言，人们普遍认可以下两点内容：第一，“国际化”一词主要指跨国活动，包括知识转移、人员流动以及各种形式的合作等。这里需要指出的是，随着国家边界以及国与国之间差异的变化，这一概念也随之发生相应的变化。例如，“全球化”这一词汇的运用意味着国家权力不断削弱以及国家之间的差别逐渐模糊（Teichler，2009b）。第二，与多样性类似的是，“国际化”这一词汇意味着变化，更具有国际性。多数情况下，人们认为这是值得的、有益的，然而这种观点未必是没有争议的。

（二）学生国际流动：高等教育国际化的重要特征之一

近年来，人们对“高等教育国际化”的认识和理解发生了巨大的变化。一些研究只关注欧洲地区（Huisman and van der Wende，2004），还有一些研究的关注点虽然不仅限于欧洲地区，但主要关注点还是欧洲（Kehm and Teichler，2007；OECD，2010；Deardorff et al.，2012）。传统上，人们在高等教育领域的思想和行为就不仅限于国家边界内部，但是直到 20 世纪 80 年代，国际性才成为各国政策和常规实践的关键议题，人们开始关注变化的类型与方向，主要包括以下几个方面。

第一，虽然上文列举了高等教育国际性包含的几个主题领域，但人们最常使用国际流动的学生人数作为其核心指标。跨境知识转移是传统高等教育国际性的核心要素，但近年来很少被人们提及。20 世纪八九十年代，学生国际流动成为该领域最突出的主题。伊拉斯谟项目（主要推动欧洲内部短期的学生流动）和博洛尼亚进程（将学生流动作为唯一重要的目标）被人们视为“成功的故事”，两者都强调学生流动在欧洲高等教育国际性政策和日常活动中具有核心作用。相关数据足以说明这一问题。

第二，近年来，除跨境知识转移和学生国际流动以外，其他跨境高等教育交流与合作模式方兴未艾，它们或是和传统的活动相分离，或是发挥补充和替代的作用。其他交流与合作模式主要包括以下几种。

1）为全面鼓励高等教育交流，高校、院系之间的国际合作增多。

2）学者的国际交流和移民活动增加。

3）在其他国家开展提供学习项目和学位的活动（如分校、跨国教育以及海外交流项目等）逐渐增加。

4）远程虚拟跨境活动（如在线学习、MOOC 等）和其他开放式学习方式日益发挥重要作用。

5）与人、项目和虚拟跨境流动无关的其他国际学习方式的重要性日益凸显，如本土国际化。

第三，高校及其主管部门不断采取措施，支持国际化活动的发展。资助项目增多且日益拓展，相应的支持和服务体系也得到发展且日益专业化。

第四，各个国家和地区不断制定有针对性的国际化政策。高校也积极制定、推行国际化战略。在很多情况下，这成为高校战略决策的主流：高校在制定总体发展战略时，要考虑其对国际化战略的影响；高校在制定国际化战略时，要具备学校整体发展的意识。

第五，零散的国际化活动与政策之间的互动加强，整体环境越发复杂。有学者（Hudzik，2015）提出了“全面国际化”的概念，但其实际效果如何，还有待进一步观察。

第六，高等教育国际化政策的发展方向发生了巨大的变化。学者对各种政策的发展方向和相对优势、支持和反对的程度、国家之间的趋同性及多样性等方面的看法存在差异。近年来，在关于高等教育国际化的价值问题上，人们日益强化“成果意识”。欧洲（Teichler，2009a）以及其他地区（Yonezawa et al.，2014）出现了“区域化”趋势，旨在加强邻国之间的跨境高等教育合作。

人们往往认为，高等教育国际化已经成为主流，但实际上很难确定是否果真如此。相对于“合作思维”，人们日益强调“竞争思维”。相对于传统的学术和文化价值，人们日益重视经济和政治价值。一些学者指出，高等教育国际化政策的民族主义、帝国主义暗流涌动，甚至还有学者（Scott，2015）提出了“霸权国际化”的概念，即一国如何巧妙地借助高等教育国际化政策和活动赢得经济和政治上的成功，但这种成功建立在牺牲他国利益的基础上。有学者（Rhoades，2017）注意到，“反国际化”活动的增加也影响了高等教育的国际化政策。对这种竞争思维和经济导向进行巧辩的研究势头大增，但我们很难评断实际的政策和活动与这种修辞文本之间的一致性究竟有多大。例如，虽然学术界对高等教育国际交流与合作活动的商业化趋势进行了非常尖锐的批评，但依然有学者生动地将其描绘成了另一副样子，如从对知识的探索转向对利益的追求（Reisberg and Rumbley，2014；Kehm and de Wit，2005）。针对大学领导者的调查显示，高等教育机构的国际化理念和战略的差异性不断强化（Egron-Polak et al.，2015），各个国家的高等教育政策的差异性也日益显现（Huisman and van der Wende，2004；de Wit et al.，2015）。

第七，人们仍坚信提升国际性大有裨益看起来值得质疑。早在十几年前，有学者（Wächter，2006）就已经指出了"人才流失"的负面影响。尽管"人才循环"对不同国家都有一些正向作用，但其依然备受批评。人们还担忧以下几个问题：高等教育国际性经常与质量相冲突，经济动因可能会损害学术原则，"国际理解""世界公民"可能不再是高等教育国际性的核心价值。人们的观点存在巨大差异，没有一种观点或政策占据主导地位。

二、学生国际流动的界定与数量

参与国际流动的学生规模增长迅猛，但现有数据常常具有误导性。学者往往在没有清晰界定"流动"的概念、没有把握跨境行为特征的情况下就统计了学生流动性的数据。为了改善这种混乱的局面，学术合作协会（Academic Cooperation Association，ACA）发起了两项调查研究，旨在澄清核心概念、提高数据质量（Kelo et al.，2006；Teichler et al.，2011）。对现有文献资料和数据进行整理和分析之后，笔者提出了必须阐明的七个问题：①外国学生和流动学生；②向内流动和向外流动；③短期流动和学位流动；④横向流动和纵向流动；⑤为了学习而流动和为了与学习相关的目标而流动；⑥流动的时限；⑦某一特定时间的流动和整个学习阶段的流动。

以上仅涵盖了部分需要澄清的问题。我们需要意识到，并非所有学生都有国际流动的机会。以欧洲为例，对参与伊拉斯谟项目的学生进行的第一次大规模研究表明，该项目并不适合成年学生或承担家庭责任的学生（Kooij，2014）。直到几年后，博洛尼亚进程才开始强调高等教育的"社会维度"（Kooij，2014），强调要为弱势群体的学生提供流动的机会。最近几年，一些国家开始为大量难民和寻求庇护者提供接受高等教育的机会。

（一）外国学生和流动学生

国际数据中的学生国际流动数往往根据学生的公民身份、国籍或护照对其进行区分，指的是外国学生及出国留学的学生人数。然而，很多外国学生并不是为了学习而参与国际流动，他们早在进入高校以前就已经生活、学习在那里了，并不属于流动学生。随着国际流动和移民行为越发普遍，用公民身份估算学生的流动性并不恰当。将学生国际流动定义为学生基于学习目的而进行的跨境行为或许更为合适。

一些学生在国外生活、学习一段时间之后，为了求学而回到祖国；还有一些学生为了求学出国，在学习过程中获得该国国籍。这些学生都不属于外国人（Lanzendorf and Teichler，2005）。

由于界定方式的不同，基于学生的国籍和流动性来收集数据会使数据统计存在误差。例如，2007 年，英国有 13.6%的学生属于外国流动学生，有 5.6%的学生属于外国非流动学生（虽然有外国国籍，但在入学前就定居在英国），有 0.7%的学生属于本国流动学生（没有外国国籍，为了求学而回到英国）（Bürger et al.，2011）。21 世纪初，欧洲国家有 1/4 的外国学生并不是为了求学而流动，有 1/10 的学生为了求学而流动，但这些学生并不是外国人（Kelo et al.，2006）。

近年来，联合国教育、科学及文化组织（United Nations Educational，Scientific and Cultural Organization，UNESCO，以下简称联合国教科文组织）、经济合作与发展组织（Organization for Economic Cooperation and Development，OECD）、欧盟统计局等收集国际教育数据的机构尝试提供关于学生国际流动的可靠数据，并鼓励各国基于学生国籍和流动性来收集数据。当看到“外国”“流动”“国际”等语义非常模糊的词汇时，我们往往并不能确定其具体所指，这取决于各个国家和地区提供的数据。

（二）向内流动和向外流动

当学生从一个国家前往另一个国家时，就产生了流动行为。就接收国及其高校而言，学生是向内流动；就派出国及其高校而言，学生是向外流动。相关的指代词包括 inwards 和 outwards、incoming 和 outgoing、inbound 和 outbound。如果基于学生的国籍而非流动性来统计数据，用外国学生和留学生等词汇来形容这些流动学生则更为恰当。

高等教育机构习惯收集向内流动的学生（和/或外国学生）数据，并且可以轻松地对这些数据进行国内和国际汇总，但很少统计向外流动的学生数据。因此，对向外流动学生和/或出国留学学生的国际统计应基于对各个来源国数据的汇总。例如，不能从法国获取法国学生出国留学方面的数据，而是要汇总接收国向内流动的学生（和/或外国学生）中法国被标注为留学生来源国的数据。

关于向内流动和向外流动学生的比例，不同国家的差别较大。以英国为例，外国学生（向内流动的学生）数是出国留学的英国学生（向外流动的学生）数的20倍。2007年，比利时、法国、奥地利和德国的向内流动和向外流动学生的比例为3：1—5：1。芬兰、挪威和葡萄牙的向内流动学生和向外流动学生之间的比例保持平衡。保加利亚和波兰等向内流动的学生数不足向外流动学生数的1/3（Bürger et al.，2011）。

学者（Huisman and van der Wende，2004）围绕学生国际流动的方向及向内流动与向外流动的比例等问题展开了讨论，主要包括以下三种价值判断。

第一，大规模地向内流动大有裨益。向内流动的学生（外国留学生）人数较多，表明接收国及其高校的吸引力和学术声誉较高。因此，部分世界一流大学排行榜将外国留学生所占比例作为排名指标之一。还有国家为发展中国家的学生提供奖学金以资助其留学。这表明国家认为推动学生流动是有益的。

第二，平衡、互惠的流动大有裨益。伙伴高校为了加强合作，往往会推动学生交流。各国之间保持平衡的学生流动有利于增进国家之间的互相理解。20世纪80年代末，欧盟通过伊拉斯谟项目推动短期学生流动，这种基于互惠原则的学生交流是有益的（Ferencz，2011）。

第三，向外流动大有裨益。中、低等收入国家普遍希望学生出国深造，认为这有利于学生个人发展，其学有所成之后回国效力，也有利于国家进步。然而，令人担忧的是，很多学生最后选择留在国外，出现了人才流失的现象。

（三）短期流动和学位流动

这两种流动的逻辑截然不同。学位流动的学生脱离了之前的教育体系到国外获得学位，以此表明自己具备了较高的能力；短期流动的学生暂时进入另一种教育体系，但大多数情况下仍留在本国学习。对于后者而言，派出高校和接收高校的教育质量基本一致，出国留学为学生提供了从比较中学习的机会，是对原有学习方式的必要补充。大部分学生希望派出高校承认其在国外取得的学业成就与本国对等，不必花费比非流动学生更多的时间获得学位。

现有的国际统计数据并没有对短期流动和学位流动作出区分。负责收集国际统计数据的机构并不希望把参与短期流动的学生统计进来，它们要求各国负责机构将流动时间少于一年的学生排除在外，不过一些国家递交的数据往往包含这部分学生，而另一些国家则没有包含这部分学生。国际统计数据实际上低估了参与国际流动的学生数。基于相关资料，大概有 30%的流动学生属于短期流动（Teichler，2012b）。这种估算可能不准确。我们并不知道国际统计数据中，各国有没有严格按照要求收集短期流动学生数据并递交资料，我们也没有专门收集短期流动学生的数据。

（四）横向流动和纵向流动

政府或高等教育机构的统计数据并不区分横向流动和纵向流动，未来可能也不会区分，因为这并不容易，而且具有政治敏感性。但在研究学生流动的目标、过程及结果时有必要进行这样的区分，笔者就曾做过这方面的尝试（Teichler，2004）。

纵向流动指学生从学术质量和水平较低的国家和高校流向学术质量和水平较高的国家和高校，在这种情况下，学生通常也是从经济欠发达地区流向经济发达地区。横向流动指学生在学术质量和水平相当的国家或高校之间流动。

博洛尼亚进程通过推动欧洲各国学习项目和学位结构一体化，从而实现学生的国际流动。博洛尼亚进程涉及两种类型的学生流动：一方面，增强欧洲高等教育对世界其他国家学生的吸引力；另一方面，促进欧洲内部的学生流动。欧洲以外国家的学生赴欧求学是为了追求更高的学术质量并最终取得学位，大多属于垂直向上的流动。欧洲的学生很少去其他国家留学。欧洲内部的学生流动主要是横向流动，通过双向流动实现平等互惠（Wächter，2008；Teichler，2009a，2012a）。世界范围内的学生流动主要是纵向流动，而欧洲内部大力倡导横向流动。纵向流动多与学位流动有关，横向流动多与短期流动有关。纵向流动的学生希望接受优质的教育，获得更强的竞争力。为了提升学术水平，学生积极融入留学高校的学术生活，以及留学国的社会和文化生活。横向流动的学生所期望的并不是接受更优质的教育，而是比较其在外国和本国获得的学习体验，包括教学过程、知识内容以及社会文化环境等。有研究发现，横向流动即“从比较中学习”（Teichler and Maiworm，1997）。

（五）为了学习而流动和为了与学习相关的目标而流动

学生国际流动不仅涉及日常学习，而且有可能参与与学习相关的活动，或者与学习项目并不直接联系的活动，如积累工作经验、参加语言课程或暑期学校等。

通常情况下，实习或者语言培训等活动只有在高校负责统一协调或这些活动作为整体学习项目的一部分时才会被统计进来。为了解学生参与这些活动的广泛程度，最佳方案就是对在校生和毕业生开展调查。

实际上，这样的活动有很多。例如，21 世纪头十年对欧洲的毕业生进行的一项调查表明，在奥地利和德国等国家，出于其他目的流动的大学生与为了求学而流动的大学生数量一样多。出于其他目的而流动的学生在法国反而更多（Schomburg，2011）。先前对欧洲学生生活状况进行的比较研究也发现了类似问题（Hauschildt et al.，2015）。

（六）流动的时限

短期流动学生通常不被包含在国际和国家统计数据中，它们甚至排除了流动时间长达一年的学生数据。但高校之间签订的合作协议或推动学生流动的项目所设定的学生流动时间通常短于 1 年。例如，多年来，伊拉斯谟项目对学生的资助条件都是以出国流动不低于 3 个月为限，近年来，这一条件演变为至少获得 15 个 ECTS（European Credit Transfer System，欧洲学分转换系统）学分（按一个学年 60 个 ECTS 学分计），其中不包括实地考察、暑期学校或短期语言强化培训等短期活动。

（七）某一特定时间的流动和整个学习阶段的流动

定量研究主要分析某一特定时间学生的国际流动性。如果我们读到某个国家接收了超过 10 万名外国留学生或向内流动学生，多数情况下，这一数字是截至某一特定日期的，通常为某个学年。我们想了解的还包括有多少学生在学习过程中经历了流动。

1987 年，欧盟发起了伊拉斯谟项目，用以推动一个学期或一个学年的短期学生流动。2009 年，《鲁汶公报》强调应该从当前学生流动的频率转向关注整个学习阶段学生流动的频率，提出到 2020 年至少有 20%的欧洲毕业生在其整个学习阶段具有国际流动经历，其中包含短期流动、学位流动以及作为整个学习项目组成部分的社会实践活动。这一数字目标意味着流动是学生在校期间的“头等大事”（Teichler，2013）。

根据以上对欧洲各国大学毕业生展开的调查，预计 21 世纪头十年，在整个学习阶段平均有 10%的学生拥有出国学习经历。《鲁汶公报》呼吁在十年内这一人数增加一倍，但是各国情况存在较大差异。在《鲁汶公报》发起以前，奥地利和荷兰已经达到了20%的目标，德国约为15%，波兰和英国的高校不到5%（Schomburg，2011），不太可能达成目标。

对高年级学生和应届毕业生展开调查是分析学生出国留学情况的最佳方案，但这些数据并不理想。一方面，研究者只能对小部分学生进行跟踪调查并获得反馈，样本不能代表全体学生；另一方面，这些调查既不包括在这些国家处于学业最后阶段的学生或即将毕业的学生，也没有涵盖那些参与学位流动并最终在其他国家毕业的学生。

（八）学生国际流动的数量：已知和未知的问题

在不同的统计报告中，学生国际流动数量存在较大的差异。鉴于概念及标准的多样化，其实我们并不能十分确定公民身份、求学流动、是否包括短期流动、是否包含与学习相关的活动等方面的数据的具体所指。学生国际流动的增长速度并不像公开声明的那样清楚。近些年，发达国家学生国际流动数的增加主要基于以下两个原因：首先，低、中等收入国家的学生数远多于发达国家，很多学生流向发达国家，因此发达国家的外国学生在本国学生中所占的比例增加；其次，发达国家之间学生的短期流动项目受到学生的广泛欢迎。

不同国家和高校制定学生流动政策或策略的出发点各不相同：一些强调增加外国留学生数，另一些强调出国深造；一些着重于从欠发达国家向发达国家增加流动性，另一些则着重于平等流动；一些认为学位流动至关重要，另一些则大力推动多数学生参与短期流动。

另外，学生流动的数量目标在不同国家也存在巨大差异。各国普遍认识到，学生国际流动在现在和将来都非常重要。因此，必须完善支持和服务系统，保障项目质量，优化教学模式。

三、学生流动的价值和影响

（一）认知和研究现状

高等教育行动者和学者认为，学生国际流动数据本身并不能说明流动的价值。尽管人们对此抱有乐观的态度，认为大规模的学生流动预示着成功，但对此必须慎重，且需要系统分析流动的优势、劣势以及影响。

近年来，高等教育领域的评估盛行，高校及其所属部门为证明它们是“负责任的”，开始关注教学和科研过程的影响及结果，国际化活动所带来的影响也受到关注。对高等教育领导层的调查表明，国际化的关键目标在于通过提升学生的学习质量和能力，帮助其更好地为国际化的工作世界做准备以及强化学生的国际意识（Egron-Polak et al.，2015）。

浏览现有文献资料之后发现，学生国际流动的影响并不是当前备受关注的议题。通过整理高等教育或国际化领域的学术期刊发现，影响、结果或与之类似的问题并不是最受学者关注的 20 个主题之一（Kosmützky and Putty，2016）。最近关于高等教育国际化的知识和话语的研究也没有强调流动性的影响问题（de Wit et al.，2015）。

实际上，关于学生流动影响的信息并不在少数（de Wit，2009；Deardorff and van Gaalen，2012；van Mol，2014），之所以被忽视，是因为它们散落在不同语言、类型的文献中，对其进行系统总结也面临诸多问题。

第一，很多研究属于案例研究，仅关注个别院系、高校、国家或地区学生国际流动的影响，因此研究结论的适用范围存在局限。部分研究针对某个国家的学生流动进行了较好的总结，比如，Norris 和 Gillepsie（2009）对美国进行的调查和 Potts（2015）对澳大利亚进行的调查。还有一些研究总结了某个项目的学生流动情况，但对多个国家、项目之间进行比较研究的很少。总之，由于相关成果较为分散，对学生流动纵向影响的总结很难实施。

第二，很难对学生国际流动的影响、成就和作用包含的不同维度进行系统总结。这些维度包括学业成就、能力提升、价值观和态度的转变以及职业影响。相关研究一般只分析部分影响，并且有不同的要求和标准，因此在可比性上存在问题。

高等教育国际化的目标非常广泛，塑造国际化学习环境的动机以及学生参与国际流动的动机也各不相同（Caruso and de Wit，2015）。无可否认，高度选择性的研究有一定的价值、必要性和优势，但需要全面、系统地分析和总结学生国际流动的影响。

学生流动的动机具有多样性。在中等收入国家进行的调查表明，学生希望前往发达国家留学有五个方面的原因：体验新型思维方式及行为方式；增加从事国际性职业的机会；改善回国之后的就业前景；提高外语熟练度；促进人格发展，使其更为独立自主（European Commission，2006）。虽然表述方式不同，但对伊拉斯谟项目进行的第一次评估也得出了类似的结论，超过 70%的学生表示流动是为了如下目的：掌握一门外语；获得自我发展的机会；增进对留学国的认识和理解；改善就业前景。此外，超过一半的学生表示，希望通过国际交流，“从另一个视角认识自己的国家”（Teichler and Maiworm，1997）。

第三，很多调查鼓励教师、管理人员和雇主对学生国际流动的影响进行评估，同时鼓励学生和毕业生对其国际流动进行自我评价。通常情况下，他们的认识有理有据，而且比较趋同，但仍需采取更频繁、更直接的方式，对学生流动前后能力、观点、态度及行为的变化进行分析（Opper et al.，1990），此外还应分析学生的辍学率及劳动力市场数据。

第四，很多研究在没有明确控制变量的情况下形成了国际流动学生在能力、观点、态度及职业成就等方面变化的报告，并将其变化归因于国际流动的经历。仅有部分研究对参与不同项目的学生以及流动学生和非流动学生进行了比较。

本文的目的不是全面概述相关的研究分析，相关信息过于碎片化，可能需要出一本书才能涵盖其全部信息。但有些研究较为复杂，涉及了多个国家或不同类型流动的影响，并对流动学生和非流动学生进行了比较。

本文有关国际流动对学生职业生涯影响的研究发现一方面来自分析伊拉斯谟项目影响的大型研究项目（Teichler and Maiworm，1997；Teichler，2002；Janson et al.，2009；European Commission，2014），另一方面来自相关的比较调查，以及不同国家对毕业生就业和工作状况的调查分析（Jahr and Teichler，2007；Schomburg and Teichler，2008；Teichler，2011；Schomburg，2011；Bürger and Lanzendorf，2010）。本文的关注点主要在于横向流动，尤其是欧洲内部的学生流动及短期流动带来的影响。

（二）学生学业成就

参与学位流动的学生希望在完成学习计划之后获得相应的学位，因为获取学位被视为他们求学之路成功的标准。学生需要考虑辍学的风险，以及争取取得优异成绩的机会。对于这些学生而言，尤为重要的是祖国承认其在国外取得的学位。

流动的学生往往面临以下几个方面的问题：获取资金支持、处理行政事务、找到合适的住处、适应留学国的文化、与留学国及其他国家的学生友好相处、接受留学高校的教学风格、达到学习计划规定的学术标准、习惯留学国的气候和食物等。由此可见，对于学生而言，在国际流动过程中，机遇与挑战并存。有关学生学业成就的数据并不多。由于方法论的问题，相关的调查要么针对在学习阶段流动的学生，要么针对有过流动经历的毕业生，并没有提供学生辍学的信息。这可能源于流动学生面临的风险往往被视为敏感问题，倡导学生流动的人希望掩盖这些风险。

在欧洲，关于短期流动学生学业成功标准的相关讨论集中于学生回国后，母校对其在国外取得学业成就的“承认”问题（Teichler，2003）。20 世纪 50 年代，欧盟推动制定各国互认高等教育入学标准、学业成就和学位质量的公约。联合国教科文组织和欧盟于 1997 年签订的《里斯本公约》是最具倡导意义的公约。1999 年发起的《博洛尼亚宣言》强烈倡导欧洲创建学分转换系统，打通各国封闭的学分体系以推动学生流动。

然而，对参与伊拉斯谟项目毕业生的调查发现，正如相关报告显示的那样，虽然学生在国外取得的学习成就获得了认可，但国际流动的经历延长了学生整体的学习时间。对 1989 和 2001 学年参与伊拉斯谟项目的学生进行的调查表明，延长的时间平均占学生出国留学时间的 41%（Janson et al.，2009）。这意味着，如果学生出国交流一个学年，那么其整个学业阶段要延长半年左右。这也表明，对回国后学业成就立即获得承认的重视可能会导致人们低估不同国家高等教育的兼容性问题。

（三）学生能力和价值观

研究者为明确流动经历对学生能力和价值观的影响开展了多项研究。一些研究关注培养国际人才或增进国际理解的课程目标，一些研究注重考察流动学生或非流动学生取得的成就。通常情况下，研究者会预设一些学生取得的成就，同时指出存在的问题（Leask，2015）。还有一些对某些学校中来自某个国家的学生或前往某个国家的学生进行的案例研究。实际上，研究者很难对这些在不同情境下开展的研究进行整合（Deardorff and van Gaalen，2012）。只有少数几个研究尝试通过与非流动学生进行对比，总结流动经历对学生能力和价值观带来的影响。

有两类研究对欧洲学生短期流动效果进行了评价。其一是伊拉斯谟项目的相关研究，这类研究常常提及流动学生、具有流动经历的毕业生、教师、行政人员和雇主等主体如何评价学生流动前后能力和价值观的变化；其二是前文提到的涉及多国毕业生的调查研究，可以根据该类研究提供的学生自我评估方面的数据对流动学生和未流动学生的能力和价值观进行比较分析。

这些研究一致表明，如果将有流动经历的学生与没有流动经历的学生的特定能力（学术与专业能力）和通用能力（指分析能力、解决问题的能力以及沟通能力）加以比较，前者只是略占优势，但他们在国际胜任力方面的优势的确比较突出。2005—2006 年度对多个欧洲国家雇主的调查结果支持了这一观点：就特定学术与专业能力而言，被调查雇主中，有 65%的人认为具有流动经历的毕业生在三种类型的特定专门知识和方法方面表现较为出色，但其中有 59%的人认为有流动经历的毕业生与没有流动经历的毕业生的整体能力大致相当。70%的雇主认为有流动经历的毕业生在 12 种类型的通用能力上表现较为出色，对没有流动经历的毕业生作出同样积极评价的雇主占 58%（Janson et al.，2009）。这一调查结果与之前要求毕业生进行自我评价的一项调查结果相似，在那项调查中，53%的有流动经历的毕业生认为自己毕业时的专业能力和通用能力较好，51%的没有流动经历的毕业生作出了类似的积极自我评价（Teichler，2002）。上述对雇主的调查还显示，雇主在如下几个指标上对有流动经历的毕业生与没有流动经历的毕业生的评价存在明显差异，如在“外语熟练度”这一指标上，前者为 88%，后者为 48%；在“对各国文化和社会差异的认知与理解”这一指标上，前者为 76%，后者为 28%；在“跨文化合作能力”这一指标上，前者为 76%，后者为 40%，在“国别知识”这一指标上，前者为 59%，后者为 16%。上述要求毕业生自我评价的那项调查也显示，66%的有流动经历的毕业生认为自己的外语熟练度较高，而没有流动经历的毕业生中作出类似评价者只占到了 22%。对伊拉斯谟项目进行的各类调查均表明，有国际流动经历的学生坚信“从比较中学习”的价值，他们认为自己不仅体验了不同的学术环境，而且体验了不同的社会环境，这有助于其增强反省能力，使其意识到人生中还有更多的选择。

（四）对职业生涯的影响

很难概括国际流动经历对学生毕业后职业生涯的影响，因为情形千差万别，结果很难相似。人们通常相信垂直向上流动的学生回国后更具有竞争力，但他们与劳动力市场的接触可能更少。虽然留学国也欢迎这些学生留在该国，但留学生常常无法获得与本地公民一样平等的地位。对横向流动学生的研究较少，也并未得出一致的结论。例如，澳大利亚很多毕业生认为出国留学经历对其未来的职业生涯具有积极的影响（Potts，2015），对挪威的大学毕业生开展的调查则显示，在国外取得学位的学生的职业生涯早期发展略逊于本土学生，这可能是由于雇主缺乏有效信息，有时会怀疑学生在国外取得的文凭的含金量（Wiers-Jenssen，2008，2011）。一项针对学者进行的调查也表明，学者并不期望通过国际流动增加薪资（IDEA Consult，2013）。

对雇主和毕业生的调查都表明，在招聘时，有很多比国际胜任力更重要的标准。雇主更关心学生的专业知识、学习领域、研究方向、学业成绩、个性以及交往能力等，还有一些雇主注重学生工作经历和毕业院校的声望。但是大多数具有流动经历的毕业生指出，国外经历和国际胜任力属于招聘单位看重的标准（European Commission，2014）。通过调查参与过伊拉斯谟项目的学生发现，国际流动经历有利于其在应聘工作岗位时脱颖而出，并最终获得第一份工作（Janson et al.，2009）。

具有流动经历的学生的未就业率（并非官方统计的失业率）略低于非流动学生。一项对欧洲各国 2000 年前后毕业的大学生的调查表明，具有流动经历的学生就职五年之后的平均收入比没有流动经历的学生高出 15%（Teichler，2011）。但另一项研究显示，30%的具有流动经历的学生担任首席执行官或中层领导岗位，而 28%的没有流动经历的学生也达到了同样的水平，两者的差异较小（European Commission，2014）。在 2000 年左右参与过伊拉斯谟项目的学生中，仅有 16%的人认为国际流动经历提高了其毕业五年后的薪酬待遇，不及有相反意见的学生比例（Janson et al.，2009）。

以上研究均表明，有相当一部分具有国际流动经历的学生注意到其能力和随后的工作任务之间存在密切联系，这通常是因为这些学生承担了只有具备国际胜任力才能胜任的工作任务。2005—2006 年度对雇主进行的调查显示，有国际流动经历的毕业生承担的国际性工作任务（如使用外语工作、和不同国家的同事及客户共事、处理国外的信息、海外出差、拓展国外业务等）是没有流动经历毕业生的两倍以上（Janson et al.，2009）。

在欧洲，短期流动对学生的最大影响是他们毕业后往往会有频繁的跨国职业流动。20 世纪 90 年代末开展的一项研究显示，20%的参与过伊拉斯谟项目的毕业生曾出国工作了一段时间，或者在毕业后三四年一直在国外工作，这一比例在没有流动经历的毕业生中仅为 5%；有流动经历的毕业生被雇主派遣到国外工作的比例为 22%，但只有 10%的没有流动经历的毕业生被雇主派遣到国外工作（Jahr and Teichler，2007）。

（五）其他影响

国际流动经历不仅有益于学生的学业成就和职业生涯，也会影响其个性发展以及人生选择。“从比较中学习”改变了学生原有的思维模式，使他们意识到人生中还有很多其他的选择和方案。学生具备更多的关于其他国家社会背景和文化环境的知识，社交技能也更强，这有助于其融入不同的环境。高等教育国际化的倡导者希望通过国际流动，促使学生更加尊重和包容其他的文化及生活方式。

一些人指出，近年来全球高等教育政策领域的“工具性”价值占据主导地位。近年来的研究主要关注国际流动对学生认知能力和职业生涯的影响，但对其他方面并没有涉及。因此，对 1988—1989 学年参与过伊拉斯谟项目的学生所做的调查可能是我们了解国际流动各方面影响的最好资料。这项调查分三个阶段进行，即学生刚刚结束项目学习回国时、结束项目学习大约 3 年后和结束项目学习大约 5 年后。该调查请学生评价到国外留学的影响，数字越小代表价值越高，1 代表“最为值得”，5 代表“一点都不值得”（Teichler and Maiworm，1997）。调查结果如下。

1）学生认为，国际流动经历对其最有价值的影响是“外语熟练度的提升”、“跨文化交流能力的增强”以及“心智的成熟和个性的发展”（每项平均得分为 1.5 分）。

2）“认识并理解东道国”、“获得外出旅行的机会”以及“冲破传统环境的束缚”的影响次之（每项平均得分为 1.7 分）。

3）参与调查的大部分学生积极评价了出国学习取得的学业成就，但总体结果没有那么积极。学生认为出国学习对“掌握新型思维和反省方式”等通用能力的价值（平均得分为 2.0 分）大于“专业知识和整体学业进步”方面的价值（平均得分为 2.5 分）。

4）被调查学生认为出国学习对其职业发展的价值不是很大（根据不同的标准和相关研究，平均得分为 2.4 分）。

此外，国际流动经历对学生的生活方式带来了重要的影响。在参与过伊拉斯谟项目且有生活伴侣的学生中，有 32%的人属于跨国婚恋，相比之下，只有 13%的非流动学生属于这一类（European Commission，2014）。

另一项关于伊拉斯谟项目学生国际流动的比较研究使我们意识到，有流动经历的学生对国际性的看法和态度不能被简单地归因为留学的结果。研究表明，在欧洲，有流动经历的学生对留学国持有更加积极的看法，国际意识更强，对世界作为统一体的理解也更为深刻。然而，这种差异仅在一定程度上可以被归因于学生的留学经历，事实上，“选择效应”也在起作用，即具备强烈国际意识的青年学生更乐于参加国际流动，而缺乏这种观念和意识的学生倾向于留在本国学习。总体而言，有流动经历的学生并不一定对留学国持有更加积极的态度（Opper et al.，1990）。类似的研究也表明，并非所有流动学生都对留学国抱有积极的态度。一些学生非常感激自己的留学经历，但也有学生的留学经历比较糟糕，他们觉得自己在留学国被人疏远。因此，有国际流动经历并不一定意味着一个人会更加欣赏、尊重与自己不同的生活方式。

（六）学生国际流动：一个“成功的故事”？

现有的信息证实了传统的观念——很多具有流动经历的学生、高等教育行动者、政策制定者和雇主认为国际流动在各个方面都有利于学生的发展，尤其可以帮助学生理解并应对国际化的世界，提高学生的能力并使其拥有更加成功的人生。但当汇总这些研究成果时，我们会发现，学生国际流动并不都是“成功的故事”。

很多研究使我们意识到，学生从经济和学术欠发达国家向发达国家的纵向流动经历充满艰辛、风险和失败。一方面，有些学生不能完全融入留学国；另一方面，也存在人才流失等现象。本文主要总结了经济发达国家短期的学生流动，尤其是欧洲内部的短期流动，结论是短期流动有利于学生“从比较中学习”，提升其国际理解能力，强化其反省能力，其学术能力和通用能力也得到了一定程度的提高。流动学生需要付出更多的时间和精力，但即便如此，也不能保证其一定在职场上大获成功，只是地位和待遇略优于没有流动经历的学生。短期流动最大的价值就在于它可以提升学生应对国际化工作任务的能力。此外，也有研究表明，学生绝非仅仅关注国际流动对其职业生涯的工具价值，很多学生认为留学经历使其对世界的理解更加全面深刻，并且推动了其个性发展以及心智成熟。

四、高等教育国际化和学生国际流动的未来

研究者对未来高等教育的预测有很多。我们认为，这一领域的研究需要

研究者更具有前瞻性，因为当前知识的获取和传播可能会对未来产生显著影响，当前的学习项目可能会影响毕业生数十年后的职业生涯。

近年来，很多人预测人类生活中的跨境活动会增加，高等教育作为整个社会的组成部分，该领域的跨境活动将非常频繁且尤为重要。"国际化"一词的广泛应用就是基于跨境活动逐渐盛行的假设。但国际化应该发展到何种程度？哪些是边界仍然重要但经常越界的地方？哪些地方应该增加互动，淡化国家和边界，进而走向全球化？学生和学者流动应该在未来发挥怎样的作用？人们对这些问题的理解和看法各不相同。即使对现有文献进行深入的研究也不会得出任何肯定的预测，但会引发人们反思以下四个方面的问题。

第一，很多迹象表明，未来工作世界需要更多具备国际胜任力的学生。对 2005 年和 2013 年的调查进行比较之后发现，越来越多的大学毕业生意识到外语熟练度（从 2005 年的 60%增加到 2013 年的 70%）和国际流动经验（从 2005 年的 53%增加到 2013 年的 61%）是雇主在招聘员工时十分看重的因素（European Commission，2014）。

第二，对参与过伊拉斯谟项目学生的一系列调查进行比较后发现，伊拉斯谟项目对学生职业生涯的价值有所下降。1993 年和 2005 年的调查显示，学生在职场中使用留学国语言和一手资料的比例减少了 1/4，认为国际流动经历有助于其获得第一份工作的学生比例从 71%减少到 54%，认为有助于其获得更高薪资待遇的学生比例从 25%下降到 16%（Janson et al.，2009）。

国际流动经历贬值的原因可能在于，有流动经历学生数的增长速度高于需要国际胜任力工作岗位的增长速度。学生的流动性越强，需要国际经验的特殊岗位就越少。由于高等教育总体规模的扩张，有流动经历的学生更多处于中层职位。另外，近年来，非流动学生也比之前获得了更多的国际能力。

第三，除学生国际流动之外，推动高等教育国际化的其他活动的发展势头较好，具体体现在以下几个方面。

1）学者的国际流动和移民活动似乎比学生流动增长更快。我们注意到，学者流动有很多种形式和目的，包括上大学之前就移居国外、大学期间或博士阶段的流动、职业生涯早期的短期流动、学术生涯中长期的移民活动、短期访问、学术休假、客座教授等（Cavalli and Teichler，2015）。

2）近年来，旨在为非流动学生提供和国外类似的高等教育服务、在国外独立或合作开设学习项目与提供学位的活动大幅度增加。相关的术语包括海外分校、特许经营的学习项目、跨国教育合作、国际学习项目等。这些术语表明，此类国际化活动离不开联系、混合以及控制和合作等问题（Knight，2006；Lanzendorf，2008；Knight and McNamara，2017）。

3）为了给非流动学生提供国际学习的机会，高校在课程领域实施了大量改革。"本土国际化"成为流行的口号（Beelen and Leask，2011）。《课程国际化》（*Internationalising the Curriculum*）（Leask，2015）一书概括了大量的相关活动。

第四，虚拟跨境活动发展迅速并有望发挥更大的作用。跨境数字化学习或在线学习存在多种形式（Lawton，2015）。MOOC 一词通常指代跨国界提供虚拟课程的活动（de Corte et al.，2016）。人们经常使用"开放式学习"一词强调通过虚拟方式广泛获取知识的机会。

其他跨境高等教育交流与合作模式往往和学生国际流动交织在一起。学生和教师的国际流动相辅相成。学生通过参与国际交流项目，可以出国学习并生活一段时间。如果学生参与了强调"本土国际化"的项目，其准备会更为充分。数字化学习在本土学习和出国留学之间架起了桥梁。跨境高等教育交流的其他模式之所以发展迅速，是因为尽管选择国际流动的学生人数大幅度增加，但仍然是少数人的选择。未来，越来越多的学生会选择跨境学习模式。

国际流动与合作是高等教育领域最具"政治色彩"的主题之一。哪些国家之间更容易或更不容易达成合作协议？人们讨论和实践的重点究竟是提供发展援助还是发达国家之间的国际竞争？"国际理解"或"知识社会"是否得到重视？推动高等教育"趋同发展"的政治活动发挥的作用究竟如何？跨文化理解是人们追求的一般目标，还是被动生存的需要？所有这些问题的答案凸显了政治因素渗入高等教育国际性的程度。近年来，很多研究者指出，"冷战"结束后，国际社会经历了多年的乐观态势，但现在国际政治冲突和国际误解仍然存在，高等教育国际性的未来将难以预测。正因为如此，人们对推动国际理解和跨文化理解的需要才更加迫切。

原文参见 Teichler，U.（2017）. Internationalisation trends in higher education and the changing role of international student mobility. Journal of International Mobility，5（1）：179-216.

参考文献

Altbach, P. G.（1991）. International Higher Education（Vol 2）: An Encyclopedia. New York: Garland.

Altbach, P. G., and Teichler, U.（2001）. Internationalisation and exchanges in a globalized university. Journal of Studies in International Education, 5（1）: 5-25.

Banks, M., and Bhandari, R.（2012）. Global student mobility. In Deardorff. D., de Wit, H., Heyl, J., and Adams, T., The SAGE Handbook of International Higher Education. Los Angeles: SAGE: 379-397.

Beelen, J., and Leask, B.（2011）. Internationalisation at home on the move. In Gaebel, M., Purser, L., Wächter, B., and Wilson, L., Internationalisation of European Higher Education: An EUA/ACA Handbook. Berlin: Raabe: 1-24.

Bürger, S., Ferencz, I., and Wächter, B.（2011）. International mobility of European students: Comparative overview and trends. In Teichler, U., Ferencz, I., and Wächter, B., Mapping Mobility in Higher Education in Europe（Vol I）: Overview and Trends. Bonn: Deutscher Akademischer Austausch Dienst: 35-88.

Bürger, S., and Lanzendorf, U.（2010）. Higher Education Institutions in Europe: Mobilized by Mobility. Kassel: International Centre for Higher Education Research Kassel（Werkstattberichte, No. 73）.

Caruso, R., and de Wit, H.（2015）. Determinants of mobility of students in Europe: Empirical evidence for the period 1998—2009. Journal of Studies in International Education, 19（3）: 265-282.

Cavalli, A., and Teichler, U.（2015）. Mobility and migration in science（special issue）. European Review, 23: 1-5.

Cummings, W. K.（1991）. Foreign students. In Altbach, P. G., International Higher Education: An Encyclopedia. New York: Garland: 107-125.

Curaj, A., Matei, L., Pricopie, R., Salmi, J., and Scott, P.（2015）. The European Higher Education Area（Vol 2）: Between Critical Reflections and Future Policies. Cham: Springer.

de Corte, E., Engwall, L., and Teichler, U.（2016）. From Books to MOOCs? Emerging Models of Learning and Teaching in Higher Education. London: Portland.

de Wit, H.（2009）. Measuring the Success of Internationalisation of Higher Education. Amsterdam: European Association for International Education（EAIE Occasional Paper, No. 22）.

de Wit, H.（2014）. The different faces and phases of internationalisation of higher education. In Maldonado-Maldonado, A., and Basset, R. M., The Forefront of International Higher Education. A Festschrift in Honor of Philip G. Altbach. Dordrecht: Springer: 89-99.

de Wit, H., and Hunter, F.（2015）. Understanding internationalisation of higher education in the european context. In de Wit, H., Hunter, F., Howard, L., and Egron-Polak, E., Internationalisation of Higher Education. Brussels: European Parliament: 41-58.

de Wit, H., Hunter, F., Howard, L., and Egron-Polak, E. (2015). Internationalisation of Higher Education. Brussels: European Parliament.

Deardorff, D. K., and van Gaalen, A. (2012). Outcome assessment in the internationalization of higher education. In Deardorff, D. K., de Wit, H., Heyl, J. D., and Adams, T., The SAGE Handbook of International Higher Education. Los Angeles: SAGE: 167-189.

Deardorff, D. K., de Wit, H., Heyl, J. D., and Adams, T. (2012). The SAGE Handbook of International Higher Education. Los Angeles: SAGE.

Egron-Polak, E., Hudson, R., and Sandstrom, A. M. (2015). Quantifying internationalisation—Empirical evidence of internationalization of higher education in Europe. In de Wit, H., Hunter, F., Howard, L., and Egron-Polak, E., Internationalisation of Higher Education. Brussels: European Parliament: 59-76.

European Commission. (2006). Perceptions of European Higher Education in Third Countries. Luxembourg: Office for Official Publications of the European Communities.

European Commission. (2014). The ERASMUS Impact Study. Effects of Mobility on the Skills and Employability of Students and the Internationalisation of Higher Education Institutions. Luxembourg: Publication Office of the European Union.

Ferencz, I. (2011). Credit mobility in EU Programmes ERASMUS and Leonardo da Vinci. In Teichler, U., Ferencz, I., and Wächter, B., Mapping Mobility in Higher Education in Europe (Vol I): Overview and Trends. Bonn: Deutscher Akademischer Austausch Dienst: 89-113.

Hauschildt, K., Mishra, S., Netz, N., and Gwosc, C. (2015). Social and Economic Conditions of Student Life in Europe. Synopsis of Indicators; Eurastudent V; 2012—2015. Bielefeld: W. Bertelsmann Verlag.

Hudzik, J. K. (2015). Comprehensive Internationalization: Institutional Pathways to Success. New York: Routledge.

Huisman, J., and van der Wende, M. (2004). On Cooperation and Competition: National and European Policies for Internationalisation of Higher Education. Bonn: Lemmens.

IDEA Consult. (2013). Support for Continued Data Collection and Analysis Concerning Mobility Patterns and Career Paths of Researchers: Deliverable 8—Final Report More2. Brussels: European Commission, Research Directorate-General.

Jahr, V., and Teichler, U. (2007). Graduates international experience and mobility. In Teichler, U., Careers of University Graduates. Views and Experiences in Comparative Perspectives. Dordrecht: Springer: 211-224.

Janson, K., Schomburg, H., and Teichler, U. (2009). The Professional Value of ERASMUS Mobility. Bonn: Lemmens.

Kehm, B. M., and de Wit, H. (2005). Internationalisation in Higher Education. European Responses to the Global Perspective. Amsterdam: European Association for International Education (EAIE) and European Association for Institutional Research (EAIR).

Kehm, B. M., and Teichler, U. (2007). Research on internationalisation in higher education. Journal of Studies in International Education, 11 (3-4): 260-273.

Kelo, M., Teichler, U., and Wächter, B. (2006). EURODATA. Student Mobility in

European Higher Education. Bonn：Lemmens.

Knight，J.（2006）. Internationalization：Concepts，complexities and challenges. In Forest，J. F. F.，and Altbach，P. G.，International Handbook of Higher Education. Dordrecht：Springer：207-227.

Knight，J.（2008）. Higher Education in Turmoil. The Changing World of Internationalization. Rotterdam and Taipei：Sense.

Knight，J.，and McNamara，J.（2017）. Transnational Education. A Classification Framework and Data Collection Guidelines for International Programme and Provider Mobility（IPPM）. London：British Council.

Kooij，Y.（2014）. The Social Dimension：A Neglected Policy Item in the Bologna Process. Basingstoke：Palgrave Macmillan.

Kosmützky，A.，and Putty，R.（2016）. Transcending borders and traversing boundaries：A systematic review of the literature on transnational，offshore，cross-border，and borderless higher education. Journal of Studies in International Education，20（1）：8-33.

Lanzendorf，U.（2008）. Foreign-Backed Universities. A Status Report on International Academic Affiliation. London：Observatory of Borderless Higher Education.

Lanzendorf，U.，and Teichler，U.（2005）. Student Mobility. Brussels：European Parliament，Directorate General Internal Policies of the Union.

Leask，B.（2015）. Internationalising the Curriculum. London：Routledge.

Lawton，W.（2015）. Digital learning，mobility and internationalization in European higher education. In de Wit，H.，Hunter，F.，Howard，L.，and Egron-Polak，E.，Internationalisation of Higher Education. Brussels：European Parliament：77-83.

Maldonado-Maldonado，A.，and Basset，R. M.（2014）. The Forefront of International Higher Education. A Festschrift in Honor of Philip G. Altbach. Dordrecht：Springer.

Norris，E. M.，and Gillepsie，J.（2009）. How study abroad shapes global careers：Evidence from the United States. Journal of Studies in International Education，13（3）：382-397.

OECD.（2010）. Higher Education to 2030（Vol 2）：Globalisation. Paris：OECD.

Opper，S.，Teichler，U.，and Carlson，J.（1990）. The Impact of Study Abroad Programmes on Students and Graduates. London：Jessica Kingsley.

Potts，D.（2015）. Understanding the early career benefits of learning abroad programs. Journal for Studies in International Education，19（5）：441-459.

Reisberg，L.，and Rumbley，L. E.（2014）. Redefining academic mobility：From the pursuit of scholarship to the pursuit of revenue. In Maldonado-Maldonado，A.，and Basset，R. M.，The Forefront of International Higher Education：A Festschrift in Honor of Philip G. Altbach. Dordrecht：Springer：115-126.

Rhoades，G.（2017）. Backlash against "others". International Higher Education，89：2-3.

Schomburg，H.（2011）. Employability and mobility of bachelor graduates. The findings of graduate surveys in ten European countries on the assessment and impact of the Bologna reform. In Schomburg，H.，and Teichler，U.，Employability and Mobility of Bachelor Graduates in Europe：Key Results of the Bologna Process. Rotterdam and Taipei：Sense Publishers：253-273.

Schomburg, H., and Teichler, U. (2008). Mobilité international des éinternatiet d buts de vie active. Formation emploi, 103: 41-55.

Scott, P. (2015). Dynamics of academic mobility: Hegemonic internationalisation or fluid globalization. European Review, 23 (S1): 55-69.

Teichler, U. (1996). Research on academic mobility and international cooperation in higher education: An agenda for the future. In Blumenthal, P., Goodwin, C., Smith, A., and Teichler, U., Academic Mobility in a Changing World. Regional and Global Trends. London and Bristol: Jessica Kingsley: 338-358.

Teichler, U. (2002). ERASMUS in the SOCRATES Programme—Findings of an Evaluation Study. Bonn: Lemmens.

Teichler, U. (2003). Mutual recognition and credit transfer in Europe: Experiences and problems. Journal of Studies in International Education, (7) 4: 312-341.

Teichler, U. (2004). The changing debate on internationalisation of higher education. Higher Education, 48 (1): 5-26.

Teichler, U. (2009a). Student mobility and staff mobility in the european higher education area beyond 2010. In Kehm, B. K., Huisman J., and Stensaker, B., The European Higher Education Area: Perspectives on a Moving Target. Rotterdam and Taipei: Sense: 183-201.

Teichler, U. (2009b). Internationalisation of higher education: European experiences. Asia Pacific Educational Review, 10 (1): 93-106.

Teichler, U. (2010). The many forms of internationalisation. In Smolarczyk, Rudolf, Going International: HRK Conference on Internationalisation Strategies. Bonn: Hochschulrektorenkonferenz (Beiträge zur Hochschulpolitik, No. 10/2010): 21-41.

Teichler, U. (2011). International dimensions of higher education and graduate employment. In Allen, J., and van der Velden, R., The Flexible Professional in the Knowledge Society: New Challenges for Higher Education. Dordrecht: Springer: 177-197.

Teichler, U. (2012a). International mobility in Europe and the Bologna Process. Research in Comparative and International Education, 7 (1): 34-49.

Teichler, U. (2012b). Student mobility: The informational value of official statistics and graduate surveys. In Curaj, A., Scott, P., Vlasceanu, L., and Wilson, L., European Higher Education at the Crossroads: Between the Bologna Process and National Reforms. Dordrecht: Springer: 485-509.

Teichler, U. (2013). The event of international mobility in the course of study: The European policy objective. In Zgaga, P., Teichler, U., and Brennan, J., The Globalisation Challenge for European Higher Education. Frankfurt: Peter Lang: 55-78.

Teichler, U., and Maiworm, F. (1997). The ERASMUS Experience. Major Findings of the ERASMUS Evaluation Research Project. Luxembourg: Office for Official Publications of the European Communities.

Teichler, U., Ferencz, I., and Wächter, B. (2011). Mapping Mobility in Higher Education in Europe (Vol 1): Overview and Trends; (Vol 2): Case Studies. Bonn: Deutscher Akademischer Austausch Dienst.

van Mol, C. (2014). Intra-European Student Mobility in International Higher Education

Circuits：Europe on the Move. Basingstoke：Palgrave Macmillan.

Wächter，B.（2006）. Brain drain：What we know and what we do not know. In Teichler，U.，The Formative Years of Scholars. London：Portland Press：51-66.

Wächter，B.（2008）. Mobility and cooperation in the European higher education area. In Kelo，M.，Beyond 2010：Priorities and Challenges for Higher Education in the New Decade. Bonn：Lemmens：13-42.

Wiers-Jenssen，J.（2008）. Career impacts of student mobility. In Gornitzka，A.，and Langfeldt，L.，Borderless Knowledge. New York：Springer：79-102.

Wiers-Jenssen，J.（2011）. Background and employability of mobile vs. non-mobile students. Tertiary Education and Management，17（1）：79-100.

Yonezawa，A.，Kitamura，Y.，Meerman，A.. and Kuroda，K.（2014）. Emerging International Dimensions in East Asian Higher Education. Dordrecht：Springer.

（本文翻译：李婷婷；校译：张优良、王绽蕊）

高等教育国际化仍然重要吗？——对亚洲学生学习、毕业生就业与教师发展的批判性反思

莫家豪

进入21世纪，反全球主义的趋势越来越明显，民族主义兴起并在世界各地蔓延开来。在推动高等教育国际化的进程中，校际合作和学生跨国流动强化了全球联系，但也有人质疑国际教育的价值，出现了局部分化现象。最近，欧洲国家、英国以及美国的选举都显示出民粹主义和民族主义的兴起。在这样的社会政治背景下，越来越多的人相信教育国际化更有利于精英和富人阶层，却使穷人阶层更加边缘化。本文结合高等教育的国际化/跨国化趋势，讨论了其中的关键问题，批判性地分析了高等教育国际化/跨国化对学生学习、毕业生就业和教师发展的影响。

一、高等教育国际化与海外留学

UNESCO统计数据显示，来自亚太地区的学生到国外留学或参加海外分校举办的跨国高等教育项目的人数稳步增加（图1）。1999年，从亚太地区流出的学生数为64.94万人，2009年该地区流出的学生数达到143.98万人，而2018年流出的学生数更是达到247.52万人（UNESCO，2021a）。亚洲各国政府、高等教育机构、学生及其家长坚信，跨国高等教育学习经历将提高学生在全球和本国劳动力市场中的竞争力，这可能与受到强烈的儒家文化信仰的影响有关（Berling，2018；Tan，2013）。这些行为主体都极力推崇国际学习经历

（Mok and Han，2017a）。由于对国际学习的浓厚兴趣，全世界国际学生的人数不断增加。

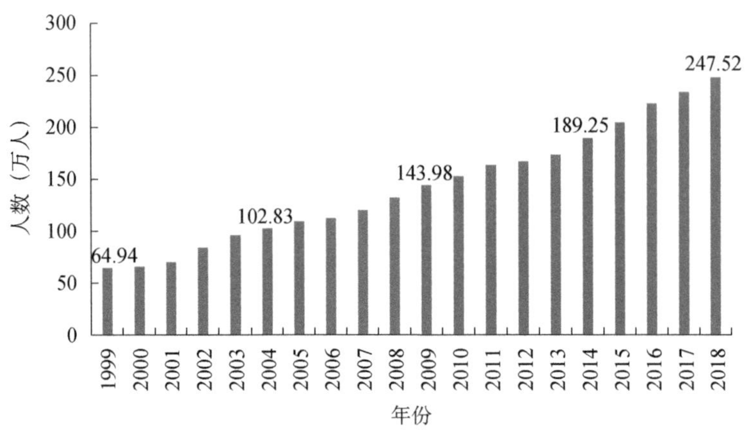

图 1　亚太地区学生流动人数稳步增加

UNESCO.［2021-03-03］. Outbound internationally mobile students by host region. http://data.uis.unesco.org/

亚太地区是全球学生流动的主力之一。亚太地区出国流动学生人数不断增加，其中东亚和太平洋地区出国留学的学生人数最多，并且学生数量还将持续增加，这与人们的文化信念有关，这些地区的人们认为接受高等教育可以促进事业的发展和光宗耀祖，取得良好的教育和毕业证书被视为重大成就。因此，这些地区的家庭运用他们各自拥有的资源和家庭资产支持子女接受高等教育，从而推动了高等教育的大众化、私有化和市场化（Jacob et al.，2018；Mok，2013；Tan，2013）。2018 年，来自该地区的流动学生占全世界的 58.5%，出国留学人数从 2000 年的 658 457 人增加到 2018 年的 2 475 226 人。UNESCO 统计数据显示，英国入境留学生人数不断增加（图 2），1999 年英国接收的国际学生数量为 23.25 万人，2009 年为 36.90 万人，2018 年达到 45.21 万人（UNESCO，2021b）。世界各地特别是亚太地区的学生纷纷前往英国留学。英国高等教育统计局的数据显示，2016—2017 年，非欧盟学生的学费为英国带来了约 46.6 亿英镑（约合人民币 410.08 亿元）的收入，2017—2018 年，非欧盟学生的学费达到约 52.2 亿英镑（约合人民币 459.36 亿元）（HESA，2021）。

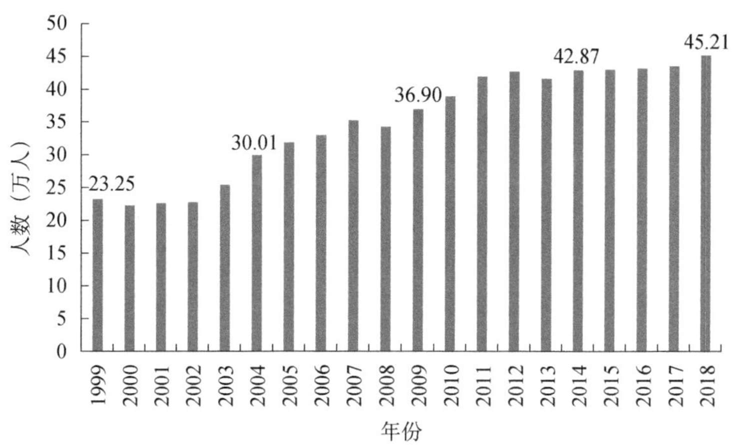

图 2 英国入境留学生人数增加

UNESCO. [2021-03-03]. Inbound internationally mobile students by continent of origin. http://data.uis.unesco.org/lndex.aspx7queryid =172

鉴于学生流动的趋势日益明显，本文探讨高等教育跨国化和国际化如何影响学生学习、毕业生就业、大学治理和公共外交。在人们对高等教育国际化偏袒精英并排斥贫困学生，从而加剧不平等的忧虑与日俱增的情况下，本文反思“高等教育国际化是否仍然重要”的命题。

二、全球化及人们对其的不满

尽管高等教育致力于提高全球竞争力和增进国际联系，但英国和美国最近的民主诉求表明，公众对高等教育国际化越来越持怀疑态度。最近出现的反全球化运动展现了国家保护主义与国际化、全球化的呼声之间的矛盾和紧张关系（Aisch et al.，2016；Kay，2016；Plummer，2012）。2017 年 5 月，英国文化协会举办了“走向全球 2017”（Going Global 2017）大会，学者关注的问题包括“在后真相世界中，国际化是否已经消亡？”“高等教育没有为国际化辩护吗？”“高等教育机构现在是精英机构的一部分吗？”“我们必须重新思考价值观和角色，还是重塑它们？”“这是否意味着高等教育和城市在全球范围内拓展，却未能在当地建立联系并保持沟通？”“高等教育国际化是否已成为精英议程的一部分，并不能解决当地社区和社会的需求？”（British Council，2017）。这些问题挑战了人们对教育国际化如何造福于学术界和社会的传统理解。Ziguras（2016）在欧洲国际教育协会（European Association of

International Education，EAIE）会议上指出，已经消亡的似乎是欧洲国际教育界对国际项目的必然性的信念，通过实施这些项目，国家边界和种族忠诚将随着时间的推移而消失，世界将呈现出更大的开放性、多样性，人们将更加具有全球公民意识。

在这种背景下，全球对边界开放、多边贸易与合作的支持被削弱，全球化受到批评，民族主义隐现（van der Wende，2017）。正如 Hazelkorn（2017）所言：世界范围内最近的发展事态显示，许多国家的高等教育出现了民族主义、仇外心理、对思想和政策的零容忍。那些自豪于开展跨国、跨文化工作的大学发现，自己要面对的是那些竭力将外国人拒之门外的政府。但是国际化对于加强高等教育机构、国家和人民的互联互通至关重要，多元文化主义、国际合作、人员和思想的自由流动以及广泛、自由的社会价值观是一所全球性城市成功的根本。

在伦敦举行的“走向全球 2017”国际会议上，有人指出，高等教育国际化不应该排斥个人和国家，尤其是那些没有财力参与国际学习的主体。在公众没有知悉国际化如何使整个社会受益的情况下，推动国际教育是有问题的（Smith，2017）。认为国际化只有利于精英阶层的观念，不可避免地导致了反国际主义和反全球化的兴起，英国和美国领导人最近的公开决定就证明了这一点。

Castells（2000）指出，全球化在促进发展的同时，也会导致不发展，出现包容和排斥问题，带来全球经济失衡、损害社会和谐的风险。Stiglitz（2002）批评，由于不完善的全球治理结构和实践，全球化使发展中国家被边缘化。Gray（2002）质疑，全球自由市场是一个乌托邦。英国、欧洲大陆国家和美国最近的民主选举进一步表明，在贸易、边界开放、移民和难民等方面，人们对国际社会的怀疑越来越强烈。学术界对国际化的怀疑更为突出。正如 van der Wende（2017）所言，批评声音集中在以下方面：国际化是精英的国际项目；英语作为教学的第二语言或外语；全球排名和由此产生的全球声誉竞赛及其年度输家和赢家名单；招募国际学生作为机构获利的方式；其他形式的“学术资本主义”。

以下对有关高等教育国际化如何影响学生学习、毕业生就业和教师发展的分析与上述问题密切相关。对国际化作用的批判性反思，要求我们深入讨论国际化和全球化。

三、多元的国际化维度：公共外交

流动学生呈不断增长的趋势，除了受到个人和家庭因素的影响外，还与亚太地区各国政府非常热衷于国际教育，通过实施一系列措施推进教育系统国际化有关。值得关注的是，亚太各国政府尤为重视学生学习经验的国际化，以培养学生在国际多元文化环境中从事专业和社交活动所必需的全球知识、技能和语言。Tran 和 Vu（2018）分析了澳大利亚政府如何通过“新科伦坡计划”（New Colombo Plan）促进公共外交。学生流动从作为拓展学生教育经验和视野的传统工具转变为公共外交的机制。该研究包括政策文本分析和对 52 个人的访谈资料分析，访谈对象为中国、马来西亚、印度尼西亚、日本、泰国和印度的学者、学校行政人员以及具有海外学习经历的学生。关于流动的作用，这项研究为理解学生学习提供了新的视角，“新科伦坡计划”通过提升流动性实现公共外交的战略目标。在促进人与人的联系方面，澳大利亚学生将受益于“新科伦坡计划”，积极参与亚洲地区的跨文化理解及国家建设。学生流动不再仅仅专注于提升学生的教育经验，还要通过建立联系、构建关系、与亚洲的不同群体和社区开展互动，强化学生的跨文化理解和认同。

四、国际化和毕业生就业

中国高等教育的迅速扩张造成劳动力市场供过于求。分析毕业生就业问题不仅要从经济视角出发，更要从社会和政治视角出发。中国如果不能采取适当的措施来处理就业问题，将会造成不良的社会影响。在高等教育大众化的背景下，越来越多的中国家庭将子女送到国外留学。近年来，家庭和个人成为出国留学资金的主要来源。由于坚信海外学习有利于未来求职和职业发展，中国学生赴海外求学的人数自 2000 年以来不断刷新纪录。国家统计局数据显示，2000 年我国出国留学人数为 3.9 万人，2008 年出国留学人数达到 17.98 万人，2018 年出国留学人数高达 66.21 万人（图 3）。

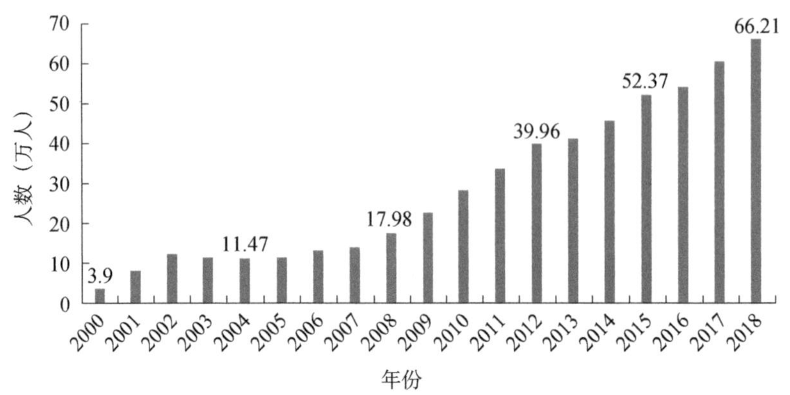

图 3 中国留学生人数（2000—2018 年）

国家统计局. [2021-03-03]. 中国统计年鉴 2019. http://www.stats.gov.cn/tjsj/ndsj/2019/indexch.htm

（一）中国海归的就业机会

莫家豪等考察了高等教育阶段的国际和跨国学习对毕业生求职、就业、职业发展以及社会流动性的影响。他们运用学生调查和深度访谈等方式，讨论了国际或跨国高等教育如何影响学生求职和职业发展，涉及就业技能和背景影响等方面。受访者的学习分为硬知识、软技能和跨文化理解等几个方面。大多数受访者认为，国际和跨国学习经验有利于其职业发展（Mok et al.，2018）。海归就业前景的相关研究印证了该研究的结论。中国与全球化智库和海威时代（Center for China and Globalization and Haiwei Career，2016）发布的关于海归就业情况的调查显示，超过 80%的海归具有硕士学位，10%的海归具有本科学位，2%的海归具有博士学位；最受欢迎的专业是商科，46.9%的海归选择海外商业课程。关于回国的原因，大多数海归认为是情感依恋和文化归属（43.7%），或认为中国经济发展前景良好，政治环境相对稳定（37.1%）。更重要的是，23.4%的受访者认为海外就业形势不如中国。在中国找工作，“关系”很重要。在受访者中，17%的人通过亲戚朋友的内部推荐找到了工作。对于没有“关系”的人，约 60%的人依靠公开渠道或社会媒体找工作。与此同时，12.3%的受访者利用中国招聘海归的特殊平台找工作，只有 4.3%的受访者通过其他求职者提供的信息找到了工作。

中国与全球化智库和海威时代（Center for China and Globalization and Haiwei Career，2016）的调查还发现，大部分（46.9%）海归的税后月收入为 5000—10 000 元，16%的海归税后月收入为 10 000—15 000 元，约 10%的海归

税后月收入超过 15 000 元，超过 1/4 的海归每月收入不到 5000 元。另外，超过一半的受访者认为可以将其学术研究（尤其是专业）与目前的工作相匹配，但 1/4 的受访者认为并非如此。约 15%的受访者认为，目前的工作与其技能和资历不匹配，只有 7.4%的受访者认为情况并非如此。这些调查清楚地表明，中国劳动力市场确实存在技能不匹配现象，这也引发了社会担忧高等教育是否为中国经济发展培养了匹配的劳动力（Mok and Han，2017b）。上述研究通过采访 80 家公司确定了雇主希望毕业生具备的素质。调查发现，雇主更看重应聘者的通用技能，包括以下几个方面：①解决问题的能力；②团队合作；③创造性和创新；④人际交往技巧；⑤时间管理。这些不仅是中国的大公司所关注的，澳大利亚国际教育协会于 2015 年开展的毕业生就业调查也有类似的发现。澳大利亚大学国际董事论坛代表兼墨尔本大学管理人员 Murphy 说，我们需要继续为项目内外的学生提供适当的机会（转引自 Crace，2017）。

（二）海归与国内毕业生的比较情况

中国与全球化智库和海威时代（Center for China and Globalization and Haiwei Career，2016）的调查还显示，大多数雇主聘用海归是因为这些海归具备国际视野。80%以上的雇主为海归提供的待遇高于国内高校毕业生。此外，20%以上的雇主为海归提供的晋升机会更多，17.5%的雇主表示会将海归安排在核心和管理职位。研究还显示，半数国有企业将海归安排在核心岗位，私营企业或海归经营的企业倾向于为海归提供更高的薪酬。虽然海归之间的竞争日益激烈，但其在就业方面明显更有利，这也是海归对其海外学习经历和职业发展具有正向评价的原因。中国与全球化智库和智联卓聘在 2015 年还开展了一项研究，要求受访者就海外学习的成本和效益发表评论。超过 65%的受访者认为 5 年内可以获得留学投资的回报，其中 7.2%的受访者认为一年内可以获得回报。一些受访者对较早取得回报并不持乐观态度，24.1%的受访者认为需要 5—10 年，10.3%的受访者认为需要 10 年以上（央广网，2015）。尽管如此，大多数海归认为，出国留学会使其获得更多的资质，海外学习的收益不仅体现在经济方面，还有个人成长。这与最近在中国进行的研究和调查相一致（Mok et al.，2018）。

然而，澳大利亚国际教育协会开展的毕业生就业调查表明，具有海外资格的学生在澳大利亚没有经历过类似的优厚待遇。皇家墨尔本理工大学资深研究员 Gribble 指出，过去，拥有海外资格证书意味着个体可以自由进入劳动力市场，并拥有一份好工作，但随着时间的推移，情况发生了改变。海归毕业生也需要具备一定的资质、工作经验，以此证明他们也具备其他技能和素质。中国和澳大利亚的案例清楚地表明，毕业生的就业能力为什么会持续引起人们的关注。个体和家庭为了更好的职业发展，在高等教育方面投入大量的资金。因此，有必要制定适当的公共政策，以满足个人和家庭的期望（转引自 Crace，2017）。

上述分析清楚地表明，中国的海归毕业生与本土毕业生之间的差距正在扩大。中国与全球化智库和海威时代（Center for China and Globalization and Haiwei Career，2016）的调查显示，大多数海归来自社会经济状况较好的家庭，父母受教育程度较高。就受访的海归而言，44.8%的海归父母拥有本科学位，17.7%的海归父母拥有硕士学位，4.7%的海归父母拥有博士学位。该研究揭示了社会和文化资本如何有利于海归的职业发展和向上社会流动。当中国不同社会群体的差距扩大时，我们不应低估由此可能造成的后果。如果任由这种趋势发展，而不采取公共政策干预，教育不平等现象就会加剧，进而对中国的社会发展产生不良影响。

五、国际化与师资发展

学者的国际流动是高等教育国际化的传统形式之一，学者的国际流动性呈不断提高的趋势。van der Wende（2015）指出，博士和博士后的国际流动尤为突出。Altbach 和 Yudkevich（2017）强调，国际教师在全球学术劳动力队伍中日益重要，无论他们去哪里，都将带来多样性、新观点和新技能。黄福涛等（Huang，2018）指出，日本自 20 世纪 50 年代根据美国的理念重建高等教育体系以来，国际教师的数量稳步增长。他们分析了日本大学国际教师的主要特征和动因，以及 1980 年以来日本高校国际教师背景的变化情况。其贡献体现在两个方面。首先，相对于以往缺乏坚实证据的研究，该研究总结了国际教师的基本特征，勾勒了国际教师清晰的画像。其次，该研究对有意在日本高校工作的海外学者的动机进行了分析，可以帮助政策制定者制定和采取更适当的战略来吸引和招聘国际教师，以满足日本未来的发展需要。

关于海外学者的特征和在日本高校的适应情况，Horta 等（2018）开展了相关研究，并探讨了学者以往的跨国经历对其科研产出和跨学科性的影响。该研究对五种类型的流动进行了分析。基于香港和澳门的学者样本，Horta 等（2018）的研究发现，学科和跨国教育流动与学者的教育路径有关，其职业路径与跨国工作、跨部门工作和跨部门工作流动相关。有趣的是，跨部门工作流动（达到一个阈值）和跨国工作流动对科研产出、跨学科性有正向影响，而跨部门工作、学科和跨国教育流动对其则没有影响。该研究还通过对 STEM[（科学（science），技术（technology），工程（engineering），数学（mathematics）］和非 STEM 领域学者以及资深学者和初级学者进行嵌套分析，进一步深入分析了这些活动的作用。这项研究的主要贡献是在分析学术轨迹和学术产出决定因素时考虑到流动类型多样性的重要意义，而不是将流动内涵单一化。另外，博士期间的国际流动经历对于提升科研训练质量、建立国际网络至关重要。沈文钦（Shen，2018）考察了来自中国的访学博士生如何参与海外交流项目，发现他们通过与海外顶尖学者的合作促进科研产出，并证实了访学博士生普遍获得了国外导师高质量的指导。该研究对理解博士生与导师之间的研究伙伴关系作出了贡献，显示了继续开展研究合作和建立网络联系的重要性。

六、结论：国际化是为了谁的利益？

本文批判性地分析了高等教育国际化/跨国化如何影响学生学习、师生流动、毕业生就业和公共外交等。在高等教育国际化进程中，难以负担出国留学或跨国高等教育项目费用的学生和家庭可能将在求职和毕业生就业方面遇到更多困难。资源充足的家庭能让子女出国并获取各种形式的国际学习经验，最终增强其全球竞争力。国际学习的价值受到质疑，因为它可能会加剧教育不平等现象，有利于精英阶层且使穷人阶层被边缘化。毋庸置疑的是，这种观点导致反全球化和反高等教育国际化趋势的出现。另外，教师流动有利于提高其科研生产力，促进他们从事跨学科研究。但只有那些有能力支付海外交流费用的教师才能有更多的学习和研究合作。无力支付海外学习和国际合作费用的国家、机构或个人与全球领导者，在竞争优质教育和学术研究等方面处于相对不利的地位（Marginson，2017；van der Wende，2017）。

因此，政府和大学应认真处理本文所提出的问题，致力于与当地人民分享国际学习如何有益于地方、区域和国际经济、社会与文化的发展。大学应加强本土国际化，在机构和公众之间建立真正的联系，并最大限度地发挥国际化对社会的价值和意义（Hazelkorn，2017；van der Wende，2017）。利益相关者必须维护国际主义在教育中的价值，为“应对我们社会所面临的多元化、恐惧和怀疑问题”作出贡献（van der Wende，2017）。各国政府应该着力帮助欠发达国家的学生参与国际学习，而不是将资金投资于被选中的顶尖大学和提高全球大学排名上。

原文参见 Mok，K. H.（2018）. Does internationalisation of higher education still matter? Critical reflections on student learning，graduate employment and faculty development in Asia. Higher Education Quarterly，72（3）：183-193.

译文有删减，并对部分数据进行了更新。本文是伦敦大学学院（University College London，UCL）教育学院全球高等教育中心研究项目的一部分，感谢英国国家经济和社会研究委员会（Economic and Social Research Council，ESRC）对本研究项目的支持。

参考文献

国家统计局.［2021-03-03］. 中国统计年鉴 2019. http://www.stats.gov.cn/tjsj/ndsj/2019/indexch.htm.

央广网.（2015-08-16）［2021-03-21］. 2015 中国海归就业创业调查报告发布. http://edu.cnr.cn/kszt/lxlt/jj/20150813/t20150813_519533491.shtml.

Aisch，G.，Pearce，A.，and Rousseau，B.（2016-05-22）［2021-03-05］. How far is Europe swinging to the right? New York Times. http://www.nytimes.com/interactive/2016/05/22/world/europe/europe-right-wing-austria-hungary. html? _r=0

Altbach，P. G.，and Knight，J.（2007）. The internationalisation of higher education：Motivations and realities. Journal of Studies in International Education，11：290-305.

Altbach，P. G.，and Yudkevich，M.（2017）. Twenty-first century mobility：The role of international faculty. International Higher Education，（90）：8-10.

Berling，J. A.（2018）［2021-03-05］. Confucianism. http://asiasociety.org/education/confucianism.

British Council.（2017）. Going Global 2017：Conference Programme. London：Britsh Council.

Castells，M.（2000）. The Rise of the Network Society. Oxford：Blackwell.

Center for China and Globalization and Haiwei Career.（2016）. Investigative Report on Chinese Returnees Employment in 2016. The 11th Beijing Forum of the Western Returned Scholars Association 2016 Chinese Returned Scholars Innovation and Entrepreneurship Forum，Beijing.

Crace，A.（2017-07-12）［2021-03-05］. AUIDF：int'l grads of Australian universities earn higher salaries back home. http://thepienews.com/news/auidf-australian-universities-international-graduate-salaries.

Gray，J.（2002）. False Dawn：The Delusions of Global Capitalism. London：Granta.

Hazelkorn，E.（2017-03-30）[2021-03-05]. Why internationalisation matters. http://www.researchcghe.org/blog/2017-03-30-why-internationalisation-matters/.

HESA. [2021-03-05]. Tuition fees and education contracts analysed by HE provider，domicile，mode，level，source Academic years 2016/17 to 2019/20. http://www.hesa.ac.uk/data-and-analysis/finances/income.

Horta，H.，Jung，J.，and Santos，J. M.（2018）. Effects of mobilities on the research output and its multidisciplinarity of academics in Hong Kong and Macau：An exploratory study. Higher Education Quarterly，72（3）：250-265.

Huang，F.（2018）. Foreign faculty at Japanese universities：Profiles and motivations. Higher Education Quarterly，72（3）：237-249.

Jacob，J.，Mok，K. H.，Cheng，S. Y.，and Xiong，W. Y.（2018）. Changes in Chinese higher education：Financial trends in China，Hong Kong and Taiwan. International Journal of Educational Development，58：64-85.

Kay，K.（2016-03-24）[2021-03-05]. US election 2016：The Trump protectionist party. BBC News. http://www.bbc.com/news/election-us-2016-35836102.

Marginson，S.（2017）. Higher education，economic inequality and social mobility：Implications for emerging East Asia. International. Journal of Educational Development，53（2）：1-8.

Mok，K. H.（2013）. The Quest for Entrepreneurial Universities in East Asia. New York：Palgrave.

Mok，K. H.，and Han，X.（2017a）. Internationalization and transnationalization of higher education：A review of the Asia Pacific region. In Mok，K. H.，Managing International Connectivity，Diversity of Learning and Changing Labour Markets. Singapore：Springer：47-72.

Mok，K. H.，and Han，X.（2017b）[2021-03-03]. When Chinese students study in the UK，do they become more employable？http://www.timeshighereducation.com/blog/when chinese-students-study-uk- do-they-become-more-employable.

Mok，K. H.，Han，X.，Jiang，J.，and Zhang，X. J.（2018）. International and transnational education for whose interests? A study on the career development of Chinese students. Higher Education Quarterly，72（3）：208-223.

Plummer，R.（2012-11-17）[2021-03-05]. Protectionism：Is it on the way back? BBC News. http://www.bbc.com/news/business-18104024.

Shen，W. Q.（2018）. Transnational research training：Chinese visiting doctoral students overseas and their host supervisors. Higher Education Quarterly，72（3）：224-236.

Smith，B.（2017-06-02）[2021-03-05]. Publicly engage like never before，Universities urge. The PIE News. http://thepienews.com/news/publicly-engage-like-never-before-universities-urged/.

Stiglitz，J. E.（2002）. Globalization and its Discontents. New York：Norton.

Tan，C.（2013）. For group，for self：Communitarianism，Confucianism and values education in Singapore. Curriculum Journal，24：478-493.

Tran，L. T.，and Vu，T. T. P.（2018）. Beyond the "normal" to the "new possibles"：Australian students'experiences in Asia and their roles in making connections with the region via the New Colombo Plan. Higher Education Quarterly，72（3）：194-207.

UNESCO. [2021a-03-03]. Outbound internationally mobile students by host region. http://data.uis.unesco.org/.

UNESCO. [2021b-03-03]. Inbound internationally mobile students by continent of origin. http://data.uis.unesco.org/lndex.aspx7queryid =172.

van der Wende，M. C.（2015）. International academic mobility：Towards a concentration of the minds in Europe. European Review，23：70-88.

van der Wende，M. C.（2017）. Opening up：Higher Education Systems in Global Perspectives（Working Paper No. 22）. London：UCL Centre for Global Higher Education：2-6.

Ziguras，C.（2016-10-12）[2021-03-05]. The five stages of Brexit grief for universities. University World News. http://www.universityworldnews.com/post.php？story=20161012113345281.

（本文翻译：曹智奇、张优良；校译：王绽蕊）

出国留学和实习经历是否能够提高毕业生的就业竞争力？——基于欧洲31国的比较研究

Christof van Mol

在全球化劳动力市场中，拥有留学经历常被视为增加就业竞争力的“有力武器”。然而，这种凭经验的因果假设并未得到充分证实，尤其是雇主的视角有待于进一步的研究。因此，本文主要从以下几个角度进行分析：①欧洲雇主是否重视应聘者的留学经验；②雇主在衡量应聘者的国际经验时需要哪些具体技能；③聘用国际毕业生时是否存在“信号效应”。基于欧洲晴雨表快讯（Flash Eurobarometer），本文对31个国家的304名雇主对毕业生就业能力的看法展开了调查研究。结果显示，只有少数雇主在招聘时会考虑国际经验。值得注意的是，各国之间存在比较明显的差异。另外，当雇主想要招聘具备良好的外语水平和决策技能的毕业生时，拥有留学经历的毕业生就会具有极大的优势。除此之外，招聘公司雇佣具有留学经验的员工越多，在招聘时就会越重视面试者的出国学习经验。

一、引言

欧盟委员会自成立后致力于推动欧洲内部的学生流动。例如，最受欢迎的高等教育学生交流项目——伊拉斯谟项目的年度拨款预算已超过4.5亿欧元（Souto-Otero et al.，2013）。除了文化和社会方面的一些原因外，促进欧盟内部的学生流动还与经济利益相关，如出国留学将增强欧洲在全球知识经济中的竞争力（van Mol，2014b）。总地来说，出国留学可以通过提高学生的语言能力、跨文化交往能力和独立自主能力等进而提高学生的就业能力（Anquetil，2006；European Commission，2016；van Mol，2014b）。

然而，很少有证据表明出国留学能提高就业率。尽管出国留学通常被视为能为学生未来的职业生涯提供竞争优势，但对学生拥有出国留学经历与就业能力之间的关系却鲜有人研究（Crossman and Clarke，2010；Li，2013）。目前只有少数对拥有出国留学经历和没有出国留学经历的毕业生就业能力看法的相关研究（Brooks et al.，2012；Wiers-Jenssen，2011），雇主的视角却未曾得到研究者的关注（van Mol，2014a）。但雇主的看法至关重要，雇主形成了潜在就业能力和实际就业之间的联系（Prokou，2008）。因此，本文主要研究雇主对国际学习经验的看法。本文的分析基于 2010 年欧洲晴雨表快讯对 304 名雇主对毕业生就业能力的看法所展开的调查，其调查对象为当时所有欧盟成员国以及冰岛、挪威和土耳其雇员超过 50 人的公司（N=7036）。

本文从以下几个方面对出国留学（实习）和就业能力之间的关系进行了更进一步的研究。第一，以往关于留学生就业能力的研究大多关注学生、政策决策者或高等教育从业者的看法以及学生在劳动力市场的早期职业经历。在国外与国内接受教育的人在劳动力市场发展轨迹上的差异往往被归因于他们的国际交流经历。本文基于实证调查，对雇主在招聘毕业生时是否真的将具有国际经验作为一种选择标准展开研究。第二，虽然现在也有少量研究考虑雇主的观点，然而这些研究主要依靠有限的案例（Crossman and Clarke，2010）。一方面，这些研究过多地收集了雇佣伊拉斯谟项目实习生的公司（European Commission，2014），且答复率很低（Bracht et al.，2006）；另一方面，每个国家参与的公司数目也很小（European Commission，2014），这就导致收集的数据有很大的偏差。本文是较早从雇主视角进行大规模国际比较分析的研究之一。第三，大多数研究集中在毕业生的出国留学经历。本文还结合雇主对国际实习的看法，进一步扩展了这一观点。在欧洲，越来越多的学生将出国工作实习作为计划的一部分（Deakin，2014）。据报道，雇主可能会更重视以往的国际工作经验，而不是留学经验，因为具备工作经验的毕业生可能会更好地为工作世界做好准备。

二、研究背景

（一）毕业生就业能力

就业能力是指个体能够获得初次就业、保持就业、再就业以及在就业之后能够胜任本职工作的基本能力和素质（Hillage and Pollard，1998；Rothwell and Arnold，2007；Thijssen et al.，2008）。随着人们对高等教育人才培养关注的提升，毕业生就业能力已经成为界定高等教育成果的一个重要指标（Morley，2001）。政府和雇主都期望高等教育机构能够帮助毕业生为进入职场做好充分的准备（de la Harpe et al.，2000；Heaton et al.，2008），因为当前市场需要更加专业化的技能以及使产品和服务增值，而毕业生是这一市场潜在的关键参与者（Tomlinson，2012）。因此，人们普遍认为高等教育机构所培养的人才要符合劳动力市场的需求（Prokou，2008）。特别是在经济危机之后，人们越来越重视高等教育体系如何满足就业市场的需求。例如，欧洲计划就旨在增强高等教育的现代化与国际化（Pavlin and Svetlik，2014）。受欧盟委员会制定的国际学生流动性定量基准的影响，如今的高等教育机构往往会强调国际学生流动与提高毕业生就业能力的相关性。然而，雇主在作出招聘决定时是否真的考虑到毕业生的国际经验，仍有待商榷。

（二）国际学生流动与就业能力增值：理论视角

2009年，芒克（Munk）受布迪厄（Bourdieu）的启发，针对出国留学提出了“符号资本”的理论。在出国学习时，一方面，留学生积累了文化知识，提高了跨文化技能；另一方面，符号资本引发了一种“信号效应”，使他们有别于没有留学经历的毕业生。人力资本理论和信号理论可以在一定程度上解释这种现象（Cai，2013）。

人力资本理论认为，教育投资可以提高个人的知识和技能水平，进而能使求职者获得更好的岗位机遇与回报（Becker，1975；Psacharopoulos and Patrinos，2004）。然而，随着高等教育的普及程度越来越高，越来越多的人拥有高等教育文凭，教育资历膨胀导致人们对高等教育的投资并不能保证获得理想的职业回报（即从学校到社会的顺利过渡）（Rauhvargers，2011；Tomlinson，2012）。在这种情况下，出国留学可能就被年轻人视为提高就业能力、增加就业机会的“有力武器”（van Mol，2014b）。因此，出国留学可被视为对人力资本的一项额外投资，因为人们期望通过出国学习提升自己的外语水平、跨文化交往能力等。有过留学经历的学生特别提到，出国留学的益处在于提高了自己的人际交往与沟通能力、团队合作能力、解决与分析问题的能力（Potts，2015），以及外语水平（van Mol，2014b）和跨文化技能（Anquetil，2006）。当应聘者在简历中提到有出国学习或者实习经历时，雇主可能会对应聘者的这些具体技能作出相应的推断。

人力资本理论主要关注个人投资于教育以提高其就业能力。信号理论提供了一种互补的观点（Faia，1981；Spence，1973；Stiglitz，1975），招聘是雇主的一个投资决定（Cai，2013）。雇主通过浏览简历，寻找求职者具备某些所需技能的证明。因此，接受过外国教育的人向雇主传达出具备某些特定技能的讯息，如跨文化交往能力、较好的外语能力等（Wiers-Jenssen，2008a）。这就是芒克框架中的“符号资本”。从信号理论的角度看，在全球化的世界里，雇主会受到留学教育信号的影响。不过，这些信号也可能会发生变化，毕竟雇主是在不确定的条件下作出雇佣决定的（Protsch and Solga，2015；Spence，1973）。另外，在面对与留学生自身有着相似背景的毕业生时，雇主的雇佣决定可能会受其之前经验的影响。例如，当雇主曾雇佣过很多留学生，而这些留学生在公司表现良好时，雇主可能会更倾向于雇佣其他具有留学经历的毕业生，因为他们可能会根据之前的经验产生一种信号判断——有留学经历的人在某些特定技能上表现优异。可以推断，曾经雇佣过越多留学生的雇主，越重视应聘者的出国经验。

（三）出国学习和实习经历会增加应聘者的就业能力——基于某些欧洲国家的实证依据

对欧洲以外的国家的研究表明，无论是学生、家长（Bodycott，2009；Waters，2007；Xiang and Shen，2009）还是雇主（Rizvi，2000；Waters，2007），都认为出国留学可以提高学生的就业能力。然而，对斯堪的纳维亚半岛的一些国家和英国的研究在一定程度上却与之相左。从英国学生的角度来看，就业能力已经被证明是英国就业流动性的主要驱动因素之一（Deakin，2014）。就业能力在那些想要参加短期交流项目（如伊拉斯谟项目）的人的决策过程中发挥了一定的作用，但是这并非这些人的主要目的，也不是其出国的最重要的动机（Findlay et al，2006；van Mol，2014a；Waters and Brooks，2010）。

此外，现有的实证研究大多对欧洲学生出国留学的就业价值持较为悲观的看法。这既适用于学分流动（学生出国短期交流），也适用于学位流动（学生在另一国获得学位）。例如，Brooks 等（2012）的研究表明，众多曾出国留学的英国学生认为，许多雇主并不重视国外留学经历，一些学生甚至认为外国教育减少了他们找到工作的机会。在北欧也有类似的研究发现（Wiers-Jenssen，2008b，2011；Wiers-Jenssen and Try，2005）。因此，对这种缺乏优势的解释可以暂时被归结为这样一个事实：雇主可能并不总是了解外国学位的价值，但他们清楚国内高等教育的质量。此外，de Wit 和 Jones（2014）认为，学者和雇主使用的话语之间可能存在差异。因为学者并不总是能够用最恰当的语言来描述具有国际经验的好处，所以他们通常很难让雇主相信国际化的重要性。然而，有趣的是，英国的一项研究表明，只有 1/3 的雇主会重视出国学习经验，而 2/3 的雇主会重视出国工作经验（Archer and Davison，2008）。因此，雇主似乎越来越感兴趣的是学生是否在国外有过工作经历，而不是学习经历。

另外，少数现有的国际比较研究表明，学生是否将具备留学经验与就业能力的提高联系在一起存在显著的国际差异（Bracht et al.，2006；van Mol，2014a）。例如，意大利等国家的高等教育毕业生的就业前景不太乐观，就业能力的提高是其出国留学的一个重要驱动因素（van Mol，2014a）。同样，在东欧的一些国家，学生对参加伊拉斯谟项目专业价值的评价也高于西欧的同龄人（Bracht et al.，2006；Rivza and Teichler，2007；Teichler and Janson，2007；van Mol，2014a）。因此，在欧洲，用人单位对应聘者的出国留学和实习经历的重视程度具有显著的差异性，东欧和南欧国家的雇主在招聘新员工时会更经常地将出国留学经历与工作经历考虑在内。

三、研究方法

（一）数据

为了调查欧洲各地的雇主在作出招聘决定时是否考虑了国际经验，本研究使用了欧洲晴雨表快讯对 304 名雇主对毕业生就业能力的看法进行了调查。这项电话调查针对的是负责招聘的公司员工，于 2010 年 8 月 30 日—9 月 7 日在欧盟所有成员国以及克罗地亚、冰岛、挪威和土耳其进行，目标群体是私营和公共部门（不包括农业和教育部门）雇员超过 50 人的公司。该调查旨在研究雇主雇佣毕业生的标准，以及毕业生在工作场所是如何被评判价值的。

此外，这项调查的目的是向雇主收集信息，了解他们如何看待毕业生的就业能力，以及高等教育毕业生是否具备适当的技能、知识和能力来从事他们所设想的工作类型。这项调查包含了关于出国经验（学习/实习）在招聘毕业生时是否被重视的问题，与本文的研究目的密切相关。各个国家接受采访的雇主人数从 100 名（马耳他）到 404 名（法国）不等，但关于答复率的信息材料缺失。样本总计包括 7036 家公司。

（二）变量

1. 因变量

因变量衡量的是雇主对应聘者出国留学/实习的重视程度。这些变量基于两种陈述，即"新员工出国留学非常重要"和"新员工出国实习非常重要"。雇主可以用利克特 4 点量表对这两种陈述进行评分，范围为 1（强烈不同意）—4（强烈同意）。尽管欧洲晴雨表快讯的预览值并不区分出国短期交流学习和出国取得学位学习两种情况，但这两个问题都可以表明雇主对应届毕业生出国经验的重视程度。考虑到这些变量的序数性质以及在每个国家很少有雇主强烈同意这一说法，这些变量被记为二分变量，表明招聘者是否重视出国留学/实习经历（0=不同意；1=同意）。

2. 自变量

首先，从人力资本的角度来看，可以期待学生在国外获得了特定的技能，这些技能可能会受到雇主的重视。因此，本研究调查了哪些横向技能与出国学习/工作有关。在欧洲晴雨表快讯中，雇主可以用利克特 4 点量表对毕业生的一系列技能和能力的重要性进行打分，以体现自己对这些能力的重视程度，范围为 1（一点都不重要）—4（非常重要）。这些技能和能力包括数学技能、良好的阅读/写作技能、外语技能、计算机技能、专业技能、沟通技能、分析和解决问题的技能、适应和应对新环境的能力、决策技能、团队合作技能、计划和组织技能。虽然本研究调查了所有这些技能与雇主对国际经验的重视程度之间的关系，但可以预期，外语技能、沟通技能、分析和解决问题的技能、团队合作技能以及适应和应对新环境的能力尤其应该得到重视，因为根据相关研究，留学生在这些技能上更为擅长（Potts，2015）。

其次，根据信号理论，本研究认为在国外学习或实习能够对雇主产生“信号效应”。因此，本研究将有留学经验的员工在公司员工中所占的比例分为两个变量：一是在欧洲留学的毕业生在公司中所占的比例；二是在欧洲以外的国家和地区留学的毕业生在公司中所占的比例。这两个变量都是运用利克特8点量表测量的，范围为1（无）—8（超过50%）。

3. 控制变量

在分析中，本研究控制了一些可能混淆的变量。第一，基于“你们主要从哪些专业领域招聘高校毕业生”这个问题，本研究对专业领域的相对重要性进行了调查。雇主可以指出一些专业领域，如工程、商业和经济、语言、法律、教师培训及教育、医学、人文、艺术和设计、通信和信息科学、社会和行为科学、自然科学和其他是否被考虑（0=未提及，1=提及）。之所以考虑这个变量，是因为有人认为留学经验对商业和经济研究特别有价值（Bracht et al.，2006）。第二，从逻辑上讲，在国际上活跃的雇主更倾向于吸引具有国际经验的毕业生（Archer and Davison，2008；European Commission，2010）。因此，本研究将一家公司的国际活动也作为控制变量。这个控制变量基于以下问题：“你的日常工作中，需要与外国人打交道的工作占多大比例？”雇主可以用利克特5点量表对其进行评分，范围为1（无）—5（超过一半的工作）。第三，本研究对公司规模进行了控制，这是一个二分变量（1=50—249人，2=250人及以上）。第一个类别作为参考（基线）类别。第四，控制公司的股权结构。这也是一个分类变量，有三个类别（1=公有，2=私有，3=混合所有制）。第一类是参考类别。第五，本研究对公司员工中受过高等教育的员工所占的比例进行了控制，采用利克特11点量表来衡量，范围为1（无）—11（91%—100%）。第六，本研究控制了雇主对高等教育机构国际排名的重视程度，Souto-Otero和Enders（2015）的研究表明，员工的国际经验越丰富、公司业务全球化程度越高的雇主越有可能重视国际排名。该变量采用利克特4点量表进行测量，范围为1（不重要）—4（非常重要）。

（三）分析策略

考虑到因变量的二元性以及公司分布在不同国家的事实，本研究使用随机拦截模型（Guo and Zhao，2000；Hox，2010；Snijders and Bosker，1999），关键的因变量是招聘者是否看重出国留学或出国实习，所选择的方法允许控制各国之间的横向差异，在Stata 14软件中估计和建立方程。

四、研究结果

（一）描述性统计分析

在第一个分析步骤中，本研究进行了描述性统计。表1表明，雇主更重视出国实习而不是出国留学，但是差别不是很大。总体而言，约有1/4的雇主认为出国实习很重要，而约有1/5的雇主认为出国留学很重要。对于本研究的自变量，可以注意到没有一个特定的技能是突出的。然而，与出国留学获取经验技能密切相关的外语技能是招聘决策中最不重要的标准。这可能与以下事实有关：在接受调查的雇主中，只有少数人聘用了具有语言学习背景的新员工。此外，在接受调查的公司中，拥有国际学位的毕业生所占比例相当低，欧洲和非欧洲国家的情况都类似。

表1 变量的描述性统计

变量	平均值/标准差	百分比	最小值	最大值	人数（人）
雇主看重的特定技能			1	4	
数学技能	3.28/0.71				6900
良好的阅读/写作能力	3.55/0.60				6975
外语技能	3.03/0.93				6953
计算机技能	3.59/0.58				6991
专业技能	3.52/0.69				6936
沟通技能	3.59/0.57				6998
分析和解决问题的技能	3.55/0.59				6966
适应和应对新环境的能力	3.60/0.55				6966
决策技能	3.41/0.64				6954
团队合作技能	3.67/0.52				6992
计划和组织技能	3.46/0.62				6973
国际雇员比例			1	8	
来自欧洲国家	1.56/1.20				6846
来自非欧洲国家	1.27/0.70				6837

续表

变量	平均值/标准差	百分比	最小值	最大值	人数（人）
公司国际活动	2.68/1.40		1	5	6791
公司毕业生比例	3.85/2.42		1	11	6514
高等教育机构国际排名的重视程度	2.34/0.97		1	4	6916
看重出国留学		22.0	0	1	6953
看重出国实习		26.3	0	1	6945
主要招聘领域			0	1	
工程		51.2			6924
商业和经济		52.5			6924
语言		7.2			6924
法律		14.3			6924
教师培训及教育		6.0			6924
医学		7.7			6924
人文		6.9			6924
艺术和设计		5.0			6924
通信和信息科学		15.6			6924
社会和行为科学		9.2			6924
自然科学		7.7			6924
其他		21.5			6924
公司规模			0	1	7030
50—249 人		77.0			
250 人及以上		23.0			
所有权结构			1	3	7036
公有		21.5			
私有		73.8			
混合所有制		4.7			

表 1 没有显示整个欧洲潜在的国际变化。图 1 和图 2 展示了每个国家的雇主对出国留学/实习经历的重视程度，可以看出，在大多数国家，大约 80%的雇主不重视出国留学经历。在一些国家，这一比例甚至达到 90%，即瑞典、英国、克罗地亚、爱沙尼亚、立陶宛、保加利亚、挪威和荷兰。然而，有少数国家的雇主比较重视出国留学，如塞浦路斯和土耳其。

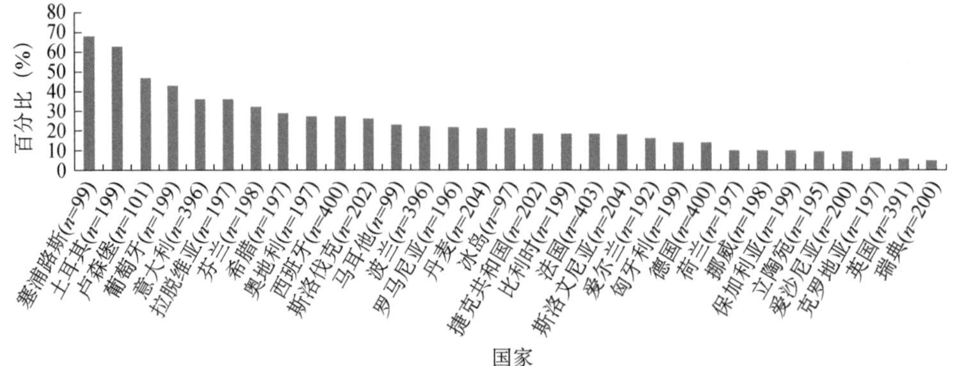

图 1　不同国家雇主对“新入职员工具有出国留学经历非常重要”这一问题表示“比较同意”和“非常同意”者所占比例

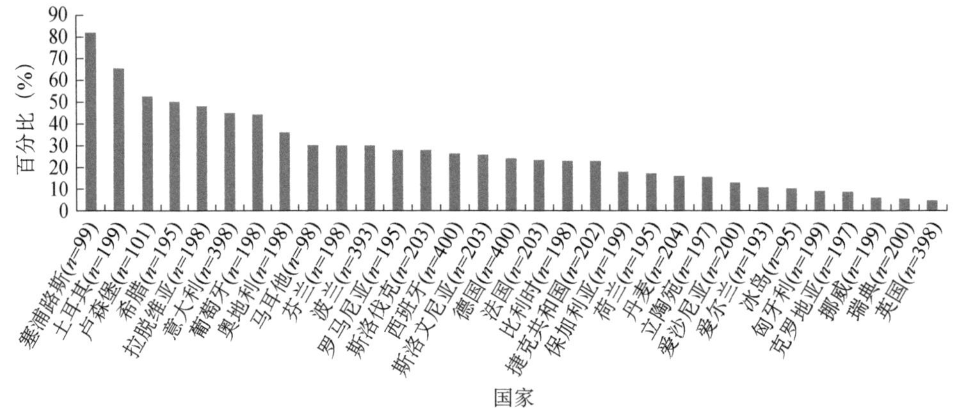

图 2　不同国家雇主对“新入职员工具有出国实习经历非常重要”这一问题表示“比较同意”和“非常同意”者所占比例

然而，当考虑到出国实习的重要性时，不同的国家有不同的情况。在英国、瑞典、挪威、克罗地亚和匈牙利这五个国家，超过 90%的雇主不重视出国实习。另外，在塞浦路斯、土耳其和卢森堡，有超过一半的雇主认为出国实习很重要，在葡萄牙、意大利、拉脱维亚和希腊，也有近一半的雇主认为出国实习同样重要。在波兰、芬兰、马耳他和奥地利，这一比例约为 1/3。此外，对比图 1 和图 2 还可以观察到一些现象。首先，只有匈牙利、冰岛和爱尔兰这三个国家的雇主认为出国留学比出国实习更有价值，但这些国家的雇主对这两种形式的国际经验都不太重视。其次，在克罗地亚、捷克共和国、丹麦、爱沙尼亚、芬兰、法国、卢森堡、挪威、葡萄牙、斯洛伐克、西班牙、瑞典、土耳其和英国，雇主似乎认为出国留学和出国实习没有明显区别。在这些国家中，除了芬兰、卢森堡、葡萄牙、斯洛伐克、西班牙和土耳其，其余国家的雇主对这两种形式的国际经验都不太重视。最后，在奥地利、比利时、保加利亚、塞浦路斯、德国、希腊、意大利、拉脱维亚、立陶宛、荷兰、马耳他、波兰、罗马尼亚和斯洛文尼亚，与出国留学相比，雇主认为出国实习的价值更高。因此，这些数据表明，雇主对于出国留学与出国实习的重视程度在整个欧洲地区存在显著差异。

（二）多变量分析

零模型仅包含自变量和随机效应，表明不同国家的雇主对出国留学和出国实习的重视程度存在显著差异，因此，采用多级方法更可取。

表 2 给出了四种不同的模型。模型一研究了雇主在雇佣新员工时所看重的技能在多大程度上与出国留学有关以及留学生的信号效应。该模型显示，雇主在寻找拥有良好的语言技能、计算机操作技能和决策能力的毕业生时更加看重留学经历。另外，在公司里拥有留学经历的员工所占的比例与雇主对出国留学的重视程度之间存在着显著的相关性。因此，这个模型支持信号效应的假设。在模型二中加入了控制变量后，模型一中检测到的相关性仍然存在。

表 2 国外留学和国外实习价值的多层次二元逻辑回归

项目		出国留学		出国实习	
		模型一（n=6450）	模型二（n=5765）	模型三（n=6718）	模型四（n=5764）
雇主看重的特定技能	数学技能	1.08（0.057）	1.08（0.064）	1.06（0.052）	1.04（0.057）
	良好的阅读/写作能力	0.99（0.061）	0.96（0.065）	0.99（0.058）	1.00（0.063）
	外语技能	1.76（0.080）***	1.63（0.085）***	1.74（0.075）***	1.56（0.076）***
	计算机技能	1.19（0.083）*	1.21（0.091）*	1.05（0.068）	1.06（0.074）
	专业技能	0.95（0.050）	0.96（0.056）	1.02（0.052）	1.04（0.057）
	沟通技能	1.15（0.0.82）	1.14（0.088）	1.05（0.070）	1.04（0.074）
	分析和解决问题的技能	1.00（0.069）	1.02（0.077）	1.06（0.070）	1.10（0.078）
	适应和应对新环境的能力	0.94（0.070）	0.96（0.077）	1.10（0.078）	1.08（0.081）

续表

项目		出国留学		出国实习	
		模型一（n=6450）	模型二（n=5765）	模型三（n=6718）	模型四（n=5764）
雇主看重的特定技能	决策技能	1.30（0.086）***	1.25（0.090）**	1.27（0.080）***	1.23（0.083）**
	团队合作技能	1.05（0.083）	1.09（0.093）	0.88（0.064）	0.87（0.068）
	计划和组织技能	1.00（0.068）	0.92（0.068）	1.01（0.065）	0.98（0.068）
信号效应	欧洲毕业生的比例	1.15（0.039）***	1.12（0.041）**	1.15（0.039）***	1.10（0.041）*
	非欧洲毕业生的比例	1.17（0.055）**	1.13（0.060）*	1.17（0.055）**	1.11（0.058）*
主要招聘领域	工程		0.97（0.076）		1.01（0.075）
	商业和经济		1.18（0.091）*		1.26（0.092）**
	语言		1.30（0.178）		1.36（0.181）*
	法律		1.15（0.131）		1.00（0.110）
	教师培训及教育		0.80（0.150）		1.02（0.179）
	医学		0.99（0.149）		1.31（0.181）
	人文		0.91（0.150）		0.97（0.152）
	艺术和设计		1.11（0.195）		0.89（0.153）
	通信和信息科学		0.99（0.112）		1.02（0.110）
	社会和行为科学		0.87（0.130）		0.89（0.126）
	自然科学		0.90（0.132）		0.92（0.125）
	其他		0.87（0.086）		0.95（0.089）
国际活动公司			1.10（0.031）**		1.14（0.031）***
公司规模（参考：50—249人）	250人及以上		1.08（0.096）		1.06（0.089）
所有权结构（参考：公有）	私有		0.86（0.090）		0.93（0.093）
	混合所有制		1.11（0.202）		1.19（0.205）
公司毕业生的比例			1.00（0.016）		0.99（0.015）

续表

项目	出国留学		出国实习	
	模型一（n=6450）	模型二（n=5765）	模型三（n=6718）	模型四（n=5764）
高等教育机构国际排名的重视程度		1.31（0.039）***		1.25（0.037）***
McKelvey and Zavoina R^2	0.15	0.15	0.19	0.18
国际计算中心	0.11	0.15	0.10	0.12

注：*p<0.05，**p<0.01，***p<0.001；括号外为优势比（即OR值），括号内为标准差

模型三中，一方面考察雇主在招聘时所看重的特定技能与出国实习经历之间的关系，另一方面考察雇佣有留学经历的毕业生的信号效应。与模型一相似，本研究发现，外语技能、决策技能与公司中有留学经历的雇员所占的比例之间呈显著相关。在模型四中加入了控制变量后，模型三中检测到的相关性仍然存在。

五、讨论和结论

本文探讨了一个经常被忽视的问题，即在雇主看来，留学经历与就业能力之间有何关系。除了调查欧洲31个国家的雇主对国际经验的重视程度以及不同国家之间存在的差异外，本文还着重探讨了雇主在招聘时所看重的特定经验技能有何特点以及在公司中雇佣具有留学经历的毕业生所产生的信号效应之间。本文得出以下几个结论。

第一，从人力资本的角度来看，本研究认为，留学生在他们的人力资本上进行额外的投资，在国外获得特定的技能。从现有的文献中可以发现，人际交往与沟通能力、团队合作能力、分析和解决问题能力以及语言能力往往被认为是学生出国留学的主要收获，因此可以预知，雇主在寻找具备这些技能的新员工时会特别重视出国留学或实习经历。本研究结果表明，当外语能力和决策能力是招聘的主要标准而非其他技能时，出国留学和出国实习就显得尤为重要。虽然出国留学与语言技能之间的关系相对直接，但出国留学和决策技能之间的关系却不明显。一个可能的解释是，对于年轻人来说，移居出国可能是一个具有挑战性的决定，而雇主欣赏这种特定的性格特征。总地来说，目前的研究结果支持这样一种观点，即雇主可能会重视学生出国时在人力资本方面的额

外投资。当这些毕业生申请那些需要具有流利的外语或者较好的决策能力的职位时，他们在就业竞争力上的优势就会特别明显。然而，当雇主特别看重团队合作或沟通技巧等其他技能时，出国留学的优势可能不再明显。在这种情况下，是否具有留学经历在就业竞争中就显得没有那么重要。

第二，本研究认为，雇佣具有出国留学经历的毕业生会产生信号效应。那些曾雇佣过留学生并感到满意的雇主更可能看重出国留学或实习。研究结果确实揭示了有留学经历的员工在公司中所占的比例与雇主招聘时是否重视出国经历的程度之间存在正相关关系。在控制可能的混淆因素（如公司的国际活动）时，这种相关性仍然存在。因此，当雇主在之前的招聘中雇佣过优秀的留学生时，他们再次招聘具有留学经历的毕业生的概率就会增大。

第三，只有少数欧洲雇主认为留学经历很重要。这与英国（Brooks et al.，2012）和挪威（Wiers-Jenssen，2008a，2008b）的案例研究结论一致。在这两个国家中，雇主在招聘时对毕业生的留学经历持消极态度，这一结论在本研究中被证实。研究表明，高校无法将留学的价值传递给毕业生或他们未来的雇主，没有强调留学为学生个人带来的专业技能与经验，而是强调留学本身（de Wit and Jones，2014）。然而，调查结果也显示，欧洲各地的雇主在重视国际经验的程度方面有很大差异。之前的研究（Bracht et al.，2006）指出，在东欧和南欧，留学经历被格外重视，但本研究的研究结果仅证实了南欧存在这样的情况。本研究表明，出国留学主要在南欧、奥地利、芬兰、拉脱维亚、卢森堡和土耳其得到重视，而东欧国家的雇主不太重视留学经历。研究结果出现差异的原因可能与研究时间有关，Bracht 等（2006）重点研究的是刚刚加入欧盟与尚未加入欧盟的国家，随着时间的推移，这些国家的雇主在招聘时对毕业生留学经历的重视程度可能已经改变。对于南欧国家来说，我们可以认定雇主更加重视毕业生的留学经历与经济危机有关。经济危机使众多受过高等教育的人失业（van Mol，2016），在这种情况下，雇主放弃了众多原本可以招聘的毕业生。与经济较繁荣的国家相比，在这些国家，具有国外留学或实习的经历可能有更强的信号效应。奥地利、芬兰、拉脱维亚、卢森堡和土耳其的调查结果更难以解释。但基于实际情况，我们可以作出这样一种试探性的解释，即出国留学在奥地利、芬兰、拉脱维亚和卢森堡相当普遍。例如，芬兰是少数几个留学生数量达到了伊拉斯谟项目基准的欧盟国家之一（van Mol，2015），与其他国家相比，拉脱维亚年轻人的出国留学率更高（Lulle and Bužinska，2015）。此外，拉脱维亚政府非常重视使散居国外者返回拉脱维亚工作的项目。最后，奥地利和卢森堡均有一个非常国际化的学生团体，由于这两个国家的大学与其他欧洲国家的大学地理位置靠近，这就意味着有更多奥地利和卢森堡的学生可以更方便地接受外国的教育。在这四个国家中，出国留学是常态，而不是例外。另外，在土耳其，雇主之所以十分重视国际经验，主要是因为其稀缺性。在这种情况下，留学经历可能对求职有着显著的影响。

第四，本研究结果表明，雇主更重视出国实习。总体上，1/4 的雇主更看重出国实习，而 1/5 的雇主更看重出国留学。然而，在相当多的国家，雇主似乎不区分出国留学和出国实习。在塞浦路斯、希腊、意大利、拉脱维亚、卢森堡、葡萄牙和土耳其等国家，超过 40%的受访企业将出国实习视为重要的雇佣标准。

第五，本研究也存在一些局限性。其一，欧洲晴雨表快讯的数据不允许本研究区分短期交流（如伊拉斯谟短期交流项目）和长期出国学习（学生出国攻读高等教育阶段的所有学位）。因此，未来国际对比研究可以调查雇主对不同形式的流动所赋予的价值是否存在差异。例如，北欧的研究表明，具有外国学位的毕业生反而存在劣势，因为雇主往往不知道这些学位的价值（Wiers-Jenssen，2011）。不过，北欧的情况具有独特性。因此，未来的研究应同时考虑在出国留学更受重视的国家（如希腊或意大利）的雇主对短期交流和长期留学的观点。其二，通过分析，本研究无法解释这种国际差异的存在，未来的研究可以调查这种差异是否可以被归因于教育体系或劳动力市场的差异化组织。其三，现有的数据集不允许本研究区分不同的出国留学/实习目的地。然而，可能存在的情况是，在有些国家获得的留学教育会更受到雇主的重视。纵向流动往往比横向流动更有价值（Teichler，2009）。因此，本研究强烈建议未来的研究能够理清雇主如何看待不同的留学目的地的问题。其四，关于欧洲晴雨表快讯调查回复率的信息缺失。因此，本研究结果对于这 31 个国家是否具有代表性还不得而知。其五，欧洲晴雨表快讯的调查中涉及的问题没有反映出招聘留学生过程的复杂性。留学经验可能会给毕业生带来间接的好处，如提高文化能力和领导能力，这些能力可以作为求职者在应聘过程中谈及留学经验是如何提高其就业能力时的例证。因此，涉及雇主和毕业生的定性研究可以深入揭示雇主招聘决策背后的动力。其六，尽管政策上一再强调出国留学对就业前景等个人发展的重要性，然而，在大多数国家，只有少数雇主在招聘时重视国际经验。不过，当雇主寻找具备特定技能（如语言技能、决策技能）的毕业生时，他们还是看重国际经验的，这让那些有出国学习或工作经历的人（相对于没有这些经历的人）拥有竞争优势。因此，如果继续保持与出国留学有关的“就业前景优化”的论调，还有更多的工作可做，比如，让学生了解特定部门和公司更为看重其在国外获得的哪些技能，再比如，让雇主了解应聘者在出国留学或实习时获得了哪些有价值的技能。

原文参见 van Mol，C.（2017）. Do employers value international study and internships? A comparative analysis of 31 countries. Geoforum，78：52-60.

参考文献

Anquetil，M.（2006）. Mobilité Erasmus. et communication interculturelle. Unerecherche-action pour un parcours de formation. Frankfurt：Peter Lang.

Archer，W.，and Davison，J.（2008）. Graduate Employability：What Do Employers Think and Want? London：Council for Industry and Higher Education.

Becker，G. S.（1975）. Human Capital：A Theoretical and Empirical Analysis，with Special Reference to Education（2nd ed）. Cambridge：National Bureau of Economic Research.

Bodycott，P.（2009）. Choosing a higher education study abroad destination：What mainland Chinese parents and students rate as important. Journal of Research in Internatinal Educcation，8（3）：349-373.

Bracht，O.，Engel，C.，Janson，K.，Over，A.，Schomburg，H.，and Teichler，U.（2006）. The Professional Value of ERASMUS Mobility Final Report. Brussels：European Commission.

Brooks，R.，Waters，J.，and Pimlott-Wilson，H.，（2012）. International education and the employability of UK students. British Education Research Journal，38（2）：281-298.

Cai，Y. Z.（2013）. Graduate employability：A conceptual framework for understanding employers' perceptions. Higher Education，65（4）：457-469.

Crossman，J. E.，and Clarke，M.（2010）. International experience and graduate employability：Stakeholder perceptions on the connection. Higher Education，59（5）：599-613.

de la Harpe，B.，Radloff，A.，and Wyber，J.（2000）. Quality and generic（professional）skills. Quality Higher Education，6（3）：231-243.

de Wit，H.，and Jones，E.（2014）. We need to change the language of internationalisation. University World News Global Education，343：1-2.

Deakin，H.（2014）. The drivers to Erasmus work placement mobility for UK students. Children's Geography，12（1）：25-39.

European Commission.（2010）. Employers Perception of Graduate Employability Analytical Report. Luxembourg：European Commission.

European Commission.（2014）. The Erasmus Impact Study. Effects of Mobility on the Skills and

Employability of Students and the Internationalisation of Higher Education Institutions. Luxembourg：Publications Office of the European Union.

European Commission.（2016）. Erasmus Programme Guide. Brussels：European Commission.

Faia，M. A.（1981）. Selection by certification：A neglected variable instratification research. American Journal of Sociology，86（5）：1093-1111.

Findlay，A.，King，R.，Stam，A.，and Ruiz-Gelices，E.（2006）. Ever reluctant Europeans：The changing geographies of UK students studying and working abroad. European Urban and Regional. Studies，13（4）：291-318.

Guo，G.，and Zhao，H. X.（2000）. Multilevel modeling for binary data. Annual Review of Sociology，26：441-462.

Heaton，N.，McCracken，M.，and Harrison，J.（2008）. Graduate recruitment and development：Sector influence on a local market/regional economy. Education and Training，50（4）：276-288.

Hillage，J.，and Pollard，E.（1998）. Employability：Developing a Framework for Policy Analysis. London：Department for Education and Employment.

Hox，J. J.（2010）. Multilevel Analysis. Techniques and Applications. New York：Routledge.

Li，Z.（2013）. A critical account of employability construction through the eyes of Chinese postgraduate students in the UK. Journal of Education and Work，26（5）：473-493.

Lulle，A.，and Bužinska，L.（2015）. Migrant students as members of evolving diaspora? A Latvian example. Paper Presented at the Conference Transnational Academic Spaces，Bielefeld.

Morley，L.（2001）. Producing new workers：quality，equality and employ ability in higher education. Quality of Higher Education，7（2）：131-138.

Munk，M. D.（2009）. Transnational investments in informational capital：A comparative study of Denmark，France and Sweden. Acta Sociologica，52（1）：5-23.

Pavlin，S.，and Svetlik，I.（2014）. Employability of higher education graduates in Europe. International Journal of Manpower，35（4）：418-424.

Potts，D.（2015）. Understanding the early career benefits of learning abroad programs. Journal of Studies in International Education，19（5）：441-459.

Prokou，E.（2008）. The Emphasis on employability and the changing role of the university in Europe. Higher Education in Europe，33（4）：387-394.

Protsch，P.，and Solga，H.（2015）. How employers use signals of cognitive and noncognitive skills at labour market entry：Insights from field experiments. European Sociological Review，31（5）：521-532.

Psacharopoulos，G.，and Patrinos，H. A.（2004）. Returns to investment in education：A further update. Educational Economics，12（2）：111-134.

Rauhvargers，A.（2011）. Achieving Bologna goals：where does Europe stand ahead of 2010. Journal of Studies in International Education，15（1）：4-24.

Rivza，B.，and Teichler，U.（2007）. The changing role of student mobility. Higher Education Policy，20（4）：457-475.

Rizvi，F.（2000）. International education and the production of global imagination. In：

Burbules, N., and Torres, C., Globalisation and Education: Critical Perspectives. New York: Routledge: 205-226.

Rothwell, A., and Arnold, J. (2007). Self-perceived employability: Developmentand validation of a scale. Personell Review, 36 (1): 23-41.

Snijders, T. A. B., and Bosker, R. J. (1999). Multilevel Analysis: An Introduction to Basic and Advanced Multilevel Modeling. London: SAGE.

Souto-Otero, M., and Enders, J. (2015). International students' and employers' use of rankings: A cross-national analysis. Studies in Higher Education, 42 (4): 783-810.

Souto-Otero, M., Huisman, J., Beerkens, M., de Wit, H., and Vujić, S. (2013). Barriers to international student mobility: Evidence from the Erasmus program. Educational Research, 42 (2): 70-77.

Spence, M. (1973). Job market signaling. Quarlerly Journal of Economics, 87 (3): 355-374.

Stiglitz, J. E. (1975). The theory of "screening", education, and the distribution of income. American Economic Review, 65 (3): 283-300.

Teichler, U. (2009). Internationalisation of higher education: European experiences. Asiaian Pacific Educational Review, 10 (1): 93-106.

Teichler, U., and Janson, K. (2007). The professional value of temporary study in another European country: Employment and work of former ERASMUS students. Journal of Studies in International Education, 11 (3/4): 48-495.

Thijssen, J. G. L., van der Heijden, V., Beatrice, I. J. M., and Rocco, T. S. (2008). Toward the employability—Link model: Current employment transition to future employment perspectives. Human Resources Development Review, 7 (2): 165-183.

Tomlinson, M. (2012). Graduate employability: A review of conceptual and empirical themes. Higher Education Policy, 25 (4): 407-431.

van Mol, C. (2014a). Erasmus student mobility as a gateway to the international labour market? In Gerhards, J., Hans, S., and Carlson, S., Globalisierung, Bildung und grenz ü berschreitende Mobilität. Wiesbaden: Springer: 295-314.

van Mol, C. (2014b). Intra-European Student Mobility in International Higher Education Circuits: Europe on the Move. Basingstoke: Palgrave Macmillan.

van Mol, C. (2015). Intra-Europese studentenmobiliteit: Algemeen overzicht en tendensen. In Timmerman, C., Mahieu, R., Levrau, F., and Vanheule, D., IntraEuropese migratie en mobiliteit. Andere tijden, nieuwe wegen? Leuven: Leuven University Press: 71-85.

van Mol, C. (2016). Mobility aspirations of European youth in times of crisis. Journal of Youth Studies, 19: 1303-1320.

Waters, J. (2017). "Roundabout routes and sanctuary schools": The role of situated educational practices and habitus in the creation of transnational professionals. Global Networks, 7 (4): 477-497.

Waters, J., and Brooks, R. (2010). Accidental achievers? International higher education, class reproduction and privilege in the experiences of UK students overseas. British Journal of Sociology of Education, 31 (2): 217-228.

Wiers-Jenssen, J. (2008a). Does higher education attained abroad lead to international jobs?

Journal of Studies in International Education，12（2）：101-130.

Wiers-Jenssen，J.（2008b）. Student Mobility and the Professional Value of Higher Education from Abroad. Oslo：University of Oslo.

Wiers-Jenssen，J.（2011）. Background and employability of mobile vs. non-mobile students. Tertertiary Education and Management，17（2）：79-100.

Wiers-Jenssen，J.，and Try，S.（2005）. Labour market outcomes of higher education undertaken abroad. Studies in Higher Education，30（6）：681-705.

Xiang，B.，and Shen，W.（2009）. International student migration and social stratification in China. International Journal of Higher Education Development，29（5）：513-522.

（本文翻译：孙文帅、张优良；校译：王绽蕊）

国际化及学生融合：在芬中国留学生的国际化体验

李晗薇

尽管芬兰逐渐认识到高等教育国际化的重要性，但是探讨高等教育国际化政策对留学生学习经历影响的研究较少。国际学生是潜在的高技能人才，芬兰推进高等教育国际化的主要途径是吸引并留住国际学生。本文分析了在芬中国留学生对芬兰高等教育国际化的体验，阐述了中国在芬留学生面临的挑战。

一、引言

自 21 世纪以来，越来越多的国家和高等教育机构在组织、区域和国家层面上推动国际化，以应对区域和全球的挑战（Ayoubi and Massoud，2007）。高等教育机构的国际化和全球化促进了国际学生的交往和流动以及学术交流和联系，大学越来越多地在全球范围内运作，以获得更多的资金，这是新自由主义改革的结果（Beech，2018）。这种发展趋势意味着针对全球留学生市场的激烈竞争，各国需要采用不同的策略，如远程教育、跨国高等教育、海外合作（包含研究和教学）、海外分校以及学生和员工的流动（Gopinath，2015；Leung and Waters，2013），通过招收需要支付比本国学生、欧盟学生更高费用的留学生，维持大学财政收入以支持教学、研究和发展（Zheng，2014）。

融合常常被视作国际化的核心要素之一。例如，de Wit（2015）修订了Knight（2004，2007）的国际化定义，将国际化定义为“将国际的、跨文化的或全球的维度融合到中学后教育的目的、职能和实施过程之中，进而提高所有学生和教师的教学及科研质量，并对社会作出有意义的贡献”。这一定义强调了高等教育国际化的包容性，国际化使教育对个人、机构和社会都有意义。Hudzik（2011）也强调了融合的重要性，“所有国际学生和学者融入校园生活和学习环境”是国际化的主要目标之一。

正如这些作者所言，高等教育国际化不仅涉及招收国际学生、本地学生以及教师的流动，还包括强化他们的学习和研究经验，促进他们融入高等教育社区。融合之所以重要，是因为无论对于个人、高校还是国家，它都具有多方面的价值，不仅关乎教育质量，也关乎大学内外的社区服务水平（Spencer-Oatey and Dauber，2019b）。对于像芬兰这样一个将国际化作为其高等教育和研究发展关键目标之一的国家来说，探索国际学生对芬兰高等教育国际化进程的体验是一个热门话题（Saarinen，2012）。

芬兰为高等教育国际化进程的发展提供了一个有趣的案例。芬兰是一个北欧国家。很多年以前，芬兰因为在国际学生能力评估计划（Programme for International Student Assessment，PISA）测试中表现突出而引起全球关注。从20世纪80年代开始，芬兰把国际化战略作为政府的主要目标之一。20世纪90年代，芬兰的国际化主要是为了提高其全球竞争力，并在21世纪的第一个10年开始了坚定有力的市场化转型（Kallunki et al.，2015）。芬兰高校与政府关系密切，在进行教育决策时，政府与高校有相互协商的传统（Kauko，2013），因此，大学既是国家政治议程的工具，也是学术界的学者共同体（Olsen，2007）。近年来，芬兰高等教育国际化与财政解决方案和全球竞争手段紧密联系在一起，国际化成为大学治理的指标（Kauko and Medvedeva，2016）。2017年，芬兰教育和文化部推出了更全面的芬兰高等教育国际化战略——《芬兰高等教育与研究的国际化促进政策（2017—2025）》，该战略指出，芬兰国际化战略的重点是“增加芬兰高等教育机构中国际学位学生的数量，促进外国留学生、研究人员和其他员工更顺利地融入芬兰高等教育和研究社区”（MinEd，2019）。

来自中国的留学生在芬兰教育中正占据着越来越重要的地位。在欧洲，芬兰是拥有英语教学项目较多的国家之一（Wächter and Maiworm，2014）。芬兰高等学校从2017年开始收取学费，造成来自非欧盟/欧洲经济区国家的留学生数量大幅下降。2017 年，中国留学生仍然是芬兰留学生中规模最大的群体，并在应用科学类大学中属于第四大群体（CIMO，2018）。对中国留学生海外生活的研究大多集中在英语国家（如美国、英国和澳大利亚等）留学的学生身上，对在芬兰这一非英语国家留学生的生活经验的研究尚属空白。Stensaker 等（2019）以及 Ahmad 和 Buchanan（2017）等越来越多的学者指出，很多非英语国家通过教育改革吸引了更多的国际留学生。从这个角度来说，中国留学生在芬兰等非英语北欧国家的体验，以及芬兰国际化政策的变化情况，是值得关注的问题。

可以预料，中国留学生在芬兰的融入之路比来自西方社会的留学生更为困难。Rienties 等（2012）发现，具有西方背景的国际留学生能比较容易地适应欧洲的学术和社会环境，来自非西方的学生则不然。中国媒体关于芬兰的新闻报道很少，中国留学生对芬兰语[①]不太了解，对芬兰的社会和教育环境的了解也比较表层化，其中，文化差异可能起着至关重要的作用。例如，继承儒家传统的学生可能过于尊重教师的权威，而不愿意主动发表自己的意见（Auyeung and Sands，1996；de Vita，2001）。人们对中国留学生有一种刻板印象，认为他们喜欢在课堂上保持沉默，喜欢反思性观察和死记硬背式学习，缺乏批判性分析能力，尊重教师权威并遵从教师的指示（Holmes，2004；Zhang，2013；Zhang and Xu，2007）。还有研究表明，中国留学生在课堂上和社交活动中倾向于与来自相似文化背景的同学交往（Rienties and Tempelaar，2013）。

本研究旨在考察中国留学生对芬兰高等教育国际化的体验如何，以及为什么推动国际学生融入学术环境是芬兰高等教育国际化的重要支撑。本研究主要关注个体方面的融合，并探讨中国留学生如何看待芬兰高等教育国际化。尽管人们逐渐认识到融合对高等教育国际化的重要性，但有关学生对政策的体验以及对未来政策变化的影响等的研究仍然很少（Spencer-Oatey and Dauber，2019b）。整体而言，为什么融合对国际化如此重要，以及需要什么样的改革，这些问题值得探索。本研究通过深入在芬兰学习的中国留学生群体内部，了解其对芬兰国际化改革的体验，发现这些改革对利益相关者产生的影响，以填补这方面的研究空白。

---

① 芬兰有两种官方语言：芬兰语和瑞典语。由于本研究是在讲芬兰语的环境中进行的，所以瑞典语的作用并不是本文的重点。

二、文献综述

（一）融合及其对国际化的重要性

很多领域都使用“融合”一词，但对它的定义因人而异，在不同领域也迥然不同。教育领域对融合问题的早期研究总与 Tinto（1997，1998）的名字联系在一起，在融合对学习毅力和学业成就的影响研究方面尤其如此。Tinto（1975）认为，一个人的学业融合能力可以根据他的学业成绩和智力发展来衡量。Tinto 认为，学校和学生的承诺对学业成功至关重要，并且这个过程是动态的。Tinto（1975）强调，学生不仅需要坚持学业才能毕业（即学术融合），还需要参与到贯穿在学习环境内外的学生文化之中（即社会融合）。

Hudzik（2011）认为，融合所有国际学生是全面国际化的一个重要的延伸目标，即“鼓励和支持每个国际学生和学者为校园认同和全球多样性理解作出贡献，使校园环境国际化，最大限度地提高国内和国际人群的联系和交互学习”。Zepke 和 Leach（2010）认为，融合的概念应该被修改为“包括适应，即学校改变以适应多样化的学生”。适应新的学习方式，生活在一个新的社会环境中，建立一个新的朋友关系网，对于留学生来说是一个充满压力的经历。根据 Sawir 等（2008）的说法，许多国际学生感到孤独和/或孤立，包括因为朋友关系网而产生的社交孤独，以及由于缺乏熟悉和舒适的语言和文化环境而产生的文化孤独，在国际学生和本地学生之间建立牢固联系之所以非常重要，原因就在于此。

国际学生的融合包括融入学术环境和融入社会环境两个方面，其中学术环境是指国际学生的学术生活所处的高等教育环境，社会环境是指学生留学地的社会、文化和经济环境。本文主要关注学术环境，主要探讨在学术环境中学生的学业参与和师生互动情况，以及课堂内外的社会交往和参与情况。

（二）芬兰高等教育国际化的案例研究

之所以说芬兰是分析国际学生高等教育国际化的一个有趣案例，原因在于：第一，约有 20 000 名来自国外的学位生在芬兰高校就读，约占芬兰高等教育机构学生总数的 7%（CIMO，2018）。虽然因为对来自欧盟/欧洲经济区以外国家的学生实施不同的学费政策，2017 年的留学生数量与 2016 年相比下降了约3%，但在芬兰的外国学生数量仍高于经济合作与发展组织国家的平均水平（CIMO，2018）。第二，芬兰在欧盟28个国家中是老年人抚养比[①]较高的国家之一（Eurostat，2019）。2018年1月1日，欧盟28国平均老年人抚养比为30.5%，芬兰为34.2%，在欧盟28 国中排名第二（Eurostat，2019）。因为劳动年龄人口不足，芬兰的许多行业存在熟练工人短缺的现象，因此，芬兰改变了其高等教育国际化战略，不仅要吸引国际学生到芬兰留学，还要留住国际学生从事熟练技术工作。第三，与英语国家将留学生教育变为有利可图的产业不同，芬兰高校直到2017年才向国际学生收取学费。然而，自那以后，政府开始推行教育出口战略，高等教育政策逐渐向市场化转型，开始向欧盟/欧洲经济区以外的学生收取学费。尽管如此，大多数芬兰高校仍然为国际学生提供奖学金。可以说，芬兰为高等教育国际化市场化转型及其对学生的影响提供了另一种版本。第四，与移入移民及移民安置历史悠久的盎格鲁-撒克逊国家不同，芬兰只是在最近才从移出移民国（emigration）变成了移入移民国（immigration）。

芬兰有着悠久的高等教育国际化历史。20世纪90年代苏联经济萧条和解体后，芬兰经历了由外部环境变化引发的全球化冲击（Välimaa，2012），芬兰的国际地位和高等教育体系也深受影响（MinEd，2010）。与此同时，芬兰加强了和经济合作与发展组织的关系，经济合作与发展组织的信息被芬兰教育部称为“比较教育系统的最新数据”（MinEd，1994）。1995年加入欧盟后，芬兰通过博洛尼亚进程进一步融入欧洲教育系统（Kauko and Medvedeva，2016）。除了将国际化纳入其政策议程外，芬兰高等教育最近还进行了结构性改革，扩大了高校的财务自主权及责任（Kauko and Medvedeva，2016），这意味着推进国际化进程的高校融资模式已经改变。

2012年，芬兰进行了一项重要改革，教育部、大学副校长和官员们起草了一个新的教育拨款方案，其中国际化是新拨款模式的三大支柱之一（MinEd，2011）。在这一改革后，国际化成为高校基本拨款的重要指标，占到了总经费的4.1%（MinEd，2011）。涉及国际化的指标包括：①与教学相关的指标，如交换生的学时、外语学分或在国外获得的学分、留学生中学位生的数量等；②与研究相关的指标，如国际出版物的数量、获得的国际资金和工作人

① 年龄抚养比可用来研究工作年龄人口对幼年和/或老年人士的支持程度，这一比率是用幼年和/或老年人口与工作年龄人口的相对规模来表示的（Eurostat，2019）。

员的流动性、外国教学和研究人员的数量，以及获得博士学位的留学生数量（Kauko and Medvedeva，2016）。大学资助模式中的国际合作是通过研究来实现的，主要强调大学科研人员在排名较高的国际期刊上发表论文的情况。自2015年以来，芬兰通过向欧盟/欧洲经济区以外的学生收取学费进一步推进高等教育市场化。收取学费有助于增加教育出口机会，同时获取更多的高等教育资源（MinEd，2010）。最初围绕是否收取学费的争论主要是为了让芬兰高等教育对外国学生更有吸引力，但后来收取学费成为补偿政府削减经费或减少公共部门开支的一种手段（Kauko，2014）。

下文将主要介绍在芬兰学习的国际学生，尤其是中国留学生对芬兰高等教育国际化的看法。本文关注的重点是中国留学生如何看待他们从芬兰高等教育机构接受的教育、他们遇到的挑战，以及他们认为高等教育改革者应该如何反思其改革战略中的教训。由于本研究的大部分访谈发生在2015年和2016年，即在收费政策实施之前，本研究的重点在于探讨国际学生的学习和研究经验以及他们融入学术环境的情况，而不是收费政策对国际学生学习经验的影响。

三、方法

本研究数据来自2015—2016年对30名来自中国（不包含港澳台）的留学生进行的半结构化访谈[①]。访谈在芬兰进行，主要采用了两种方法招募受访者：首先联系芬兰高校的国际处，请其向所有在该大学注册的中国学生发出邀请，随后研究人员通过电子邮件、即时消息或电话联系自愿参加这项研究的学生，进而采用滚雪球抽样方法，鼓励受访者在朋友中分发邀请函，进一步招募受访者。收集受访者的数据获得了坦佩雷地区伦理委员会的许可。

本研究关注芬兰高等教育组织的两种类型：大学和应用科学大学。大约一半的访谈是在芬兰城市坦佩雷进行的，该城市有两所国际化大学和一所应用科学大学（理工大学）。其余受访学生来自芬兰其他主要城市，如赫尔辛基、埃斯波、图尔库、约恩苏和奥卢。

受访者的背景多种多样，包括性别、年龄、专业、来芬之前的工作和学

---

① 这项研究是在芬兰坦佩雷大学进行的，是由马斯特里赫特大学协调的玛丽·居里项目TRANSMIC的一部分（见 http://law.maastrichtuniversity.nl/transmic）。该项目由欧盟第七框架计划资助。

习经历、在芬年限以及所在区域。其中，女性有 18 人，男性有 12 人，攻读计算机科学、企业管理、工程学等不同学科领域的学士、硕士或博士学位。其中两名硕士生有全职工作，利用业余时间参与硕士研究生学位项目。

受访者中既有来芬参加了一学期课程学习的学生，也有已经在芬兰五年以上的学生。参与者在当地留学时限以及融合阶段的多样性有助于探索不同阶段的融合特征。刚到芬兰的学生有文化冲击的新鲜体验，而更多的高年级学生则生动地讲述了他们如何在不同阶段克服融合问题，反思了他们的发展轨迹。

访谈持续了 1—3 个小时，访谈过程中使用普通话。共同的语言和文化背景促进了采访者和受访者之间的交流（Welch and Piekkari，2006）。虽然对所有的受访者都使用了访谈问题列表，但通过对访谈中出现的具体问题进行追问体现了访谈的灵活性和自发性。对所有访谈资料均采用录音、转录、匿名等方式进行分析。

收集的数据产生了 30 份文本，对文本的分析主要由笔者运用主题内容分析法进行，具体步骤为：首先，在熟悉数据后，根据理论框架对访谈记录进行初步分析，生成了包含已有主题的主题代码；其次，以段落为分析单位逐行编码，形成了本科 4 个维度和 16 个主题的编码系统，每个段落有多个代码；最后，进一步深入分析编码中的每一个语句，将其放置于适当的标题或主题节点，以及任何其他足够相似的节点之下（Hannan，2007）。这一归纳过程产生了一系列子主题。本文下一部分将呈现这些子主题，并以访谈中的逐字引用作为支持，以便与原始数据建立明确的联系。

在呈现结果时，没有透露任何可能导致受访者暴露的信息。使用性别和学科专业来描述受访者，受访者的匿名性受到保护。

四、研究发现

（一）学术融合挑战

1. 缺乏英语授课课程

虽然许多芬兰高等教育机构已经引进了英语授课的学士、硕士和博士学位项目，但一些学位项目并没有足够的英语授课课程可供留学生选择，一些留学生对课程的多样性不满意。其中一位计算机科学专业硕士学位项目的受访者对课程选择范围受限表示失望：

我就读的这所大学在社会科学方面比较强，但它的计算机科学专业就没有那么强。我觉得教学体系还不够完善，教师的专业视野比较窄。计算机专业比较侧重于教授无用的理论，如项目管理等，而不是学习编程等比较实用的课程。这里只有两门编程课程，其中一门甚至都不是“真正的”编程课程，所以我感到失望。（男，计算机科学专业）

一位教育学硕士学位项目的留学生也有同感，表示英语授课课程中没有她感兴趣的课程：

我学的是幼儿教育，我对芬兰幼儿教育中的游戏教学非常感兴趣。我想知道老师们是如何指导孩子们在幼儿园玩耍的，也想选修这样的课程，但不幸的是，这类课程只用芬兰语授课，在我们的培养方案中没有这样的课程。我还发现，英语授课的课程范围比芬兰语授课的课程范围要窄得多。（女，幼儿教育专业）

有受访者指出需要时间适应芬兰老师的口音，这些口音不同于她之前习惯的美国或英国口音：

刚开始的时候，我很难理解一些老师和学生讲英语时的口音。我的同学来自不同的国家和地区。一个学期之后，我们一起听讲座、做小组作业、课后踢足球，才习惯了不同的口音、节奏和音调。（女，教育研究）

2. 英语授课项目教学质量问题

一些受访者抱怨芬兰教育体系的质量。除了英语授课课程数量不足之外，一部分受访者还对学位项目整体培养方案的结构提出了质疑。一位受访者表示：

这里的教学是不系统的。有些老师从来不自己教学，她所有的课程基本上都是邀请客座讲师授课。怎么能让几乎所有的课程都由客座讲师来上呢？其他老师会要求你阅读课程几乎所有的文献。上了两门课之后，我仍然不知道我学了什么。虽然老师给了我们学习资料，但是自己整理资料和学习还是很困难的。这些课程不是以一本书为基础，老师们使用自己编写的教材。整个课程结束之后，我仍然不知道我学了什么。我认为这是个大问题。（男，医学）

另一位受访者表示，她对芬兰硕士生教育的满意度不高，因为在撰写硕士学位论文时，她没有得到有效的指导和支持，尤其是想到自己原本可以在获得本科学位的中国大学继续深造并获得硕士学位时，更是如此：

来到这里以后，我对学习计划很失望。没想到这个硕士项目这么差。我知道，中国的硕士研究生在做学位论文时，会有一位导师一直在旁指导，并帮助学生修改论文；学生需要参加毕业论文答辩；硕士学位论文也有外部评审环节；学生需要在一家核心期刊上发表至少一篇文章。然而，在这里，只有一位教授负责我们所有学生的毕业论文。我们有一个硕士论文班，每个人都介绍我们论文的最新进展。我介绍完我的研究课题后，他只是说我的研究问题太大了，但这对我来说也是个明显的问题。我没有从这位教授那里得到想要的指导。他忙着四处旅行和照顾其他班的学生，几乎没有时间留给我。（女，教师教育）

由于教师缺乏英语教学能力，一位受访者认为课程对她来说没有吸引力，也不够有趣：

有些老师英语说得不够好，英语也是他们的第二语言。当我在中国学习的时候，一些老师非常优秀，有很深厚的知识背景，而且他们在回答你的问题时直截了当。然而，当我问这里的老师时，我觉得他们甚至不理解我的问题，也不回答我的问题。我失去了与他们进一步沟通的兴趣。（女，媒体教育）

3. 缺乏指导的宽松环境

芬兰的高等教育体系比较宽松，学生必须具有高度的独立性和自律性。对于一些中国留学生来说，这可能是一个挑战，因为他们通常习惯于在中国大学里有一个紧密的学习组织，那里不断有来自老师和同龄人的压力，要求他们努力学习。学生很难适应不同的高等教育体系，也很难掌握好自己的学习节奏。那么，受访者是如何理解芬兰高校的学术环境的呢？一位受访者表示：

大学真的给了你独立学习的时间和空间，但问题在于它没有给你任何学习指导。作为一个初学者，你怎么能要求我完全独立？我完全困惑了。写硕士论文的时候，我觉得导师真的不想回复邮件。我给导师发了邮件之后，他往往几天都不回复，只有在你发了三封邮件跟进之后才能收到回复。我是硕士生，我真的不知道要怎么做研究、我需要做什么……我们所做的就是每天去上课。有很多没用的课程，我在读硕士期间根本没有做任何研究。（男，机械工程）

另一位受访者也有同感：

我认为，芬兰不像美国或英国。美国或英国的大学招收你之后，你必须马上取得成果。而芬兰的大学会给你时间产出成果。我认为芬兰的整体环境过于宽松和灵活。做研究是一项艰苦的工作，过于灵活和放松的环境需要个人高度自律，否则，人们很容易在这样的环境中变得懒惰。（男，计算机科学）

显然，中国留学生来自给予学生较多指导和安排的学习环境，芬兰的教育环境要求学生高度独立和自律，中国留学生难以适应。为了帮助来自不同文化环境的学生更好地融入其中，芬兰的大学最好为新生组织入学培训，使其明白自己需要做什么，以及如何完成这些目标和任务。

（二）社会融合挑战

1. 中国留学生与芬兰学生缺乏联系

大多数国际学生选择英语教学项目，而芬兰本土学生则学习芬兰教学项目，由此造成了两者的隔离。一些受访者建议组织更多的活动促进国际学生和芬兰学生之间的融合。有受访者提到了与芬兰本地人交朋友的困难：

我觉得和芬兰人交朋友不太容易。这里的大多数人都很害羞，不太健谈，也不那么开放。除非你遇到一个和你很投缘、相处融洽、爱好相同的人，否则，你如何与他们进行更深入的交谈呢？大多数时候，我只是在走廊里和其他芬兰人打个招呼，仅此而已。（女，数学）

2. 外国人缺乏平等的学习机会

一些受访者提到外国人在芬兰学术界缺乏平等的机会。当有学术工作机会和资助机会时，芬兰人或具有芬兰特色的项目会被优先考虑。一位受访者就芬兰学术资助和职业晋升发表了以下评论：

如果你申请资助，他们当然会优先考虑芬兰人，而且几乎所有的大学教授都是芬兰人，没有外国人，不管外国教师有多好；或者即使某个外国人可以成为大学教授，也不可能成为大学校长。这基本上是由系统结构决定的，有些时候，他们只考虑芬兰人。中国人在这里最常见的工作就是学术型的劳工，很少有人能进入管理层，这基本上是其职业生涯的天花板。这对有抱负的人来说是很大的打击。（男，计算机科学）

两名博士生提到，在芬兰学术界很难找到教学机会，学校希望聘用芬兰本地人担任教师：

我曾多次试图与教职员工和管理人员交谈，我想教授一些英语课程，但我从来没有机会。但是，其他芬兰博士生很容易就得到了教学机会，也可以为学院的英语课程授课。（女，信号处理）

如果你的技能水平和芬兰候选人差不多，他们不会雇用你，而是更愿意雇用芬兰人。我们的芬兰语肯定不如本地人流利。即使我会说一些芬兰语，但说得还不够流利，以至于我不能用它来教一门课程。他们还是宁愿雇用芬兰人，因为他们的大部分学生还是芬兰人，对吧？除非你和芬兰人相比有一些特别的东西，例如，你更擅长进行研究，否则他们为什么会雇佣你并为你开设英语课程呢？（女，计算机科学）

3. 大学组织交流活动中不使用英语

尽管许多芬兰大学将国际化作为其重要议程之一，但仍有很长的路要走。许多受访者表示，大学管理层的内部邮件、信息和会议都是用的芬兰语。并非所有的大学教职员工和教师都能流利地使用英语交流，这可能会使芬兰语不流利的外国人感到很为难。一位受访者就表示：

有时候我们开会，有两个非芬兰人参加。尽管组织者说将用英语举行会议，但一些老师抗议，因为他们的英语不流利。最后，他们选择用芬兰语举行会议。过了一会儿，外国人离开了会场。（女，计算机科学）

五、讨论和结论

不得不说，学生流动是芬兰高等教育国际化的重要一步，只有这样，才能通过吸引更多的国际学生以推动国际化进程，但很显然，仅仅依靠这些措施是不够的。研究发现，芬兰高等教育国际化还处于初级阶段，至少部分高校还需要通过一系列努力以推动学生融入，促进其在大学社区的成长。为了向更高水平的国际化迈进，芬兰高等教育不仅需要实现“成分国际化”（Spencer-Oatey and Dauber，2019a），即学生和教职员工更加多样化，而且需要实现全面国际化，使国际学生和教学科研人员融入芬兰的学术环境。芬兰高等教育机构的国际化不能仅仅强调国际学位学生规模的增长，或其学生和学术人员的流动比例提高，而且要建立一个真正平等、开放和具有多元文化的学术社区，使国际学生和研究人员能够感到他们在这一学术环境中深受欢迎。融合应该是一个双向的过程，在这个过程中，国际学生和当地学术人员应努力提高跨文化交际能力，大学管理层应致力于制定战略目标，使学术环境适应种族、文化和语言多样性的需求。

此外，有研究表明，越来越多的国家不仅在争取吸引更多的国际留学生，也在努力使国际留学生融入高技能工人群体。加拿大（Geddie，2015）、新西兰和澳大利亚（Bedford and Spoonley，2014）等国进行了立法改革，要求引导留学生毕业后的工作和学习选择，使留学生融入高技能国际劳动力大军（Shachar，2006），甚至以前不接收非欧盟毕业生实习签证的国家，如瑞士和英国，也已经重新开放其政策，以促进非欧盟大学毕业生的入学和融合，使他们能够从停留 6 个月（瑞士）一直停留到两年（英国），以寻找就业机会（Hedley，2019；Riaño et al.，2018）。芬兰最近才加入全球人才和留学生的竞争，迫切需要一个强有力的立法体系，以及大学层面的求职便利措施，以推动国际留学生毕业后融入芬兰的就业市场。国际学生更好地融入学术环境是其融入社会环境的先决条件。得到国际高技能劳动力将有助于芬兰经济的发展。因此，芬兰高等教育改革者需要重新审视其市场化的路径，从融合的角度探讨如何实现国际化，考虑如何实现留学生的学术、社会、文化、心理、经济等方面的融合。

六、局限性

本文旨在深入了解芬兰高等教育国际化中中国留学生的融入体验。尽管这是一项只有少量受访者参与的定性研究，但还是为深入了解中国留学生对芬兰高等教育环境的体验，以及大学管理层和决策者未来改进管理和学习服务提供了很好的视角。本文深化了我们对中国留学生在非英语国家高校留学经验的理解，为芬兰及世界高等教育提出了一些值得关注的问题。希望本文提供的充满细节性的信息可以对芬兰以及其他需要迈向更高阶段国际化的国家的高等教育机构有所帮助，并为其进一步应对提高跨文化能力的挑战提供参考。

参考文献

Ahmad, S. Z., and Buchanan, F. R.（2017）. Motivation factors in students decision to study at international branch campuses in Malaysia. Studies in Higher Education, 42（4）：651-668.

Auyeung, P., and Sands, J.（1996）. A cross cultural study of the learning style of accounting students. Accounting and Finance, 36（2）：261-274.

Ayoubi, R. M., and Massoud, H. K.（2007）. The strategy of internationalization in universities：A quantitative evaluation of the intent and implementation in UK universities. International Journal of Educational Management, 21（4）：329-349.

Bedford, R., and Spoonley, P.（2014）. Competing for talent：Diffusion of an innovation in New Zealand's immigration policy. International Migration Review, 48（3）：891-911.

Beech, S. E.（2018）. Adapting to change in the higher education system：International student mobility as a migration industry. Journal of Ethnic and Migration Studies, 44（4）：610-625.

CIMO.（2018）[2021-04-16]. Statistics on Foreign Degree Students in Finnish Higher Education Institutions in 2016（6B/2017）. Helsinki：CIMO. Finland. http://cimo.fi/instancedata/prime_product_julkaisu/cimo/embeds/cimowwwstructure/165112_FactsExpress6B_2017.pdf.

de Vita, G.（2001）. Learning styles, culture and inclusive instruction in the multicultural classroom：A business and management perspective. Innovations in Education and Teaching International, 38（2）：165-174.

de Wit, H.（2015）. Is the international university the future for higher education? International Higher Education,（80）：7.

Eurostat.（2019）[2021-04-16]. Population structure and ageing. Brussels：Eurostat. http://ec.europa.eu/eurostat/statistics-explained/index.php/Population_structure_and_ageing#Slightly_more_than_three_persons_of_working_age_for_every_person_aged_65_or_over.

Geddie, K.（2015）. Policy mobilities in the race for talent：Competitive state strategies in international student mobility. Transactions of the Institute of British Geographers, 40（2）：235-248.

Gopinath, D.（2015）. Characterizing Indian Students pursuing global higher education：A conceptual framework of pathways to internationalization. Journal of Studies in International Education, 19（3）：283-305.

Hannan, A.（2007）[2021-04-16]. Interviews in Education Research. http://cecs6200.pbworks.com/w/file/fetch/69409200/Using%20Interviews%20in%20Education%20Research.pdf.

Hedley，S.（2019）[2021-04-16]. UK Announces 2-year Post-study Work Visa for International Students. London British High Commission New Delhi. http://www.gov.uk/government/news/uk-announces-2-year-post-study-work-visa-for-international-students.

Holmes，P.（2004）. Negotiating differences in learning and intercultural communication ethnic Chinese students in a New Zealand university. Business Communication Quarterly，67（3）：294-307.

Hudzik，J. K.（2011）. Comprehensive Internationalization：From Concept to Action. Washington：NAFSA and Association of International Educators.

Kallunki，J.，Koriseva，S.，and Saarela，H.（2015）. Suomalaista valtiollista yliopistopolitiikkaa ohjaavat perustelut tuloksellisuuden aikakaudella. Kasvatus and Aika，9（3）：117-133.

Kauko，J.（2013）. Dynamics in higher education politics：A theoretical model. Higher Education，65（2）：193-206.

Kauko，J.（2014）. Complexity in higher education politics：Bifurcations，choices and irreversibility. Studies in Higher Education，39（9）：1683-1699.

Kauko，J.，and Medvedeva，A.（2016）. Internationalisation as marketisation? Tuition fees for international students in Finland. Research in Comparative and International Education，11（1）：98-114.

Knight，J.（2004）. Internationalization remodeled：Definition，approaches，and rationales. Journal of Studies in International Education，8（1）：5-31.

Knight，J.（2007）. Internationalization：Concepts，complexities and challenges. In Forest，J. J. F.，and Altbach，P. G.，International Handbook of Higher Education. Dordrecht：Springer：207-227.

Leung，M. W. H.，and Waters，J. L.（2013）. British degrees made in Hong Kong：An enquiry into the role of space and place in transnational education. Asia Pacific Education Review，14（1）：43-53.

MinEd.（1994）. Koulutus kansainvälisessä vertailussa. Helsinki：Opetusministeriö.

MinEd.（2010）. Kiinnostuksesta kysynnäksi ja tuotteiksi—Suomen koulutusviennin strategiset linjaukset. Valtioneuvoston periaatepäätös. Opetus-ja kulttuuriministeriön julkaisuja. Helsinki：Opetus- ja kulttuuriministeriö.

MinEd.（2011）. Laadukas，kansainvälinen，profiloitunut ja vaikuttava yliopisto—Ehdotus yliopistojen rahoitumalliksi vuodesta 2013 alkaen. Helsinki：Opetus- ja kulttuuriministeriö.

MinEd.（2019）[2021-04-16]. International strategy for higher education and research 2017—2025. http://minedu.fi/en/international-strategy-for-higher-education-and-research.

Olsen，J. P.（2007）. The institutional dynamics of the European university. In Maassen，P.，and Olsen，J. P.，University Dynamics and European Integration：Higher Education Dynamics. Dordrecht：Springer：25-54.

Riaño，Y.，Lombard，A.，and Piguet，E.（2018）. How to explain migration policy openness in times of closure? The case of international students in Switzerland. Globalisation，Societies and Education，16（3）：295-307.

Rienties，B.，Beausaert，S.，Grohnert，T.，Niemantsverdriet，S.，and Kommers，P.（2012）. Understanding academic performance of international students：The role of ethnicity, academic and social integration. Higher Education, 63 (6): 685-700.

Rienties, B., & Tempelaar, D. (2013). The role of cultural dimensions of international and Dutch students on academic and social integration and academic performance in the Netherlands. International Journal of Intercultural Relations, 37 (2): 188-201.

Saarinen, T. (2012). Internationalization and the invisible language? Historical phases and current policies in finnish higher education. In Ahola., S., and Hoffman, D., Higher eEucation Research in Finland: Emerging Structures and Contemporary Issues. Jyväskylä: Jyväskylän yliopisto: 235-248.

Sawir, E., Marginson, S., Deumert, A., Nyland, C., and Ramia, G. (2008). Loneliness and international students: An Australian study. Journal of Studies in International Education, 12 (2): 148-180.

Shachar, A. (2006). The race for talent: Highly skilled migrants and competitive immigration regimes. New York University Law Review, 81 (1): 148-206.

Spencer-Oatey, H., and Dauber, D. (2019a). Internationalisation and student diversity: How far are the opportunity benefits being perceived and exploited? Higher Education, 78: 1035-1058.

Spencer-Oatey, H., and Dauber, D. (2019b). What is integration and why is it important for internationalization? A multidisciplinary review. Journal of Studies in International Education, 23 (2): 515-534.

Stensaker, B., Lee, J. J., Rhoades, G., Ghosh, S., Castiello-Gutiérrez, S., Vance, H., and Marei, M. S. (2019). Stratified university strategies: The shaping of institutional legitimacy in a global perspective. Journal of Higher Education, 90 (4): 539-562.

Tinto, V. (1975). Dropout from higher education: A theoretical synthesis of recent research. Review of Educational Research, 45 (1): 89-125.

Tinto, V. (1997). Classrooms as communities: Exploring the educational character of student persistence. Journal of Higher Education, 68 (6): 599-623.

Tinto, V. (1998). Colleges as communities: Taking research on student persistence seriously. The Review of Higher Education, 21 (2): 167-177.

Välimaa, J. (2012). The corporatization of national universities in Finland. In Woodruff, D. S., Universities and the Public Sphere. London: Routledge: 115-134.

Wächter, B., and Maiworm, F. (2014). English-Taught Programmes in European Higher Education: The State of Play in 2014. Bonn: Lemmens Medien GmbH.

Welch, C., and Piekkari, R. (2006). Crossing language boundaries: Qualitative interviewing in international business. Management International Review, 46 (4): 417-437.

Zepke, N., and Leach, L. (2005). Integration and adaptation: Approaches to the student retention and achievement puzzle. Active Learning in Higher Education, 6 (1): 46-59.

Zepke, N., and Leach, L. (2010). Improving student engagement: Ten proposals for action. Active Learning in Higher Education, 11 (3): 167-177.

Zhang, H. (2013). Academic Adaptation and Cross-Cultural Learning Experiences of Chinese Students at American Universities: A Narrative Inquiry. Boston: Northeastern University, Doctoral Dissertation.

Zhang，Z.，and Xu，J.（2007）. Understanding Chinese international graduate students adaptation to learning in North America：A cultural perspective. Higher Education Perspectives，3（1）：45-49.

Zheng，P.（2014）. Antecedents to international student inflows to UK higher education：A comparative analysis. Journal of Business Research，67（2）：136-143.

（本文翻译：芮言、张慧、贺玉；校译：张优良、王绽蕊）

第三部分　高等教育国际化：全球视野

学术职业国际化：历史与比较视角下的考察

黄福涛

本文从对国际化及与其相关术语的探讨入手，对学术职业国际化的概念和模式在四个时期或阶段的变化以及每个阶段最显著的国际化特征进行了深入的历史分析。

一、引言

全球化正在改变知识生产过程、大学和学术职业。科学研究和发展的重心正微妙地从美国转移到亚洲，其次是欧洲（Cummings，2009）。此外，全球的发达国家和发展中国家正在投资于本国的高等教育系统，将其作为人力资源开发和最终提高未来经济竞争力的关键引擎。随着知识生产成为一项全球性产业而非国家产业，各国确保其大学（以及大学中的学术人员）成为这一新的全球化产业的积极参与者和领导者，国家的大学及其学术人员正在培养作为下一代领导人的学生的国际视野和能力。发展中国家的大学寻求扭转惠及美国和其他西方经济体的人才外流局面，并开始着手创建本国的世界一流大学。促进国家经济发展的一个关键工具是高等教育体系及其人力资源基础——学术职业的国际化。本研究的目的是对学术职业国际化的概念和模式在四个时期或阶段的变化以及每个阶段最显著的国际化特征进行深入的历史分析。通过以上分析，本研究最终得出结论。

二、高等教育和学术职业的国际化

（一）发起关于高等教育国际化的全球对话

Knight（2003a）认为，国家、部门以及院校层面的高等教育国际化是将国际、跨文化或全球维度融入中学后教育的目的、功能或知识传递的过程。后来，Knight（2004，2006）将该定义进一步拓展，认为高等教育国际化是在国家、部门和院校层面将民族、文化和国家关系，国家、社区和院校文化多样性以及全球维度等整合、注入和合并到国家高等教育的职能、目标或组织使命、国家高等教育体系或院校的元素或任务（即教学、研究、服务），以及在国内或其他国家提供的课程或项目当中。高等教育国际化既是对全球化的回应，也是全球化的动因。国际化正在改变高等教育世界，而全球化正在改变国际化的进程（Knight，2003b）。

Teichler（1999，2004，2009）认为，高等教育国际化包括两个方面：①具体国际跨境教育活动的增加（如学生和教职人员的流动、外语教学、合作研究以及跨区域研究）；②高等教育的实质和功能趋于普遍化、全球化、国际化、区域化，这种趋势可能会超越跨境流动和合作。后者指高等教育核心部分的国际化（即在日常教学和研究活动中强调国际维度），以及在政策层面加强核心活动的国际维度。

Teichler（1999，2004，2009）还认为，高等教育国际化的特点不仅表现为国际活动逐渐增多，或高等教育核心活动具有较强的国际维度，还表现为实质性的改变或“飞跃”。“飞跃”指的是三种变化或趋势：①从纵向或层级式的合作和流动模式转向更为平等的国际关系；②从随意性行为转为国际化的系统性政策；③从具体的国际活动与核心活动的脱节走向一体化的高等教育国际化。

Kehm 和 Teichler（2007）认为，以往对高等教育国际维度的分析大多侧重于分析各种面向国际的活动之间的联系，如流动性、知识转移、合作和国际教育等。高等教育国际化的核心在于院校、人员（包括学术人员）以及知识的国际化。他们通过广泛筛选各种出版物，确定了高等教育国际化的七大主题：①学生和教职人员的流动性；②高等教育体系的相互影响；③教、学、研的国际化；④国际化的组织策略；⑤知识转移；⑥合作与竞争；⑦关于高等教育国际化的国家和超国家层面的政策。

笔者认为，高等教育国际化是各国高校开展各种形式教学、科研交流活动的过程。高等教育领域的国际交流是从欧洲的近代国家建立后发展起来的，其前提是民族国家的存在，现已十分成熟，且交流的形式、内容和模式随时间而变化。例如，从历史和比较的角度来看，所谓的政府主导活动模式——在20世纪70年代通过中央控制的计划、财政支持以及国家管理来促进高等教育的国际化——在20世纪80年代被政府和私营部门之间的联合举措取代，在少数国家中被大学牵头的活动取代。特别是自20世纪90年代以来，随着经济的进步以及其他形式的全球化，在欧洲等区域内，不同国家的大学之间展开了积极的交流，课程的跨境国际化和标准化、跨国教育和高等教育的质量保证、高等教育机构之间的全球联系与合作取得了明显进展。此外，国际交流的主体在20世纪70年代以前基本上主要是学生、教师和学者，自20世纪80年代以来，特别是90年代以来，国际交流不再限于人员之间的交流，其范围扩大到合作研究、大学课程及校区的跨境流动、课程及学位的互认、大学之间的隶属关系或联系等。当前高等教育国际化主要包括三个方面的内容：一是人员交流和个体跨境流动，主要是学生、教师和研究人员；二是学术项目、课程和学位的交流与认证，包括课程的共享，特别是跨国项目的开展；三是科研项目活动，包括组织国际会议和联合研究，主要是呈现研究成果并进行学术交流。

（二）学术职业国际化

在这些全球对话中，关于学术职业国际化的主题包括以下几个方面。

1）学术流动：规模及统计数据、流动对职业的影响、纵向及横向流动、借助信息和通信技术的虚拟流动。

2）教、学、研的国际化：学术活动包括课程国际化、本土国际化、外语知识的作用、外语教学。

3）国际化的组织策略：大学网络和伙伴关系（学术界在建立这些网络和伙伴关系方面所发挥的作用）。

4）知识转移：科研对国际化创新体系的贡献；项目而非学生流动。

5）合作与竞争：网络和战略联盟、人才流失、人才流入、人才循环。

与全球化、跨国高等教育、高等教育国际化甚至高等教育欧洲化的大量研究相比，人们对学术职业国际化的性质了解较少，对卡内基基金会1992年国际调查之后的变化也不清楚。笔者发现对这一主题的有限研究可以总结如下。

1992 年，卡内基基金会发起了第一次“学术职业国际调查”，2007 年开展的“学术职业变化调查”（Changing Academic Profession，CAP）进一步深化了这一调查。在其推动下，学术职业国际化的实证调查正在慢慢展开。这类调查显示出学术职业国际化的三个独特方面：以学习和就业为目的的跨国流动；参与或参加国际教学及/或研究活动；关于国际联系及跨文化关系价值的态度。基于 1992 年卡内基基金会的研究，Welch 提出了三个国际化指标：拥有国外最高学位的学术人员比例、学者的国际联系程度及其对这种联系重要性的看法。Welch 在系统和个人层面对学术职业国际化进行了分析。他谈到了不同系统国际化程度的差异，以及拥有国外学位对学术生活若干方面影响的差异，即被称为“留学派”和“本土派”的两个学术子群体之间的差异。与流动性有关的包括性别差异、学科分布、就业模式（全职与兼职）、参与国际教育相关活动、工作满意度、教学与研究的偏好（Welch，1997）。

El-Khawas（2002）提出了两个论点：一是学者将国际维度融入工作之中的机制；二是新教师在将国际因素融入职业生涯中面临的机遇与限制条件。卡内基基金会的研究调查了几种形式的国际支持机制。以研究和学习为目的的国际旅行是国际参与的主要形式之一，包括出国学习或研究，以及在另一个国家担任教职等；另外两个公认的国际参与形式包括在国外发表研究成果，以及与其他国家的学者联合进行研究。最后，还要考虑学者对其所在大学或部门的课程内容的影响，包括教学中的跨国视角、提供国际化的教学资源等。这些国际参与指标得到了其他学者的补充，这些指标涉及学者关于国际视野的价值导向，例如，保持国际联系的重要性，与其他国家发表的研究成果的同步性。虽然 El-Khawas 的分析是在个人层面上进行的，但也考虑到各国学者在国际参与方面的差异，并审查了促进或阻碍这种差异产生的因素。

Schwietz（2008）出版了第一本关于学术职业国际化的著作。该书对美国宾夕法尼亚州 9 所公立大学教师的数据进行了描述性分析和相关性分析，探索了教师的国际化态度、信念和经验；同时，还考察了教师在教学、研究和学术成果中融入国际视角的程度，确定了教师特征、校园环境以及态度、信念和行为之间的关系，分析了描述、预测教师国际化取向的模式。此外，该书为不同部门推进高等教育国际化提出了政策建议。

笔者从个人、院校、国立、公立/私立院校和制度等层面阐述了学术职业国际化，聚焦于日本的案例研究，分析了学术职业国际化的变化，比较了卡内基研究和“学术职业变化调查”的结果。个人层面的学术职业国际化包括三个方面：①国际教育，特别是博士层面的国际教育（拥有海外博士学位的教师人数）；②出版物（全体教职在国外出版或以外语出版的论文或书籍的平均数目）；③对国际交流活动的看法。院校层面的学术职业国际化涵盖了其他维度，院校国际活动包括学生跨国流动、国际教学活动以及国际科研活动。调查对象所在高校的国际化活动包括四项内容：①外籍教师的授课；②举办国际会议及研讨会；③接受留学生；④派遣学生出国留学。最后，国公立/私立院校和制度层面的学术职业国际化描述了教师的构成情况、外国和本国学者的区别（Huang，2007a，2009a，2009b）。

Finkelstein 等（2009）认为，学术职业国际化是指教师研究和教学的国界日渐模糊，师生跨境流动不断增加。教师国际化主要包括两个方面：①教师学术工作国际化的程度，即教师将国际视角融入课程内容的程度，研究范围及重点的国际化程度；②教师学术网络的国际化程度，即教师与国际同事合作开展研究、与外国学者合作撰写论文、在外国出版等。这些构成了教师工作的基本内容，与卡内基研究具有广泛的可比性。因此，教师国际化的重点是国际视角在多大程度上塑造教学或研究，国界在多大程度上限制教师职业网络。他们通过调查教师国际化的决定因素或预测因素，了解国际化在教学和研究中的性质和程度。

Cummings 和 Bain（2009）关注学术职业的国际化问题，主要从个人层面考察学术工，以及与其他国家学者之间的关系。Cummings 和 Bain 基于卡内基基金会的研究和“学术职业变化调查”，从比较和历史的角度选取了学术职业国际化的几个关键指标。在对跨国数据进行比较时，他们认为，“学术职业变化调查”区分了学者的信念和实际行为，在课程中强调国际视角或内容，研究的范围或方向具有国际性，这两个变量代表了教师在教学和研究中强调国际化重要性的信念。国际合作和在外国出版作为国际实践的另外两个变量，这两个变量与用外语出版被共同运用于对学者国际实践的比较。本文旨在描述美国院校目前的国际化水平，并了解哪些因素促使学者将其工作与国际化联系起来。

三、国际化词汇及其学术职业术语

根据不同的语境和研究目的，“学术职业”[①]一词可以有多种定义，可以

---

① 在美国，这一术语用来指教学人员和研究人员。有意思的是，在美国，学术人员 staff 特指非教师专业人员，而在欧洲，其通常是指大学教师。本研究着重讨论狭义的学术职业。

从广义和狭义两个方面来理解。从广义上讲，学术职业是指在学院或大学内外的高等教育组织或研究机构中从事教学、研究以及出版学术成果的人员。从狭义上讲，学术职业是指大学教师这一群体，包括教授、副教授、讲座教授或助理教授，主要指在高校从事教学和科研的人。

自 20 世纪 90 年代初以来，出现了与国际化、高等教育国际化有关的几个术语，其中一些与国际化一词的含义相似，甚至可以互换使用，包括全球化、区域化、跨国、无国界或跨境教育。下面我们将分析这些术语之间的差异以及相互关系（如国际化与全球化），探讨包括区域化、跨国高等教育和高等教育国际化等术语的含义。

（一）国际化与全球化

在讨论高等教育国际化的含义之前，有必要理清国际化与全球化之间的关系或异同，这两个术语的含义很容易混淆。

国际化与全球化有多种描述方式。从字面上看，“国际化”的前缀“inter”源于拉丁语，其最初的意思是“在……之间”或“相互的”。当一个“国家”在政治意义上被视为民族国家，或成为一个拥有独立政治制度和独特文化的国家时，“国际”（international）可以被理解为“国家之间”，其动词形式“国际化”（internationalize）可以被理解为“建立关系，产生影响或扩大国际行动的范围”，或具体来说，“置于国际控制或保护之下”。可以说，“国际主义”（internationalism）、“使国际化”（internationalize）、“国际化”（internationalization）都源于“国际的”（international）一词。它意味着以民族国家及其国民固有的独特文化传统的存在为前提，促进国家间合作、共存的思想及行动。这是沙文主义和民族主义的对立面，沙文主义和民族主义重视种族或民族本身的存在，以排他的方式对其他种族和民族采取敌对的态度。国际化也可以与世界主义和普遍主义区分开来，后者试图将个人与世界直接联系起来，而忽略了国家的存在。因此，国际的名词形式“internationalization”的意思是国际化的行动或过程。更确切地说，该词强调向其他国家转移，影响其他国家或接受其他国家的影响。

相比之下，“全球化”一词的出现要晚得多，直至 20 世纪 60 年代后半期才开始使用。有大量、多方面的文献来定义和解释这一术语。例如，早在 1990 年，吉登斯（Giddens）就把全球化视为“我们生活环境的一种转变；这就是我们现在的生活方式”。他指出，“全球化”以全球交流、知识和文化、人口流动和商品贸易体系为特征（Giddens，1990）。值得注意的是，Robertson是第一个定义“全球化”一词的社会学家。他认为，全球化“既指世界的压缩，也指对世界作为一个整体意识的增强”：换句话说，全球化涵盖了全球相互依存和全球一体意识（Robertson，1992）。Grunzweig和Rinehart（2002）提出了类似的定义，全球化是“新技术推动全球即时通讯的过程和结果”，结果包括知识数量、知识可获得性的爆炸性增长，世界金融、经济系统的不断融合和相互依存。Stiglitz（2002）认为，全球化即世界各国、各国人民之间更为紧密的融合，这是由运输和通信成本的大幅降低，货物、服务、资本、知识和人员跨境流动的人为壁垒的消失等造成的。

关于国际化与全球化之间的联系，Scott肯定了国际化与全球化之间存在着辩证关系。国际化反映了（也可能仍然反映）一个由各国政府主导的世界秩序。然而，全球化却是不同的现象。全球化不仅反映了美国、欧盟和东亚国家这三大市场集团之间的全球竞争进程，还涉及全球劳动分工加强合作的现象（Scott，2000）。

笔者通过以下方式区分国际化与全球化的概念。第一，虽然国际化最初是在19世纪后半叶才开始使用的，但它引起了越来越多学者的关注（特别是自20世纪60年代以来）。全球化主要是在20世纪60年代后半期才引起人们的关注。第二，全球化的主要目的是建立一个超越国家和文化的单一或普遍承认的模式，而国际化强调的是不同国家和文化之间的交流或沟通。第三，国际化是在不同国家的政治、经济和文化存在差异性的前提下进行的，而全球化是在国家和民族文化的重要性降低的前提下展开的。

然而，这两个术语之间有着密切的联系。随着经济全球化的快速发展、新技术的不断进步，以及国家之间的交流日益频繁，一些曾经在国家之间进行的活动（即国际层面的活动）可能会在全球层面进行，并可能产生被普遍接受的标准或价值观。

（二）区域化

通常，“区域化”一词是指形成区域的趋势，或形成区域的过程，经常被用来指代全球化的对立面。区域化意味着全球联系较少，更注重区域发展。从经济角度看，Mucchilli等认为，全球化和区域化是两种对立的市场力量。“对国家和企业来说，全球化以经济的开放性和全球市场为特点，企业的战略集中于寻找有效的资源，以及市场供应的协同作用和标准化。国家和企业的区域化的特征表现为国家间的特惠贸易安排，企业在资源获取、市场准入和加入组织等方面的区域网络。”（Mucchilli et al.，1998）从这个意义上说，区域化是国际化的一种形式，而非全球化的形式。

毫无疑问，欧洲化可以作为典型案例来说明区域化的意义。Hix 和 Goetz 指出，国家制度和政策实践的变化过程可以被归因于欧洲一体化（Hix and Goetz，2000）。这与 Börzel 的想法契合，即欧洲化是国内政策越来越受制于欧洲政策制定的过程（Börzel，1999）。换句话说，区域化是名义上非区域的主题（文化、语言、城市或民族）被赋予若干区域特征的过程。在本研究中，区域化指的是高等教育系统或学术职业的区域特征凌驾于国家特征和特点之上。

（三）跨国高等教育

对于跨国高等教育，学者有多种认识。跨国教育通常被定义为“学习者所处的国家不同于学位授予机构所处的国家”（UNESCO and Council of Europe，2000）。因此，如果跨国高等教育被视为高等教育和培训的一部分，那么它可以采取下列任何形式（GATE，1999）。

1）分校：由外国院校设立的为本国学生提供教育或培训项目的分校。

2）特许项目：院校（A）批准另一国家的院校（B）向 B 院校所在国家的学生提供一门或多门院校（A）的课程。

3）衔接项目：院校（A）承认学生在另一国家的院校（B）学习指定科目所得学分可以作为完成院校 A 全部学习计划中的部分学分。

4）双联项目：不同国家院校之间达成协议，提供联合培养方案。

5）企业项目：大型企业为院校提供的学术学分项目，通常涉及跨境的学分转换。

6）在线学习和远程教育项目：通过卫星、计算机、通信或其他技术手段跨越国界实施的远程教育项目。

7）出国留学：院校（A）的学生前往另一个国家的院校（B）进行学习，并在那里生活一段时间。

此外，Knight 认为，跨国、无国界以及跨境教育都是用来描述学生、教师、知识和教育项目从一个国家到另一个国家的实际或虚拟流动的术语。这些术语之间可能存在概念上的差异，但它们通常可以互换使用（Knight，2002）。

本研究认为，由于跨国高等教育的定义存在很大差异，可以根据国家和地区的不同采取不同的形式。在许多非英语国家，跨国高等教育没有对应的术语，所以在这些国家采用其他的表达来表示类似的含义。例如，在中国，跨国教育通常被称为“中外合作办学”。事实上，即使是在像澳大利亚这样讲英语的国家，“跨国高等教育”一词的定义也很宽泛。它指通过人员、项目或院校的流动，在国家或地区以外提供的所有教育或培训形式。因此，在澳大利亚，“跨国高等教育”一词包括向到澳大利亚留学的学生提供的国际教育[在澳大利亚通常被称为“本土教育”（onshore education）]，以及向居住在澳大利亚以外的学生提供的远程教学或电子教学。此外，与“跨国”（transnational）类似的各种术语，如“离岸”（offshore）、“跨境”（cross-border）和“无国界”（borderless）等有时可以互换使用。然而，这里需要强调的是，与国际教育项目或个人跨境流动不同，跨国高等教育是基于盈利活动的教育项目以及大学从一国转移到另一国。从很大意义上说，这是 20 世纪 80 年代后期以来高等教育国际化的一种全新形式。大多数情况下，它指的是此类项目或分校从发达国家（一般为以英语为主要语种的国家）向发展中国家或新兴国家的转移。

四、历史视角下的学术职业国际化

早在 12 世纪，当第一批大学在欧洲出现时（尽管学者对第一批大学的起源和早期历史存在争议），就有跨区域或跨境的教师流动，尽管当时的区域或边界的定义与现在的定义大不相同。从历史的角度看，学术职业国际化的变迁实际上可以分为四个阶段。对国际化在每个阶段所具有的最显著的特征，可以从以下几方面进行分析：背景、动因、目标、主要形式、区域和层面等类型（Huang，2007b）。

（一）第一阶段

在 13 世纪到 18 世纪的第一阶段，由于不存在民族国家，严格来说，不存在真正意义上的学术职业国际化。从 13 世纪到工业化时代，再到 18 世纪末近代民族国家的出现，最初的学术职业国际化是通过基督教在欧洲和美洲的扩张实现的，主要驱动力包括宗教、实用目的和学术因素。学术职业国际化主要是为了传播基督教，并根据“七艺”的规定传播中世纪文化，尤其是基督教的文化和价值观。国际化的主要形式为人员的流动，即大学教师和学者在欧洲不同地区的流动。de Ridder-Symoens（1992）认为，随着大学在欧洲兴起，包括学生和学者在内的学术人员也应运而生。

> 16世纪下半叶和17世纪上半叶，学生和教师的跨地域流动性达到了顶峰（无论从绝对值还是从比例上来看），可以说，16世纪的前几十年是游学者的黄金时代。著名的教授或其他名人吸引了大批知识分子和人文主义者，他们从东到西，从北到南，从一个学习中心到另一个学习中心，游历了整个欧洲进行学习。

就其范围和规模而言，学者流动发源于欧洲，从西欧的巴黎和博洛尼亚到英国、北欧及东欧，再到17世纪的北美。该时期国际化最显著的表现是，通过教师跨地区和跨大陆的流动，在模仿巴黎大学的基础上，在不同地区创建了相对统一的中世纪大学。此外，教师和学者在游学过程中都使用拉丁语，普遍学习“七艺”等教学内容，以及其他古代和宗教科目，并采用统一的学位制度。

（二）第二阶段

第二阶段出现在19世纪的欧洲，这一阶段的特征与创建统一的民族文化和国家高等教育体系有关。学术职业国际化发生于当时的现实生活中。与前一阶段相比，这一阶段的社会背景包括科学革命的进步，现代民族国家的建立，非洲、美洲、亚洲等大陆的殖民统治，以及两次世界大战的爆发。其推动力主要涉及学术、文化和政治因素，目的是通过国际活动建立国家学术或高等教育制度。教师和学者的流动性在这一过程中仍然发挥着主导作用，但出现了新的形式，如在国内院校引入外语教学项目，提供具有国际视角和内容的项目或课程（包括区域研究、国外历史、地理和政治），以及大学教师去往国外教学。学术中心在18世纪末从法国转移到德国，第二次世界大战结束后又转移到美国，教师和学者不仅在同一地区或大陆流动，也开始在包括亚洲、非洲和拉丁美洲在内的不同地区和大陆之间流动。

教师流动的传统方式，特别是近代民族国家有关高等教育国际化的国家政策，是一个国家学术职业形成以及在国外传播学术体系和高等教育体系的最有效方式。到了19世纪，当德国的大学模式成为世界标准时，来自世界各地的学生和学者纷纷到德国进行学习和研究。Veysey（1965）将其描述如下：

> 有抱负的美国人去了德国，回来时常常把“科学研究”挂在嘴边。他们从德国理论和实践的元素里合成了这个词，那些元素在德国则有着非常不同的含义……德国人理想中“纯粹的”学习在很大程度上不受功利主义需求的影响，而这一理念到美国人这里则变成了“纯粹科学”，有着德国所欠缺的方法论内涵。美国人在德国的研究在1895年至1996年达到了数量上的高峰……无论如何，德国都能吸引各种类型的美国学者前来学习和研究。

因此，约翰·霍普金斯大学是第一所采用德国大学模式的美国大学。日本明治时期（1868—1912）的学术职业也是一个典型例子。当时，日本政府派遣了许多大学生和学者出国留学，其中大部分去了美国、英国、法国和德国。同时，日本政府还聘请了许多优秀的外国学者到日本国立大学和其他部门工作。仅在1876年，就有78名外籍教师参与了专业和语言教学活动，且大多数情况下都是以外语进行授课（MOE，1992）。通过在日本大学聘请外籍教师，并派遣日本教师和学生到国外进行深造和研究，西方关于学术职业的学术规范和惯例逐渐被引进日本。

从19世纪到第二次世界大战结束，德国模式和盎格鲁-撒克逊模式等具有代表性的学术职业体系产生，这是当时学术职业国际化最显著的影响。正如Ben-David（1992）所指出的，德国模式的特点是教学和研究活动相结合，更加注重研究，而盎格鲁-撒克逊模式则更注重教学活动。这两种模式对19世纪以来的许多国家，特别是亚洲和非洲国家的学术职业现代体系的形成产生了深远的影响。

然而，应该指出的是，学术职业的真正国际化有时是以一种消极的方式实现的，其目的是压制学术职业的传统和惯例的发展，尤其是在沦为殖民地的国家和地区。宗主国或殖民者通过军事手段或其他殖民政策引进的语言、教学计划、学术规范和标准中引入了大量外来词，使殖民地的本土语言、文化和学术传统快速衰落甚至消失，这是很典型的学术职业国际化带来的负面影响。

（三）第三阶段

1947—1991年为第三阶段，该阶段的学术职业国际化处于冷战时期，并在很大程度上受到政治和意识形态因素的影响。它被认为是许多国家（尤其是发展中国家）促进经济发展、建立国家现代学术体系及高等教育体系的有效手段之一。就其主要形式而言，除了国家之间的教师流动外，一些国家为推进学术职业国际化进行了新的尝试，如通过国家项目合作、发展和技术援助、国际科研合作、在国家和政策层面与国际学者合作出版等，通过利用公共资金或政府的支持，推动教师或学者的跨境流动（de Wit，2002）。

采用外语作为教学语言的最大变化之一体现为：一些西欧国家引入英语教学项目的趋势越来越明显，这与共产主义世界（包括东欧国家和亚洲一些国家）同样强调学习俄语及其课程的重要性形成鲜明对比。这一时期的学术职业国际化在很大程度上伴随着两个不同势力之间的政治紧张局势和意识形态冲突。由于冷战主要存在于苏联及其附庸国和美国等西方世界的大国之间，几乎所有与学术职业国际化有关的活动都是在这两个不同世界中独自进行的。几乎没有证据表明这两个世界之间存在大量教师流动，也很少有材料证明它们之间的学术职业人员进行过大规模的国际合作。与前几个阶段相比，这一阶段的学术职业国际化更多地基于不同意识形态和政治体制，发生在超国家层面。

1947—1991 年，学术职业国际化经历了两个世界的意识形态和政治信仰的冲突局面与高度紧张时期。自 20 世纪 50 年代初以来，苏联模式对许多东欧和亚洲国家建立现代学术职业产生了重大影响。与之形成鲜明对比的是，美国模式对西欧国家的学术职业体系影响甚微，但在整个时期影响了一些亚洲国家和许多拉美国家，如日本和巴西。值得注意的是，特别是在一些发展中国家和第三世界国家，有大量高水平的大学教师、研究人员和学者受益于学术职业国际化的活动，例如，派遣年轻教师到苏联和其他东欧国家或英国和美国进行学习或研究，以及邀请来自苏联或美国的教师和学者到本国进行授课研究。这些也许是这一时期学术职业国际化最显著的影响。

自 20 世纪 40 年代后期以来，富布莱特项目在支持和促进学术职业人员流动方面作出了重要贡献。该项目成立于 1946 年，由美国国务院资助，与最初主要面向欧洲国家不同的是，现在该项目已经在全球范围内运行。1947—1962 年的数据显示，获得富布莱特项目资助的美国人高达 21 300 人，其中教授有 3312 人，科研人员有 2259 人，教师有 4117 人，学生有 11 612 人；非美国公民赴美学习研究获得资助的人数为 34 381 人，其中教授有 1260 人，科研人员有 5014 人，教师有 4713 人，学生有 18 564 人，专家有 485 人，赴美留学人员有 4345 人。受资助者来自包括阿根廷、澳大利亚、丹麦、伊拉克、爱尔兰、以色列、意大利、日本、韩国、尼泊尔、荷兰、挪威、秘鲁、葡萄牙、菲律宾、瑞典、土耳其、英国和乌拉圭等在内的近 50 个国家（Johnson and Colligan，1965）。

如今，富布莱特项目已成为学术界广为人知且享有盛名的国际交流项目，一直由美国国会及伙伴国家进行资金支持。

（四）第四阶段

20 世纪 90 年代初，苏联解体，分裂的两个世界不再存在，学术职业国际化的社会背景日益多样化和复杂化。

首先，20 世纪 90 年代初以来，除美国外，绝大多数国家都经历了高等教育入学率的迅速和大规模增长。包括英国和中国在内的一些国家从高等教育精英化阶段进入高等教育大众化阶段，而日本和韩国等国家从高等教育大众化阶段进入高等教育后大众化阶段，现在已经接近高等教育普及化阶段。

其次，随着新自由主义经济和社会政策的实施，许多国家通过改革以减少对高等教育的公共资助，并建立更强有力的公共问责制度。大学教师和高校需要应对巨大的外部压力并及时作出回应。由于公共预算的限制，高校需要寻求多样化的资金来源，这些来源是由市场化机制驱动的。因此，日益增加的市场压力和竞争导致学术职业的性质和特征发生了变化，学术职业人员参与的国际活动也发生了变化。

再次，不可低估经济全球化的重要性。随着经济全球化进程的迅速推进，学术职业国际化遇到了前所未有的挑战。个别国家关于学术职业国际化的政策和实践不仅受到国家政策、特征和性质的影响，而且受到世界贸易组织等区域性甚至全球性组织的影响。各种因素，特别是经济全球化的迅速发展、信息技术的快速进步和市场导向机制的引入，对各国学术界国际活动的方方面面都产生了显著影响。

最后，自 20 世纪 90 年代以来，发达国家和发展中国家，特别是非英语国家出现了一种新的趋势，即寻求制定国家战略，以提高国家高等教育体系在国际上的竞争力。越来越多的院校得到了鼓励和支持，以提高其研究和教育质量，从而成为世界级大学，提高了其在国际上的竞争力。因此，与 20 世纪 90 年代以前的情况相比，在竞争更为激烈的环境中，经济和学术因素对学术职业国际化的推动作用更为显著。

显然，发达国家的情况不同于发展中国家。在许多发达国家，特别是英国、澳大利亚、美国和其他西方英语国家，学术职业国际化与由创新精神驱动的商业活动相关。相反，在亚洲、非洲和拉丁美洲的大多数发展中国家，国际化更多地受到学术因素的影响，如派遣教师到国外进修或进行研究，作为提高其教育和研究活动质量的措施之一。

就学术职业国际化的形式而言，其主要包括三个方面。第一，从发达国家向发展中国家提供的技术援助转向日益激烈的全球竞争。第二，从特定国家之间的人员流动、国家高等教育模式或体系的相互学习转向项目的国际化、跨国教育的兴起以及全球层面的质量保证体系。第三，英语在许多非英语国家的教学和研究活动中发挥着越来越重要的作用。

就其层面而言，在大多数国家，国家主导的或有组织的项目被院校主导的项目和由区域或国际组织发起的项目所取代。例如，随着经济全球化的发展以及日本与其他国家的学术合作，越来越多的日本大学与外国院校签署了大量的双边和多边合作协议。日本尤其与美国高校签订的协议数量最多，其次是中国高校；在这些协议的基础上，日本和这些国家在院校层面进行的学术交流活动也不断增多。

如上所述，本研究在文献综述和笔者早期研究的基础上阐释了与国际化相关的用语。通过使用基本统一的分析框架，即背景、驱动因素、目标、主要形式、范围和层面，本研究从历史和比较的角度考察了学术职业国际化在四个主要阶段的主要特征。随着时间的推移及影响因素的变化，学术职业国际化的各个方面都发生了巨大的改变。预测学术职业国际化的未来极其困难，因为其受到很多因素的影响，不过，总体趋势非常明显。随着学术职业在知识社会中的重要性日益凸显，特别是在提升国家高等教育体系的国际竞争力方面，世界各国高等教育体系将在更多领域和层面以更广泛的形式鼓励、追求和促进学术职业国际化。同时，由于不同国家与社会间的国际竞争日趋激烈，高等教育也将面临更多的挑战和更大的风险。

原文参见 Huang，F.，Finkelstein，M.，and Rostan，M.（2014）. The Internationalization of the Academy：Changes，Realities and Prospects. Dordrecht：Springer. 内容有改动。

参考文献

Ben-David, J. (1992). Centers of Learning: Britain, France, Germany, United States. New Brunswick: Transaction Publishers.

Börzel, T. (1999). Towards convergence in Europe? Institutional adaptation to Europeanization in German and Spain. Journal of Common Market Studies, 37 (4): 573-596.

Cummings, W. K. (2009). Teaching versus research in the contemporary academy. In RIHE, The Changing Academic Profession over 1992—2007: International Comparative and Quantitative Perspectives. Hiroshima: Hiroshima University RIHE (International Seminar Report 13): 39-56.

Cummings, W. K., and Bain, O. (2009). The Internationalization of the U.S. academy in comparative perspective: A descriptive study. Asia Pacific Education Review, 10 (1): 107-115.

de Ridder-Symoens, H. (1992). A History of the University in Europe (Vol II): Universities in Early Modern Europe (1500—1800). Cambridge: Cambridge University Press.

de Wit, H. (2002). Internationalization of Higher Education in the United States of America and Europe: A Historical, Comparative and Conceptual Analysis. Westport: Greenwood Press.

El-Khawas, E. (2002). Developing an academic career in a globalising world. In Enders, J., and Fulton, O., Higher Education in a Globalising World. International Trends and Mutual Observations. Dordrecht: Kluwer Academic Publishers: 241-254.

Finkelstein, M. J., Walker, E., and Chen, R. (2009). The internationalization of the American faculty: Where are we, what drives or deters us? In RIHE, The Changing Academic Profession over 1992—2007: International Comparative and Quantitative Perspectives. Hiroshima: RIHE Hiroshima University (International Seminar Report 13): 113-144.

GATE. (1999). Trade in Transnational Education Services. Washington: Global Alliance for Transnational Education.

Giddens, A. (1990). The Consequences of Modernity. Stanford: Stanford University Press.

Grunzweig, W., and Rinehart, N. (2002). Rockin' in Red Square: Critical Approaches to International Education in the Age of Cyber Culture. Berlin: Lit Verlag.

Hix, S., and Goetz, K. (2000). Introduction: European integration and national political systems. West European Politics, 23 (4): 1-26.

Huang, F. (2007a). Internationalization of higher education in the era of globalization: What have been its implications in China and Japan? Higher Education Management and Policy, 19 (1): 47-61.

Huang, F. (2007b). Challenges of internationalization of higher education and changes in the academic profession: A perspective from Japan. In Kogan, M., and Teichler, U., Key Challenges to the Academic Profession and UNESCO Forum on Higher Education Research and Knowledge. Kassel: International Centre for Higher Education Research Kassel: 81-98.

Huang, F. (2009a). The internationalization of Japan's academic profession 1992—2007: Facts and views. In RIHE, The Changing Academic Profession over 1992—2007: International Comparative and Quantitative Perspective. Hiroshima: RIHE Hiroshima University (International Seminar Report 13): 97-111.

Huang, F. (2009b). The internationalization of the academic profession in Japan: A quantitative perspective. Journal of Studies in International Education, 13 (2): 143-158.

Johnson, W., and Colligan, F.J. (1965). The Fulbright Programs: A History. Chicago: The University of Chicago.

Kehm, B. M., and Teichler, U. (2007). Research on internationalisation in higher education. Journal of Studies in International Education, 11 (3/4): 260-273.

Knight, J. (2002). Trade in Higher Education Services: The Implications of GATS. London: The Observatory on Borderless Higher Education.

Knight, J. (2003a). Interview with Jane Knight. Paris: IMHE OECD Publications: 1-2.

Knight, J. (2003b). Updated internationalization definition. International Higher Education, 33: 2-3.

Knight, J. (2004). Internationalization remodelled: Definition, approaches, and rationales. Journal of Studies in International Education, 8 (1): 5-31.

Knight, J. (2006). Internationalization: Concepts, complexities and challenges. In Forest, J. J. F., and Altbach, P. G., International Handbook of Higher Education. Dordrecht: Springer: 207-227.

MOE. (1992). Gakusei hyakunijyuunensh [History of 120-Year School System]. Kabushiki kaisya gyousei. Tokyo: MOE.

Mucchilli, J. L., Buckery, P. J., and Cordell, V. V. (1998). Globalization and Regionalization: Strategies and Policies and Economic Environments. New York: International Business Press.

Robertson, R. (1992). Globalization: Social Theory and Global Culture. London: SAGE Publications.

Schwietz, M. S. (2008). Internationalization of the Academic Profession. Saarbrücken: VDM Verlag.

Scott, P. (2000). The Globalization of Higher Education. London: Society for Research into Higher Education and Open University Press.

Simpson, J. A., and Weine, E. S. C. (1961). The Oxford English Dictionary. Oxford: Oxford University Press.

Stiglitz, J. E. (2002). Globalization and its Discontents. New York: W. W. Norton and Company.

Teichler, U. (1999). Internationalisation as a challenge for higher education in Europe. Tertiary Education and Management, 5: 5-23.

Teichler, U. (2004). The changing debate on internationalisation of higher education. Higher Education, 48 (1): 5-26.

Teichler, U. (2009). Internationalisation of higher education: European experiences. Asia Pacific Education Review, 10 (1): 93-106.

UNESCO and Council of Europe. (2000). Code of Good Practice in the Provision of Transnational Education. Bucharest：UNESCO-CEPES.

Veysey，L. R. (1965). The Emergence of the American University. Chicago：University of Chicago Press.

Welch，R. (1997). The peripatetic professor：The internationalization of the academic profession. Higher Education，34：323-345.

（本文翻译：崔晓慧；校译：张优良、王绽蕊）

话语霸权、强势语言与大学的国际化

阎光才

本文通过对中世纪以来大学发展历史的回顾，揭示了自中世纪大学兴起以来，伴随着西方统一的基督教世界形成、资本主义世界体系的确立以及当代美国文明在全球各个领域的全面渗透，隐藏于大学国际化演进轨迹中的一种内在逻辑，即话语独断赋予某种语言以强势地位，该强势语言进而奠定了大学国际化的基础，这种演进逻辑无疑是导致当代世界中大学的中心与边缘格局形成的内在原因。

《旧约全书》中说道，洪水之后，挪亚的后代们在世界各地建立了使用同一语言和口音的邦国，为了保持彼此间的联系，人们试图在士拿建造一座城和一座通天塔，由此引起了耶和华对人类的恐惧。于是，耶和华便通过变乱天下人的语言，以使人们彼此无法沟通并分散于各地，来阻止通天塔的建造。从此，圣经故事中的通天塔便成为人类世界永远无法建立一种通用语言的一个隐喻。然而，颇为意味深长的是，一部西方社会发展史表明，人类似乎从未放弃过建造这座通天塔的努力，而且恰恰具有深厚基督教传统的西方社会几百年来甚至不惜采取各种血腥手段，不仅意欲把其他的非西方世界纳入其势力范围，而且试图用自己的语言和文化去主宰整个世界。作为知识的生产和传播机构，西方的大学便在其中自觉或不自觉地扮演了一个配角。

一、拉丁语与中世纪大学的国际化

众所周知，现代意义的大学渊源于西欧的中世纪时期。然而，至少到目前，对于中世纪大学究竟是如何形成的，人们尚未达成一个共识，甚至对于现代意义的“大学”这一称谓究竟起于何时以及它的准确含义是什么，史学上也没有明确的定论。丹麦历史学者奥里弗·皮德森（Olaf Pedersen）认为，中世纪大学实际上是在中世纪学校的基础上发展起来的，一些学校在具备了国际上声誉显赫的地位后，即大约在12—13世纪的时候，才开始将自己命名为“studium generale”。13世纪初，含有“学者共同体”之意的诸如“communitas scholarium”“universitatem vestram”“magistri et schoars”等大量的称谓开始出现。其实，这些出现在教皇们书写的文献中的称谓与其说是对学校的正式冠名，不如说是对各种不同学校构成特征（即教员与学生分别单独组成或者混合而成的共同体）的一种比较具体的描述。也许正是为便于涵盖全部特征的需要，1210年，一个与现代我们通用的“university”相近的名词“universitas”才被创造出来，并被书写于正式的文本中（Pedersen，1997）。由此开始，大学渐渐成为中世纪所有高等教育机构的统一称谓。从以上大学称谓的产生和发展过程来看，“studium generale”无疑是最早的并能够反映大学初始特征的专用称谓。对于“studium generale”的准确含义究竟如何理解？皮德森认为，因为该称谓仅仅是作为正式的学术用语而逐渐地被人们广泛使用，所以我们无法完全地判断其准确的含义。但是，他又指出，这里的关键词“generale”是有其特定含义的，即它专指那些容纳整个欧洲学生的学校（Pedersen，1997）。至于此后的“universitas”，他认为，这也是一个中性的名词，仅仅表明大学是一个不带价值色彩、没有任何意识形态意味的学生和教师共同体。无论早期的“studium generale”还是后期的“universitas”，都是为了有别于那些地方性的、由一个教师控制的教育机构而言的，即“大学”最初的基本含义是：它是一个拥有多个教师、为各地学生提供服务的“国际性”机构（Pedersen，1997）。显然，现代意义的大学自诞生之日起，便具有了国际化（欧洲化）特征。然而，这种最为原始的“国际化”尽管在形式上表现为世界各地学生和教师的跨地域的流动，但是，它的实质却是语言的国际化，即学术著述和教学语言的“拉丁化”。正如人们所熟知的，中世纪大学中的基本学术和教学经典著述是《圣经》、“七艺”以及医、法等专业文献，其中“七艺”的内容尽管主要取自古希腊和阿拉伯的经典，但基本上都是被翻译过来的拉丁文作品。可以肯定地说，如果没有共同的语言基础——拉丁文，中世纪大学的国际化几乎不可想象。然而，任何语言都绝对不是一种简单的供人们相互交流和沟通的符号性工具，拉丁文之所以能够成为大学的主导语言，主要是因为它与欧洲基督教文化间有着深厚的渊源联系。美国宗教学者穆尔认为，西方的基督教会起先是讲希腊语的教会，然而，大约在公元二、三世纪，基督教出现了拉丁化趋势，著名的基督教教父哲学家圣·奥古斯丁便是拉丁教会的代表人物（G. F. 穆尔，2000）。从此，拉丁神学开始逐渐崛起，到公元十二、三世纪大学兴起之时，它早已成为整个西欧地区的主导性宗教、政治和文化哲学，并全面渗透到整个社会思想的各个领域。作为表达、传播和诠释基督教教义的拉丁语，自然也就在大学中获得了无可置疑的地位。显然，从中我们不难领会，在基督教、拉丁语和中世纪大学间，实际上存在着一个内在的赋权逻辑，即作为无可置疑的普适性和绝对性的真理，《圣经》赋予了拉丁文强势语言的地位，而其他希腊文经典，如柏拉图的共相论、亚里士多德的逻辑学、欧几里得的几何学以及阿拉伯文的数学等，只是作为阐发教义的工具，而拉丁文作为强势语言又借助宗教性的话语霸权，进而促成了中世纪大学的兴起并使之成为国际性的机构。正如雅克·勒戈夫所言：同样是作为行会组织的中世纪大学与当时的其他行会组织相背离的一个基本方面便是它"没有对地区市场的垄断权，它的领域是基督教世界"（雅克·勒戈夫，1996）。

二、西方资本主义世界体系的崛起与大学的扩展

如果说中世纪大学的国际化所指也还不过是欧洲化，那么，自 16 世纪以后，大学或许才算得上真正进入了一个实质意义的国际化时期。肇始于 14 世纪的文艺复兴运动在 16 世纪达到了它的巅峰期，配合 16 世纪欧洲轰轰烈烈的宗教改革运动，不仅从根本上动摇了传统的天主教文化专制统治，而且催发了近代科学的萌芽。传统的天主教文化强权的式微对欧洲大学所产生的影响极为深远：由于传统基督教垄断性话语霸权的削弱，这意味着拉丁语作为大学共同教学语言的时代行将结束，伴随各种教派的纷纷涌现及其相互之间的频繁冲突，以及欧洲各民族国家的崛起，大学地方化特别是语言的民族化将成为必然的趋势。阿伦·布洛克认为，文艺复兴运动在宗教领域的一个重要贡献是，它在回归古希腊传统的过程中，通过对希腊文《新约》的重新解读，使人们对原来的拉丁文译本的权威性产生了怀疑。伊拉斯谟是这方面的开创者，他甚至认为，"要掌握基督教原教义真正的而不是以讹传讹的精神，最为可靠的办法是通过修订早期教会的文献和把《圣经》译成英、法、德文"。而精通古典研究

并使之与《圣经》结合起来，是恢复基督教义本来面目的钥匙。德国新教改革运动的代表人物马丁·路德正是在此基础之上，坚持要把《圣经》译成各国当地语言，因为在他看来，也只有把《圣经》转译成普通人所能阅读的文本，他才能直接面对上帝并与上帝沟通（阿伦·布洛克，1998）。索绪尔认为，语言是一种约定性价值组成的符号系统，是“作为个体印迹的集体总和”，它是非个人化和随意性的（转引自罗兰·巴尔特，1999）。但是，由于不同民族或者文化共同体的语言毕竟是各自带有其自身文化特征的符号系统，因此，在相互转译以及各自对文本的诠释过程中难免会产生理解的差异性。正如吉尔茨[①]所指出的，任何文化模式都是在历史中产生的、用来为人类的生活赋予形式、秩序、目的和方向的意义系统，但这些文化模式不是一般的，而是独特的（克利福德·格尔兹，1999）。正是独特的文化模式，也由此决定了人们对不同《圣经》文本理解必然的歧异，由复杂的歧异，最终又必定加快基督教绝对权威的坍塌、拉丁语在大学中强势地位的衰落，进而促成大学的民族化和民族语言地位的提升。

16 世纪之后，基督教教义拉丁语中心地位的衰落意味着基督教的世俗化，而世俗化意味着作为一个整合性的传统宗教共同体的欧洲不复存在，由此，在共同拥戴一个上帝的前提下，欧洲在政治上走向了全面分裂，在文化上则进入了一个空前繁荣的辉煌时期。然而，颇有反讽意味的是，欧洲作为一个传统宗教共同体的瓦解虽然削弱了其内部各民族国家的团结，但是，它却把一个局部性的基督教世界推向了全球。如沃勒斯坦认为，16 世纪以来，经过三个转折期，至少存在于全球部分地区的现代世界体系就是一个资本主义的世界共同体（伊曼纽尔·沃勒斯坦，2002）。经过这三个阶段，欧洲包括北美的西方资本主义文明和资本主义经济走到了世界的中心，而其他非西方或者说非基督教文化世界，则沦为中心之外的外围或边缘地带。如布罗代尔所认为的，中心与外围之间存在一种不平等的结构关系，一边是宗主国，一边是殖民地；一边是富裕的发达国家，一边是贫穷的不发达国家（费尔南·布罗代尔，1997）。可以说，资本主义世界体系形成过程也就是一个资本主义文化和文明世界化的过程，而这种世界化的文化动力或者文化的内在逻辑却依旧与传统的基督教精神之间存在藕断丝连的关系。萨林斯认为，整个现代西方文明无不留下犹太教—基督教的斑斑印迹，甚至，作为一种文化的具体方式，现代资本主

① 因译法不同，全书中的“吉尔茨”“格尔兹”不做统一。

义的生产方式和经济系统也带上了这一象征系统和意义结构深深的烙印（马歇尔·萨林斯，2000）。自16世纪之后，作为一种话语霸权的传统基督教教义虽然不再被奉为绝对的真理，然而，传统基督教追求绝对性、确定性知识和世界秩序化的精神动力却依旧不减，中世纪的经院哲学虽然迂腐、远离生活的现实，但它在名实之辩中的理性思维与创世说神学结合却引申出近现代科学。如舍勒所认为的，“正是因为各种启示宗教都越来越清晰地勾勒出一个‘超自然’信仰领域，并且断言这个领域是绝对完美和不可能发生任何变化的，所以它们都变成了科学方面的理性主义的间接的开路先锋。通过这种方式，人类就将其进行思考的精力，转移到进行精确性调查研究的方向去了；而且，这条道路同时也就是技术性—实用性思维过程所遵循的道路”（马克斯·舍勒，2000）。换言之，16世纪后，基督教的世俗化和语言的民族化，虽然瓦解了传统基督教话语的中心地位，但是它在另一方面却释放了基督教文化其固有的扩张力。作为这一冲动力的结果就是：近代新的统一性哲学或科学思想与知识体系的诞生以及资本主义文化和文明的全球性扩张。

自18世纪以后，启蒙运动把科学与理性推向了颠峰，由此开始，科学逐渐取代宗教信仰而成为西方主导性话语。在经过长达几个世纪的欧洲民族分裂和冲突过程之后，欧洲虽然没有恢复统一的语言，但是与西方基督教精神有着脉承关系的科学却逐渐成为超民族的统一性和独断性的话语。尽管科学不再追求第一动力因、过问形而上学，但它对自然和世界的普遍规律的执信与传统基督教对全能上帝之存在，以及对上帝所创造出来的世界中任何事情都有其原因和理由，即莱布尼兹所谓的“理由充足律”之确信无疑，在精神本质上并无二致。孔德的实证主义宗教便体现了这种传统基督教文化专制精神阴魂不散的情结。以理性和科学为核心价值的西方文明，正是带着传统的基督教普世情怀再次把自己置于世界的中心位置，所不同的仅仅在于，如果说，因为传统的基督教教义本身的神秘性和诠释学特征，它的话语霸权还有赖于一种共同语言的支撑，那么，科学话语则完全摆脱了统一语言的局限，因为它是价值无涉的、中性的、逻辑的和客观事实指向的，与民族气质、历史、传统和文化性格并不发生联系。它在不同的语言间可以直接转译而不会产生歧义，如果说科学话语还存在语言，那么这种语言便是它自身，即它特定的概念、术语、规范和逻辑。用人们常引用的一句话，即科学无国界。显然，在此，我们不难领会，所谓科学的话语或者是科学的语言，它仅仅就是一种工具而已，而这种语言的工具主义必然会把人们引向这样的境地：唯有西方科学以及西方的文明才是人类共同的、确定的知识。对于这种典型的欧洲中心主义特征，布劳特把它描述为，“从字面上说是殖民者的世界模式：它不仅是一套信条，而是一大批信条。随着时间的推移，它已经演变成为一个非常精雕细琢的模式、一个构件整体，实际上是自成体系的理论；一套高超的理论，是许多历史、地理、心理、社会逻辑和哲学等次级理论的架构”。他进而指出，这一超级理论就是文化的传播主义（J. M. 布劳特，2002）。

事实上，18 世纪后，西方的殖民者正是带着这种视角来审视和蔑视其他非西方文明的，并借着传播文明与科学福音的旗号，把自己利益的触角伸向全球的各个地区。与此同时，建基于理性主义科学的近现代大学模式，也被推向世界。一部充满血腥和武力征服的殖民史，由此也被巧妙地转化为世界文明和文化的传播史，第三世界的大学移植了宗主国的大学模式和学科建制，承接了西方的学术话语甚至日常的学术庆典仪式，在文化的被殖民过程中，大学充当了西方文明的追随者、传播者以及西方国家所需要的人才的代理机构。如果说，沃勒斯坦所指称的资本主义世界体系代表了现实世界中两极间在经济和政治上的不平等，那么，西方的大学与第三世界大学之间的关系，则是对这种不平等结构一种文化意义的镜像。阿特巴赫在分析这种不平等关系时指出：“大学的历史传统是西方的传统，并且几乎与第三世界的知识或教育传统没有关系。”第三世界的大学“从学校模式到课程、教学技术和有关高等教育在社会中的基本观念都是西方的”；“在许多第三世界国家，高等教育所用的语言都是某一种西方语言”（菲利普 · G. 阿特巴赫，2001）。

总之，可以说，迄止 20 世纪 70 年代，科学的话语霸权虽然没有赋予某一种具体的语言以独断性，但是，它却几乎把原来的整个基督教世界的各民族语言置于优先地位，借助早期文化殖民政策所残留的余烬，大学国际化的内涵与外延由欧洲化过渡到全球化。

三、全球化中的大学与单一强势语言的回归倾向

20 世纪 70 年代以后，整个世界格局再次发生了一系列重大变化：在经过 70 年代到 80 年代经济的低迷期之后，美国借助其信息产业的快速崛起进一步巩固了它作为世界经济、科技与文化中心的地位；90 年代原苏东社会主义阵营的瓦解，越发凸现了美国所自诩的它作为世界先进的政治与经济制度和文明

社会的典范形象。依靠雄厚的经济实力、坚实的科技发展基础和强大的军事力量，美国新保守主义逐渐超越了传统的西方科学话语霸权，把本土文化提升到世界优势文明的高度，来裁断其他文明的优与劣。亨廷顿所谓的当今世界文明冲突观，便揭示了当代世界各文明间的非均衡性和美国意欲成为世界文明话语中心的雄心（塞缪尔·亨廷顿，1998）。换言之，如果说在20世纪70年代之前，西方所谓的“科学没有国界、科学不涉价值关怀”还带有某种长袖善舞的矫饰，那么，可以说，此后即使这样的一块薄薄的遮羞布也荡然无存。后冷战时代的美国在世界上表现出种种咄咄逼人的气势，它对世界银行、世界贸易组织等国际机构的操控行为，则无异于向世界宣称，在一个全球化的时代，美国不仅是世界科技的中心，也是包含价值观、体制和文化等价值成份的世界文明中心。这可谓是自基督教话语和科学话语之后，西方普世主义的一次新的发展，但是相比于此前，它的内涵更为丰富，所产生的影响更为深远，影响的范围也更为广泛。正如亨廷顿所言，帝国主义是普世主义的必然逻辑结果，源自美国本土的这次文明话语霸权的崛起也意味着美国母语——盎格鲁英语，借助一种新的全球化意识形态以及Internet技术，作为全球性强势语言的地位将得到进一步巩固。当下所谓英语帝国主义或者英语殖民主义之说尽管带有些情感和义愤色彩，但它也的确反映了以英语为基础的西方文化正席卷全球的事实。

事实上，不仅在政治、经济各领域，美国的制度文明，如新自由主义价值取向正在对整个世界秩序的重建和格局的调整产生深刻的影响，而且在日常生活当中，美国的生活方式、习俗、消费主义生活态度等价值观念，也通过如好莱坞大片、麦当劳快餐等商业运作方式，被传播和渗透到世界各个角落。特别是在学术领域，英语也几乎成为各非英语母语国家的主导性学术语言。甚至，在一些国家，英语水平已经成为其学术场域中如人才选拔、升学、任职等资格认定的关键性评价标准，易言之，英语的地位在如大学等这样的学术场所被制度化了。它远不止于作为一种简单的交流媒介和工具，而是被赋予一种言说活动中特殊的权力意味。加蓬斯曾对5个国家具有代表性的政治科学研究机构的学报论文脚注出处做过一番调查研究，结果表明，美国在文化输出方面呈现明显的顺差，它的期刊被其他国家期刊所征引的百分比与它引用其他国家刊物的百分比之间的比例是：英国为47：15、法国为39：1、加拿大为49：1、印度为54：0（转引自弗雷德里克·H. 加鲁，2000）。加鲁认为，同其他领域一样，这种状况表明在社会科学领域，以美国为主的英语国家实际上已经成为居于支配地位的社会科学研究范式，惟英语独尊的现状，其实在本质上反映了“处于支配地位的核心国家与弱小而处于依附地位的边缘地带之间的那种不平等的、自上而下的关系”（弗雷德里克·H. 加鲁，2000）。

正如阿特巴赫所言，英语作为强势语言对于第三世界大学的影响既普遍又微妙。因为“英语不仅仅是一种科学语言和教学语言，它还反映一种特殊的科学文化”（菲利普·G. 阿特巴赫，2001）。这种作为当代美国或其他英语世界文明核心价值的科学文化，不仅左右着第三世界大学的学术取向，而且间接性地型构了各国的各级教育系统。例如，在偏重英语教育的导向下，英语被置于与母语并驾齐驱甚至凌驾于母语之上的地位。

四、语言、本土化与第三世界大学的立场

“语言是存在的栖居”，这是20世纪海德格尔最为振聋发聩的哲学宣言。在海德格尔看来，语言不是人的工具，而认为语言的本质即是存在的本质（转引自中国科学院哲学研究所西方哲学史组，1963）。在源始意义上，“‘语言是原诗，一个民族就是在其中诗化存在’，使一个民族进入历史的伟大的诗，就是一个民族的语言的形成”（孙周兴，1994）。美国学者吉尔茨指出，“语言问题”实际上是“民族问题”的缩影，语言是一个民族宗教、艺术、文学和哲学传统的载体。在现代世界，如果说主流语言代表一种所谓的“时代精神”，那么，民族语言则代表一种“本土生活方式”。而代表本土生活方式的母语，相对于只有“外语”才能进行的思维活动，往往更能赋予个人以某种思想的力量，“不管他如何粗糙或者微妙”；此外，母语因为在心理上更为接近，它也是民族国家最为广泛文化群体的表达工具（转引自特雷西，1998）。如诠释学所认为，任何语言都是社会的和历史的，正是通过语言，人们才参与到特定的历史和特定的社会中来（特雷西，1998）。因此，特定的语言，必定决定着特定社会中人们不同的思维习惯、思维方式甚至对世界意义之理解的独特性。

现代大学原本就是西方的大学，因此，从话语霸权到西方语言的强势地位，再到西方大学主导的国际化，这似乎是一个必然的历史演进和文化传播逻辑。然而，国际化是否是西方文明和文化甚至是西方语言的国际化？显然，即使大多西方学者恐怕也难以接受这种观点。因为就西方文化传统形成过程本身而言，西方文化也并非是内在的和自足的。就是一些欧洲中心论者也不得不承认一个基本的事实：现代西方文化传统中，原本就揉和了大量的非西方文化传

统成分。如一位自负的东方学者瓦莱里所言："从文化角度而言，我并不认为东方的影响现在对我们有多么可怕。它对我们并不新鲜。我们的艺术和大量的知识都起源于东方……况且，这类问题的关键在于消化吸收。而这正是并且一直是欧洲思维的重要特征。因此，我们的任务是继续保持这种选择、总体把握、将所有东西转化为我们自己的东西的强大力量，正是这些力量使我们成为现在的我们。"（转引自爱德华·W. 萨义德，1999）

可以说，自中世纪以来，西方大学的国际化景观就是在"我们"对"他们"的文化吸纳与掠夺，尔后是征服的过程中逐渐形成和发展起来的。然而，在此过程之中，非西方的"他者"话语从来没有真正进入中心，充其量是作为被随意裁剪的客体被纳入西方的视野之中，更毋论他者的语言。他者的语言，在西方中心主义的文化视野中，充其量是一种不够完善和精致的符号系统，是不能思想的简单交流工具。这种对他者语言的工具化倾向，不仅在主观上把第三世界置于一种被殖民状态，而且客观上造成了一种西方语言中心主义的发展态势，其后果是：单一强势语言的存在势必破坏了整个世界的文化生态，如海德格尔认为，中世纪拉丁语的独行便是造成语言异化的开端，它不仅不能思想，而且还危害思想（转引自孙周兴，1994）。后期西方的科学话语独霸天下，它对自然的"除魅"以及所衍生出来的技术功利主义最终造成人与自然的对立、人的精神荒芜，应该说也无不与语言单一化和工具化倾向密切相关。任何语言本身都隐含着本土独特的世界观和价值观，爱德华·萨丕尔所谓的语言与种族优劣、文化的先进与落后间没有必然联系的观点无疑是有见地的，但他认为语言与文化无关却难以让人苟同（爱德华·萨丕尔，2000）。语言既然是特定区域和集体历史的产物，它自身便必定蕴含一些特定的往往无法转译的文化成份，譬如中国的唐诗一旦被译成英文，其韵味定会丧失殆尽。当然，如是说，并不表明我们赞同语言就等同于文化的观点，而是认为，任何特定语言都往往代表一种特定文化的表达方式，假如失去某种语言的支撑，很难想象这种文化是否还能够存续下去。因此，保留语言品种的多样性，无疑也是维护世界文化生态多样性的需要。

此外，对于第三世界而言，坚守自己的语言传统，恐怕也是它摆脱总在西方背后亦步亦趋、永远不得超越困境的前提和条件。当然，坚守并不意味着一定要排斥他者的语言，否则它自身传统也同样会失去了发展和创新的活力。正如吉尔茨所言："是否、何时以及为什么使用一种语言的问题，也是一个民族在何种程度上根据自己的精神取向来建构自我的问题，和在何种程度上根据时代要求来建构自我的问题。”（转引自特雷西，1998）如果说前者代表自我，后者代表他者，显然，一个民族也只有在这两个向度上维持一种平衡，它才有可能在不迷失自我、维护民族自我认同的同时，获得自身发展的契机，并与世界平等地共融为一体。

我们把这一议题转置于当代大学的国际化场景之下，显然，就涉及第三世界的大学如何在固其根本的同时，又能合理有效地吸纳世界文明的问题，这里所谓的根本就是母语的地位。其实，母语工具性表达能力低下倒在其次，最可怕的是母语能力的丧失，它实际上意味着民族或本土视界的缺失。如伽达默尔所认为的，理解本身就是视界的融合。如果基本的母语能力都丧失了，又何谈本土视界与他文化视界的平等交流与融合，又如何去与他者达致视界的融合？一言以蔽之，对民族和本土语言的漠视，所谓的大学国际化，其实质就是自甘于被殖民化。我国当代大学教育中母语教育与英语教育地位不平衡、学术话语在某种程度上为外来语所宰制的状态，已足以引起人们的深思。

在当下全球化的语境中，恐怕也只有立足于国际化背景中的本土化，第三世界大学才有崛起的可能和契机。历史地看，尽管自近代以来几次大学中心的转移都没有跳离西方世界，如由早期的英国到德国，再由德国到当代的美国，但是，上述每一次中心的转移都并非以语言的殖民化为前提的。因此，坚守本土语言的独立性，不仅是大学承继本土文明的前提，而且也是它在吸收其他文明成果基础上，有资格作为平等的一员参与国际化，并创造性地形成和发展本土话语，为世界文化作出自己贡献的必要条件。

原文参见阎光才.（2004）. 话语霸权、强势语言与大学的国际化. 华东师范大学学报（教育科学版），（1）：14-20

参考文献

〔英〕阿伦·布洛克.（1998）. 西方人文主义传统. 董乐山，译. 北京：生活·读书·新知三联书店：40-41.

〔美〕爱德华·萨丕尔.（2000）. 语言论——言语研究导论（第二版）. 陆卓元，译. 北京：商务印书馆：186-197.

〔美〕爱德华·W. 萨义德.（1999）. 东方学. 王宇根，译. 北京：生活·读书·新知三联书店：320.
〔美〕菲利普·G. 阿特巴赫.（2001）. 比较高等教育：知识、大学与发展. 人民教育出版社教育室，译. 北京：人民教育出版社：33-36，65.
〔法〕费尔南·布罗代尔.（1997）. 资本主义的动力. 杨起，译. 北京：生活·读书·新知三联书店：52-53.
〔美〕弗雷德里克·H. 加鲁.（2000）. 社会科学领域的扩大与日趋多样化//中国社会科学杂志社编. 社会科学与公共政策. 北京：社会科学文献出版社：87-109.
〔美〕G. F. 穆尔.（2000）. 基督教简史. 郭舜平，郑德超，项星耀，林纪焘，译. 北京：商务印书馆：100-101.
〔美〕J. M. 布劳特.（2002）. 殖民者的世界模式：地理传播主义和欧洲中心主义史观. 谭荣根，译. 北京：社会科学文献出版社：12.
〔美〕克利福德·格尔兹.（1999）. 文化的解释. 纳日碧力戈，等译. 上海：上海人民出版社：60.
〔法〕罗兰·巴尔特.（1999）. 符号学原理. 王东亮，等译. 北京：生活·读书·新知三联书店：3-4.
〔德〕马克斯·舍勒.（2000）. 知识社会学问题. 艾彦，译. 北京：华夏出版社：99.
〔美〕马歇尔·萨林斯.（2000）. 甜蜜的悲哀. 王铭铭，胡宗泽，译. 北京：生活·读书·新知三联书店：82.
〔美〕塞缪尔·亨廷顿.（1998）. 文明的冲突与世界秩序的重建. 周琪，刘绯，张立平，王圆，译. 北京：新华出版社：199-274.
孙周兴.（1994）. 说不可说之神秘. 上海：上海三联书店：142-143，139-140.
〔美〕特雷西.（1998）. 诠释学·宗教·希望：多元性与含混性. 冯川，译. 上海：上海三联书店：274-276，80-81，274.
〔法〕雅克·勒戈夫.（1996）. 中世纪的知识分子. 张弘，译. 北京：商务印书馆：66.
〔美〕伊曼纽尔·沃勒斯坦.（2002）. 所知世界的终结：二十一世纪的社会科学. 冯炳昆，译. 北京：社会科学文献出版社：63-64.
中国科学院哲学研究所西方哲学史组.（1963）. 现代外国资产阶级哲学资料选辑·存在主义哲学. 北京：商务印书馆：87-134.
Pedersen，O.（1997）. The First Universities：Studium Generale and the Origins of University Education in Europe. Cambridge：University of Cambridge.

全面国际化：美国高等教育国际化发展的新动向

陈德云

“全面国际化”是美国高等教育国际化内涵不断发展的结果，是美国高等教育国际化出发点及关注点不断变化的产物，美国高校国际化的多维发展促使了全面国际化的诞生。全面国际化代表了高校国际化在规模与维度上的范式转变，这种转变试图影响高校的思潮、价值观及文化，使国际化的精神渗透到高校的所有层面，将国际与比较的视角深切融入高校教学、科研和社会服务的所有使命中。全面国际化实施策略成功的关键是不断调整高校自身的使命、核心价值观和发展战略，以应对时刻变化中的全球局势，长期的高校全面国际化战略行动需要在全校范围建立支持性的学校文化与环境。

“国际化”成为当今世界高校的重要议题。其含义是“将国际维度整合到高等学校的教学、研究和服务等诸项功能中的过程”（Knight，2004）。它不仅应包括课程、学者和学生的国际交流，与社区的各种合作计划、培训及广泛的管理服务，还应包括“明确的赞同、积极的态度、全球的意识、超越本土的发展方向，并内化为学校的精神气质”（de Wit，2002）。美国高校国际化发展已进入所谓的“全面国际化”（comprehensive internationalization）时期，从顶端研究型高校到基础层面的社区学院，“将国际与比较的视角深切融入高校教学、科研和社会服务的所有使命中”（Association of International Educators，2013），已成为高校的责任与义务，国际化已从各个方面改变了美国高校的内涵与外延，全面国际化“将不仅影响高校的整个校园生活，还将改变高校的伙伴关系及合作框架等外部结构”（Association of International Educators，2013）。

一、“全面国际化”的产生背景

由于各个高校在教育目的、教育宗旨、学校起点、专业框架及学生群体等方面的不同，其国际化的维度、路径及结果也会不同。国际化不仅仅是一个最终结果，而且是通向许多结果的手段。高校国际化的多维发展促使了全面国际化的诞生。

（一）国际化不仅仅是一种结果，更是一种手段

“国际化的最终目的是更好地在高校的不断变革中和全球环境之间建立连接，并在这些不断变革中为社会及学生提供更多的相关服务。”（Association of International Educators，2013）因此，我们可以说，国际化是一种结果。此外，国际化还可以是一种手段，为学生能够在产品、服务及理念都已经全球化的市场中生活和工作做准备。“除了培养具有世界意识的毕业生及具有广泛的参与意识的公民，国际化可以有助于以各种目的来为高校研究寻求更大能量：促进国内与国际安全问题，以及在一个越来越相互依存的世界中促进经济、社会及文化的发展，而且，它可以提高高校的研究能力和在全球知识社会中的认可度。”（Association of International Educators，2013）因此，国际化不仅仅是一个最终结果，而且是通向许多结果的手段。

国际化的工具性价值得到了美国教育理事会（American Council on Education，ACE）的确认，在其2005年出版的《学生视角中的美国高等教育国际化》（*Internationalization of U. S. Higher Education：A Student Perspective*）一书中，ACE指出，“高质量的教育必须为学生在一个以不断增长的多元文化和边界弱化为特点的世界生活和工作而做准备，跨国高等教育机构的不断增长就是通过国际化策略对这一挑战的回应”（Green，2005）。希拉比德尔观察到，“大多数大学追求的各种路线都在走向国际化，这取决于各个大学采取怎样的改革来实现国际化”（转引自Edwards，2007）。因此，我们可以说，国际化不仅是通向许多结果的手段，而且其结果也可能会在各个高校各有不同，实现国际化的路径也因为各个高校所追求结果的不同而各异。

（二）高等教育国际化的出发点及关注点发生了变化

在美国高等教育国际化的发展过程中，有些高校从零开始参与国际事

务，很少或没有国际化方面的经验；有些高校主要以学生流动作为国际化的出发点和国际化项目的重点；有些高校则将重点放在大学校园中文科课程或通识教育课程的国际化，以便可以拓宽并整合国际化内容到所有专业中；还有一些高校，特别是那些重视研究生教育及科学研究的高校，国际化重点包括对语言研究、区域研究以及跨国研究等的支持；还有些高校将在其他国家发展分校作为国际化的重要策略；有些高校则将重点放在全球伙伴关系、联合学位、分校区的建设，以及同国外的非营利性组织发展长期伙伴关系。

近年来，美国高校系统中逐渐出现这样一些高校：它们能够综合以上所有国际化方面的努力从而形成系统的全面国际化战略；这些高校通常具备宽广、深厚的长期国际化发展基础，并致力于使学校从教学、研究及社会服务各方面向国际化迈进；这些高校高瞻远瞩，能够将高等教育的国际化和学校的发展放到全球高等教育体系的框架下思考——这些高校正在走向全面国际化。这种高校现在虽然只占少数，但却代表了美国甚至世界高等教育国际化发展的方向。

（三）高校国际化的多维发展促使了全面国际化的诞生

在讨论高校国际化问题时，当代语境下常用的一些词有校园国际化、国际流动、高等教育的全球化等，尽管它们之间确实相互关联，但它们却是不可互换的概念，而且在实践中发展成为高等教育国际化内涵的重要组成维度。校园国际化是高校国际化的重要组成部分，重点关注国际化中“在国内”的部分，如校园课程、校园环境中的国际学生及学者、支持国际化的学校政策及服务、校园中能够与全球建立连接的知识环境等。国际流动指学生和教师进行跨国流动从事一段时期的学习和研究，它不仅使学习和研究可以发生在校园以外的地方，而且能够跨越不同文化、价值体系、思维方式以及工作生活方式。我们通常谈到学生流动，但同样重要的是教师和员工的流动，如果缺乏教师和员工的流动，学生在国外的经历与国内经历的联系就会削弱。高等教育的全球化包括多层含义：既可以指当前全球高等教育能力的巨大增长，特别是在欧洲、北美以及澳大利亚和新西兰等以外的地区和国家的增长，也可以指学生和教师全球流动性的增长以及大学之间跨国合作和伙伴关系的形成。全球高等教育体系的发展表明：高等教育机构不只是一个地区、区域或者某一国家的资源，而且是一种全球化资源；高等教育全球化和世界大学排名的出现进一步促使分析单位从国内向全球参考框架转变，高校之间全球化的增长以及学生、教师流动的增加正成为高等教育国际化的稳定特征。这些变化使人们认识到，要成为21世纪的优秀教育机构，必须从全校的层面系统思考国际化问题，使学校走向全面国际化。

二、“全面国际化”的内涵与发展模式：国际与比较的视角与高校教学、科研和社会服务的深度融合

高校全面国际化代表了高校国际化在规模与范围上的范式转变，这种转变试图影响高校的思潮、价值观及文化，使国际化的精神渗透到高校的所有层面，深入所有教职员工及所有专业的学生，将国际与比较的视角深切融入高校教学、科研和社会服务的所有使命中，并努力寻求高校的国际化使命、政策、教学、科研及服务的全球化取向的整合。

（一）全面国际化的内涵解读

根据美国国际教育者协会（Association of International Educators，AIE）的观点，全面国际化是“一种通过行动来证实的承诺，是将国际和比较的观点深切融入高校的教学、科研和社会服务的所有使命中，它塑造高校的精神理念和价值观并影响整个高等教育事业（Association of International Educators，2013）。如果要涵盖所有维度，全面国际化的含义将非常广泛，它“可以是某个高等教育机构的整体组织范式，也可以是学术部门或者专业项目在操作层面的组织范式”（Association of International Educators，2013）。美国教育学会将全面国际化视为一种对整个高等教育机构产生广泛影响的国际化，对人员、政策及项目具有广泛影响，并能引导高校进行更加深远、更加具有挑战性的改革。通过显著的双向、多元跨境交流，全面国际化将把高校从一个地方性、区域性或全国性的机构转变为一个全球性的机构。

对于今天的大多数高等教育机构来说，虽然不同高校在全球定位中处于不同位置，但全球性与国际化是它们在发展过程中需要充分考虑的维度，因为国际化已经渗透到不同高校的各个方面。正如美国国际教育者协会2008年成立的国际化任务小组所认识到的：“国际化最终能够利用高等教育的整合资源来培养创造能够促进所有社会及经济发展的新一代全球公民。”这是一个复杂的过程，“可以渗透到高等教育的各个方面：如教师发展、课程设计和应用、

教学设计、学生和教师多样性、研究及奖学金、对外培训及教育、发展援助、学生支持服务和学术支持服务、资源开发、财务管理、风险管理、高校竞争力以及定位、公民参与等”（Center for Internationalization and Global Engagement，2014）。虽然这份列表并不全面，但是足以强调全面国际化所能影响的高校内部及外部范围之广泛，当然，全面国际化不是要求高校的所有单位及专业都参与到所有形式的国际化中，这对于任何一所高校来说都是不可能的。另外，没有通向国际化的统一路径，不同高校应该根据自己的目标和现实状况加以量身打造，对国际化这一挑战和机遇作出独特的响应。

（二）全面国际化的 CIGE 模式

美国教育理事会国际化与全球事务中心（Center for Internationalization and Global Engagement，CIGE）提出了其称之为“CIGE 模式”的全面国际化发展模式，这一模式认为，全面国际化是“一个战略性的协调过程，旨在调整和整合能够使高校向更加全球化和国际化发展的政策、项目及创新举措”（Center for Internationalization and Global Engagement，2014）。全面国际化的 CIGE 模式是由六个相互关联的目标领域组成的：明确的高校战略规划；行政结构和职员配备；课程、课外活动及学习成果；教师政策与实践；学生流动；合作与伙伴关系（Center for Internationalization and Global Engagement，2014）。

1. 明确的高校战略规划

全面国际化战略规划指的是学校决策者明确提出该校关于国际化的战略使命与实施路线图，并制定正式的评估机制来加强战略规划的实施：一是制定战略规划，将国际化置于学校战略使命和全校战略规划的优先发展地位，并制订明确的国际化发展实施计划；二是成立国际化发展委员会，由来自整个高校的代表组成的指导委员会来负责监督国际化项目的实施；三是通过焦点团体座谈、调查和开放性的讨论来宣传国际化的优先发展地位，获得学生、教师、员工和其他利益相关者的认同与支持；四是根据战略规划中的国际化目标，对国际化进展情况和成果进行正式评估。

2. 行政结构和职员配备

高层领导的参与、恰当的行政管理架构和报告制度形成实现国际化的基本框架。一方面，校长和首席行政官等高层领导要自始至终积极致力于推进学校的国际化发展；另一方面，设立专门的国际化办公室以协调全校范围内的国际化活动。

3. 课程、课外活动及学习成果

学生学习作为高等教育的核心目标，是国际化的一个关键要素。国际化的课程和课外活动体系可以培养学生的国际视野和全球竞争力。以培养国际视野和全球竞争力为目标的学生学习，应该对通过课程学习来使学生获得怎样的知识与技能进行详细阐明。①通识教育的要求：着重于外语，区域研究和全球性问题的课程，都要包含在本科通识教育课程中；②学科中的国际化课程：每个专业的课程中要包含本专业领域中的国际视角和全球性问题方面的内容；③课外活动：开展的项目和活动要涉及解决全球性问题，加强课程中的国际元素，促进不同背景学生之间的讨论和交流，并努力促进国际学生的融合与成功；④学生的学习成果：以国际化为核心的能力要成为全校学生的学习目标并成为学习结果评估的内容；⑤技术：采用创新的技术与方法来提高学习的全球化，如利用技术支持实施国内外联合授课，以及与国外的学生和教师相互交流。

4. 教师政策与实践

作为教学和科研的主要推动力，教师在高校国际化中发挥着关键作用。学校政策和支持机制要确保教师有机会提升他们的国际竞争力，并能最大限度地发挥这些经验对学生学习的影响。①终身教职和晋升政策：终身教职及晋升标准中应将国际性工作和经验作为重要条件；②聘用准则：国际化背景、经验和兴趣是对教师候选人进行聘用的标准之一；③教师流动：教师拥有赴国外进行教学、开展研究和参加会议的机会，管理及资助机制应支持教师参与国外项目；④校内专业发展：讲习班、研讨会和其他项目能够帮助教师提升国际竞争力，并将国际视野运用于教学中。

5. 学生流动

学生流动通常是高校国际化发展的重点所在。新生入学指导、留学项目和其他支持性活动应该帮助促进学生最大限度地进行国际性学习。①学分转换政策：使学生可以很容易地通过出国留学获得学分；②助学金和资助：学生助学金可以应用于出国留学项目，国际新生也有机会申请到奖学金和其他资助；③新生入学指导和留学生项目：新生入学指导和留学生项目可以帮助学生在留学期间达到最好的学习效果，并将获得的知识整合纳入其整体的学习计划中；④持续的留学生支持项目：学术和社会支持项目能够帮助国际学生全面融入校园生活。

6. 合作与伙伴关系

美国高校正越来越多地寻求机会，希望通过合作与伙伴关系来扩大其全球影响力，包括学生与教职人员的交换交流、联合授予学位、建立分校和其他海外项目。精心规划、持续支持和定期评估等对这些项目的成功是非常重要的。①战略规划：国际合作是与学校的战略规划、目标和可利用的资源相一致的，应给予其足够的时间任其发展；②合作伙伴的选择：潜在合作伙伴的仔细考察和选择是基于共同的目标、任务的配合度以及支持和维持合作的能力而定的；③正式的协议：用谅解备忘录详细说明合作目标、每一方的义务和经济责任以及评价程序，还包括发布及终止条款；④评估：为了保持运行和方案的有效性，需要定期考察伙伴关系，并根据需要进行讨论和调整；⑤伙伴关系追踪：高校追踪掌握他们的合作伙伴以及两高校之间协议的最新动向，并能让教师、员工和学生很容易获得这些信息。

三、“全面国际化”实施的宏观策略：以共同愿景、国际化领导团队及支持性校园文化为核心

高校国际化是一个持续的过程，是高校在不断变化的全球化背景下，在所面临的挑战与机遇面前不断调整自身的过程，是通过长期持久的国际化行动策略将不同发展阶段的全面国际化愿景变为现实的过程。国际化行动策略成功的关键是不断调整高校自身的使命、核心价值观和战略，以应对时刻变化中的全球局势，长期的高校全面国际化战略行动需要在全校范围建立支持性的学校文化与环境。

（一）将全面国际化融入高校战略规划，建立高校国际化发展的共同愿景

全面国际化的成功实施，首先需要将全面国际化的理念融入高校的战略规划，将全面国际化与高校的使命与核心价值观紧密结合；同时，在全校范围内和学校文化中建立一个共同愿景，将国际化推向全校优先发展的地位。对于

某一高校来说，实施全面国际化可以从重新审视学校的战略规划及核心价值追求开始，由于不同高校的使命以及战略重点有所不同，这种差异成为驱动不同高校以不同的策略实现多样化的国际化的最重要因素。

以宾夕法尼亚大学为例，从2004年开始，宾夕法尼亚大学设立的“宾大发展规划”就成为宾夕法尼亚大学广大教师和学生所熟知的全校发展目标，2004年确立的“宾大发展规划”规定，学校将致力于以下几个方面的发展：①扩大招收世界各地的优秀学生到宾夕法尼亚大学学习；②通过跨学科的学习和跨学科的发现，为学生与教师的整合提供路径；③与地方社区和世界各地密切合作，致力于解决这个时代面临的迫切问题。在宾夕法尼亚大学10年建设所取得的巨大进步的基础上，宾夕法尼亚大学于2013年又确立了其“宾大发展规划2020”（Penn Compact 2020），这一目标既是对2004年目标的延续，又体现了新时代高等教育发展的变化，愿景目标概述了其下一步的发展规划，具体如下。

1）让更多人能够享受到宾夕法尼亚大学独特的智力资源。通过全赠款、无贷款一揽子援助方案，满足大学生的全面经济需求，扩大宾夕法尼亚大学世界学者计划，加强研究生和专业的经济援助；通过包括“教师多样性和卓越行动计划”在内的优先发展规划，增加各个层面的多样性和卓越性；推进开放式学习及其他高品质的在线教育项目，推进宾夕法尼亚大学最具有创新性的教学和教育研究。

2）重视创新性理解和发现，强调跨学科的知识整合。增加宾夕法尼亚大学“知识整合大学教授”及其他讲座教授职位，招聘和留住最杰出、最具合作精神的跨学科教师；建设高度协作的跨学校科研和教学项目，包括宾夕法尼亚大学脑科学和纳米项目；通过“宾大创新中心”，不断扩大宾夕法尼亚大学的文化和创新实践，使宾夕法尼亚大学的研究发现能够被快速应用到有迫切需求的社会实践中。

3）使宾夕法尼亚大学的研究、教学及服务为地方、全国及全世界作出贡献。实施“宾大校园计划”，打造最具创新性的、可持续的美丽城市校园，使之成为对社区具有积极影响的、充满活力的生活和学习空间；通过包括宾夕法尼亚大学沃顿商学院的公共政策倡议等重要的校际课程，促使宾夕法尼亚大学的师生推动基于知识的公共政策改革；通过广泛的全校范围的活动，让世界不断走向宾夕法尼亚大学，让宾夕法尼亚大学进一步走向世界；设立“总统参与奖”项目，让宾夕法尼亚大学的大四学生设计和实施得到全额资助的地方性、全国性和全球性的参与项目（University of Pennsylvania，2013）。

（二）为全面国际化设立远大而清晰的目标，改变大学的国际化模式

全面国际化的目标应该是一个需要付出巨大努力甚至需要一点运气才能实现的远大目标。高校要确立真正有胆略的全面国际化远大目标，敢于挑战既定的教学与学术研究的规划实施标准，并能够通过这一远大目标的实施，使学校从众多竞争者中脱颖而出，成为其他高校争相效仿的创新楷模。

有远见的大学领导者能够通过设立全面国际化的远大目标，从根本上改变大学的国际化模式，例如，纽约大学的 Sexton 校长提出的校园全球化战略使全球教师共同协作，提供了跨越国界的教育；密歇根州立大学的 Simon 校长对大学的国际化长期战略进行了重新规划，从接受美国政府赠地办学到接受世界赠地办学，旨在实现大学的地方使命与全球战略使命的无国界连接；亚利桑那州立大学的 Crow 校长提出了建设“具有全球影响力的地方大学”的 21 世纪新大学战略规划；等等。这些宏伟愿景为将这些大学转变为能够在快速变化的社会政治、经济背景下迅速作出反应的机构提供了有效的理念框架与行动指南。

宏伟的愿景能够进一步推动雄心勃勃的目标落实到行动上，而不仅仅局限于对大学现状的调整。1995 年，密歇根州立大学设立了这样一个愿景：用 10 年时间，将学生出国留学率提高到 30%（当时是 9%左右）。当时许多学者嘲笑这样一个雄心勃勃的目标，认为这样的目标只有大的研究型公立大学才有资格设立。但是，这一目标的大胆创新增加了该大学的知名度，带动了该校远远超出正常预期的国际化发展，使该校的出国留学率在计划时间内接近 30%。

（三）建立全校范围的全面国际化支持环境

从全校层面来看，建设和维持一个全面国际化的支持性环境需要进行持续性的全校范围的讨论。最初阶段，校长和学校高层在将全面国际化确立为学校的优先发展战略方面起着决定性作用；而使学校高层意识到全面国际化的重要意义，并将全面国际化提高到学校优先发展的战略地位，则是高校负责国际教育的高层领导的核心任务之一。高校国际教育负责人应该对于全面国际化将

引导学校走向何方、依据何在，全校范围的教学部门以及教学管理部门应该在全面国际化方面扮演什么角色等这些根本性问题作出令人信服的回答，并能对为什么说全面国际化是高校势在必行之事作出有力解释。在学校高层就全面国际化达成一致意见后，关于全面国际化的讨论需要扩展到高校各级管理层面，如院长委员会、学校的执行委员会，以及学生领导、学校工作人员领导、学术管理和师资队伍的关键领导人和委员会的董事会成员等。各级管理者之间的对话交流可以深化和扩大其关于全面国际化的共识，最后所要达到的目标是，学校最广泛的利益相关者都应该把自己看作全面国际化中的重要角色，从而共同致力于学校全面国际化的建设。在高校，虽然教师和教学机构决定着学习课程和研究计划，但是，行政办公室、学生宿舍管理部门、图书馆、学生健康服务部门、招生部门等对课堂教学的作用不可忽视，这些因素既可以对教学产生积极的促进作用，也可以严重遏制教学的发展。因此，建设全校范围的全面国际化教学与服务支持性网络是建立和维持全面国际化的优先发展地位的基础性步骤。

从某一国际化项目层面来看，高校个别国际化项目或活动的开展，也需要全面国际化的支持性校园环境。以高校留学生招生为例，如果仅仅将为学校创收作为招收留学生的动机，那么没有整个学校的广泛参与，高校招生人员也可以单独推动国际招生的项目；然而，当高校增加国际招生的动机转为重视留学生作为学术团体为整个学校带来的价值，那么留学生项目就需要把重点放在加强国际学生方方面面的留学体验：从初次入校到整个学习过程中在学术和课外活动方面每一个环节的支持，再到毕业、就业及校友服务等，这些需要高校对自身认识的实质性变革，如学校对所有学生应负什么责任、其在培养精通全球化背景下工作生活法则的毕业生中的作用等。所有这些，需要整个学校范围的广泛参与和积极合作。

（四）对全面国际化杰出成果进行界定和奖励

在高校环境中，学生经常通过关注课程中哪些是必修课、哪些是选修课来区别哪些课程对他们的发展是更重要的，教师则往往通过学校对于教师晋升及终身教职资格获得的标准来判断学校更加重视教师哪些方面的成果与贡献，师生还可以通过学校对于资源的分配及重新分配措施来判断学校的发展重点。因此，学校在课程设置、教师晋升以及资源分配等的决策过程中要充分重视国际化活动，明确界定教师在培养具有国际化能力的学生中的作用，明确阐明其对教师在推进全面国际化发展方面的角色期望，给予国际化活动高度的重视，促进教师对国际化活动的普遍参与，在各部门的教师招聘、晋升和终身教职的决策中充分重视国际化活动，并对学校的全面国际化杰出成果作出界定并给予奖励，以建立广泛的师生支持基础，促进学校全面国际化的发展。例如，美国国际教育者协会（Association of International Educators，2014）建议：①将参与国际化教学、科研活动明确列入高校聘用、晋升和终身教职的指导框架中；②对师生参与全面国际化活动提出明确要求；③关于专业领域及所修课程的描述，要向学生强调获得国际的、全球的及比较的视角的重要性，在每个学位项目中，明确、详细地向学生指明获得国际的、全球的及比较的视角的路径；④对如何评估这种强调学生获得国际的、全球的及比较的视角的学习给出界定，如明确规定学生需要通过学分的积累，还是需要通过更多参与以档案袋方式记录的项目来展示自己在国际化方面的进步。

综上所述，全面国际化的有效实施将对整个校园生活和学习产生巨大影响，并从根本上重塑高校的外部支持框架及伙伴关系。全面国际化有助于实现将国际的、全球化的以及比较的视角注入课堂教学及实践实习中，还有助于将这些视野和维度引入教师的研究范式、研究生的研究项目以及其他拓展项目中。

原文参见陈德云.（2014）. 全面国际化：美国高等教育国际化发展的新动向. 全球教育展望，（12）：110-118.

参考文献

Association of International Educators.（2013）[2021-06-08]. Comprehensive Internationalization：From Concept to Action. Washington：NAFSA and Association of International Educators. http://www.nafsa.org/wcm/Cust/Cust/Custom_Cart/Store_Home.aspx？catId=6.

Association of International Educators.（2014）. Leading Comprehensive Internationalization：Strategy and Tactics for Action. Washington：NAFSA and Association of International Educators.

Center for Internationalization and Global Engagement.（2014）[2021-06-08]. CIGE Model for Comprehensive Interna-tionalization. http://retreat.umbc.edu/files/2019/08/CIGE-Model-of-IZN.pdf.

de Wit，H.（2002）. Internationalization of Higher Education in the United States of America and Europe：A Historical，Comparative，and Conceptual Analysis. Westport：Greenwood Press.

Edwards，J.（2007）. Challenges and opportunities for the internationalization of higher education in the coming decade：Planned and opportunistic initiatives in American institutions. Journal of Studies in International Education，11（3/4）：373-381.

Green，M. F.（2005）. Internationalization of U.S. Higher Education：A Student Perspective. Washington：American Council on Education.

Knight，J.（2004）. Internationalization remodeled：Definition，approaches，and rationales. Journal of Studies in International Education，8（1）：5-31.

University of Pennsylvania.（2013）[2021-06-08]. Pen Penn Compact 2020. http://www.upenn.edu/president/ penn-com-pact/ penn-compact-landing.

领导国际化：国际教育管理者协会的视角与指南

Darla K. Deardorff

当前围绕重新思考国际化（re-thinking internationalization）这一问题，学者有很多争论。对大学领导的调查表明，领导大学国际化事务需要多方面的知识、技能和经验。依据这些调查，国际教育管理者协会制定了国际教育领导者职业实践标准，以期对未来的国际教育领导者有所启发。

当今世界正在经历戏剧性的变革，围绕重新思考国际化问题出现了很多争论。在这种背景下，富有经验的高校国际化事务高级领导人如何看待领导高校国际化发展所需要的知识、技能和经验？大学领导者在领导国际化发展的过程中应该遵循什么样的标准？本文讨论了其中一些观点和标准，以期对未来的国际教育领导者有所启发。

当前全球化遭到大规模抵制，民族主义抬头，在这样的背景下，高校国际化正面临前所未有的挑战，国际高等教育格局正在发生深刻的变革。传统上，澳大利亚、美国和欧洲等主导着世界高校的国际化教育，但在新的形势下，世界其他国家和地区正在国际高等教育中发挥着越来越积极的作用，这使得澳大利亚、美国和欧洲等不得不努力应对这些新出现的变革。早在 2012 年，Brandenburg 和 de Wit 就发现，“大学国际化的资源国和目标国之间的界限开始变得模糊”（转引自 Association of International Education Administrators，2016）。2019 年底，随着新型冠状病毒肺炎疫情的爆发，这些界限正在进一步被重塑。这些不断变化的动态作用机制是一支催化剂，促使我们更深入地研究和思考那些高校国际化事务领导人真正需要什么，他们应该拥有什么样的知识、技能和经验，以及其领导行为应该遵循什么样的标准。

一、高校领导者的领导观

国际教育管理者协会的成员是来自世界各地的高校国际化发展领导人，该协会每三年进行一次领导力调查，以获得高校高级国际事务官员（senior international officer，SIO）的“快照”。这里所说的高级国际事务官员，是指在高等教育机构领导国际化实践的任何人（一些国家可能会使用其他术语，如国际联络官、国际关系经理等，而不是称为SIO）。

领导力调查始于1999年，调查目的是从有责任使其大学实现国际化发展的高校领导那里收集信息。接受调查的高校国际化发展领导人由学校领导人推荐，收集的信息包括高校国际化领导者的职位头衔、问责结构、职责范围、薪酬、当前面临的紧迫问题和挑战，以及在被调查者看来领导高校国际化最重要的知识、技能和经验等。

调查显示，近年来，高校国际化的一个关键变化是，女性在这些领导角色中所占比例提高，此外，这一职位本身的职业化程度也在提高。传统上，学者占据着高校国际化的领导职位，他们之所以能够担任这一领导职务，是因为他们对高校国际化事务颇有研究。现在这种情况已经与以往不同，由职业管理人员担任这些领导职位的高校越来越多，而且高校对他们是否拥有教职没有硬性要求，即这些职业管理人员可能拥有也可能不会拥有教师职位。调查还显示，多年来，高校国际化事务面临的最大挑战一直是缺乏足够的资源。

2017年，国际教育管理者协会（Association of International Education Administrators，2017）调查了199名高校国际事务现任高级官员，要求其确定作为高校高级国际事务官员最需要的知识、技能、经验以及个人特征等，这是截至目前国际教育管理者协会对高校高级国际事务官员的最新调查。调查结果显示，78%的领导人认为高校高级国际事务官员最需要了解学校所处的内外部环境，76%的领导人认为高校高级国际事务官员最需要了解高等教育中的国际问题，55%的领导人认为高校高级国际事务官员最需要了解领导知识。也就是说，在这些参与调查的高校领导看来，高校高级国际事务官员最需要的三大知识领域分别为与高校所处内外部环境有关的知识、与高等教育中的国际问题有关的知识以及有关如何领导的知识。在这些参与调查的领导看来，与这三个领域相比虽然不那么重要，但依然值得注意的其他三个领域的知识还有有关当今世界事务的知识（21%的被调查者选择此项）、有关商业原则和实践的知识（24%的被调查者选择此项）以及跨文化理论和方法方面的知识（16%的被调查者选择此项）。

关于高校高级国际事务官员应该拥有哪些技能，70%的被调查者认为人际交往能力非常重要，57%的被调查者认为制定规划和愿景的能力非常重要，51%的被调查者认为跨文化能力非常重要，它们是高校国际化事务领导者（高级国际事务官员）所需要的最重要的三种技能。与这三种技能相比，其他值得注意的技能主要包括宣传能力（27%的被调查者选择此项）、口头和书面沟通能力（17%的被调查者选择此项）。

关于领导高校国际化发展所需要的最重要的经验，绝大多数（占72%）被调查者认为学术管理经验最为重要，其次是管理预算/财务的经验（占51%）和海外生活经验（占32%）。当被问及领导高校国际化者最重要的个体或个人特征时，被调查者指出，以下六种个人特征最为重要：愿景（占57%）、活力/激情（占48%）、外交能力（占44%）、企业家精神（占32%）、创造性（占30%）和灵活性（占30%）。

以上调查结果表明，在高校国际化工作领导者看来，了解当地环境——尤其是机构背景——仍然是能够在一个机构内成功领导国际化的关键因素，这也说明了为什么学术管理能力被认为是高校国际化领导者应该拥有的最为重要的技能。

此外，调查显示，高校国际化领导人特别强调人际交往能力和跨文化能力，这表明建立和维持人际关系的能力可能是大学国际化领导能力的关键组成部分。我们还要注意到，企业家精神、创造性与灵活性被视为高校国际化领导者有价值的个人特征，灵活性也深受高校领导者的重视——这种个人特征在新型冠状病毒肺炎疫情背景下可能会变得更加重要。

就高校国际化领导者的身份特征而言，尽管传统上这些领导者都拥有学术性的教师职位，但当前高校国际化领导者却越来越职业化。无论高校类型如何，这些高校高级国际事务官员的主要职责都是在国际化过程中建立战略性伙伴关系。今后一段时间，在后疫情时代，高校高级国际事务官员这一职业如何演化是一个有意思的研究课题。

二、高校国际教育领导者职业实践标准

当前高等教育国际化面临的环境日益复杂，而高校国际事务领导者普遍缺乏相应的职业资格。基于这一认识，国际教育管理者协会作为唯一专注于国际高等教育领导事业的专业协会，为国际教育领导者制定了22项职业实践标准。这22项标准又被分为四个大类，即国际化专业知识、国际化领导与管理、宣传与推动高校国际化以及人际效能，具体标准见表1。

表1 国际教育管理者协会的国际教育领导者职业实践标准

标准分类	序号	标准内容
国际化专业知识	标准一	理解高等教育的全面国际化是一个将大学和学院的三个主要目标，即教学、研究和服务全面纳入国际化的过程
	标准二	认识到课程和合作课程在培养学生参与日益相互关联、多样化和快速变化的世界中的核心作用；了解如何在课程和合作课程中以合作的方式推进全球学习
	标准三	对于高校及其教职员工和学生全球参与的相关风险有高度认识，并与相关方密切合作，将风险降至最低
	标准四	有法律意识，了解对高等教育国际化（如教师和学生流动）有重要影响的法律，并与法律顾问合作，确保以符合高校及其利益相关者利益的方式遵守这些法律
	标准五	了解如何利用有关全面国际化的研究成果来推进一所高校的国际化
国际化领导与管理	标准六	能够为大学国际化提供愿景、领导力和战略规划
	标准七	具备国际化相关的复杂行政职能所需的行政管理能力和洞察力，包括在整个高校内争取个人和相关部门与院系的支持及行动的能力
	标准八	了解如何促进教职员工的专业发展，以支持高校国际化
	标准九	能够就高校国际化工作有效、恰当地与高校内部和外部利益相关者进行沟通
	标准十	收集和使用评估数据以加强国际化，就高校国际化过程中的成功和差距进行交流与沟通，改进高校国际化过程和实践，提高学生的学习成果
	标准十一	将公平和包容的原则应用于高校国际化工作的所有方面，包括聘用和留住不同的员工
宣传与推动高校国际化（通过他人和与他人合作来进行）	标准十二	能够在一所高校的使命和价值观的背景下，有效地倡导国际化的制度化
	标准十三	与当地社区合作，让他们参与相关高校的国际化
	标准十四	认识到学生的中介作用，积极调动他们的知识、想象力和精力来推进高校的国际化

续表

标准分类	序号	标准内容
宣传与推动高校国际化（通过他人和与他人合作来进行）	标准十五	认识到教师是高校国际化的核心力量，致力于创造一种认可和奖励教师在推进国际化方面所做工作的制度文化
	标准十六	能够利用社交网络发展与个人、机构和组织的伙伴关系，推进高校国际化
	标准十七	认识到政府、非营利组织和私营部门有助于塑造国际化环境，向这些机构宣传国际教育的重要性
人际效能	标准十八	在获得推进高校国际化所需的资金和其他支持方面能够足智多谋，且富有创业精神
	标准十九	拥有国际经验、语言学习经验和跨文化知识，能够更有效地推进高校国际化
	标准二十	具有强烈的移情本能，善于倾听，能够有效地处理跨文化接触中产生的问题，从而塑造跨文化和国际交往所需的态度和技能
	标准二十一	认识到高级国际事务官员和相关教育协会的数据、思想和实践的交流能够有效推进高校国际化，努力从这种交流中学习并为增进两者之间的交流作出贡献
	标准二十二	尽其所能地致力于在高校所有的国际化努力中保持高道德标准

这些领导力标准是国际教育管理者协会内部的一个工作小组制定的，并经过国际教育管理者协会成员以及世界各地国际教育协会的仔细审查。该协会将这些标准作为为大学领导者设计职业发展机会的框架，并将其作为为期一周的高校国际化事务领导者培训班的课程内容，还被用于负责国际化的大学领导的招聘。

虽然国际教育管理者协会也认识到国际化必须适应每一所大学的具体环境，但它仍然将这些标准视为大学领导者成功开展国际化工作所需的基本知识和技能。此外，国际教育管理者协会还设立了一个领导力学院，培训大学领导者学习这些标准，并在最近出版的《领导国际化：国际教育领导者手册》（*Leading Internationalization：A Handbook for International Education Leaders*）（Deardorff and Charles，2018）一书中介绍了这方面的许多知识。具体来说，大学领导者不仅需要具备国际化专业知识，还需要通过与各种各样的人互动或合作来有效地倡导和推动大学国际化，通过设定一个具体的愿景——不仅通过学生流动，而且通过国际化的所有方面，包括伙伴关系、研究、课程以及与当地社区的密切合作等，建设一个更为全球化的大学——来领导和管理大学国际化的进程。今后大学领导者需要树立成长心态，根据这 22 项领导力标准所代表的知识和技能继续磨炼自己。

三、全球视角

有关国际教育的讨论经常发生在同一领域的人之间，这些人很少与国际高等教育领域之外的人进行讨论，这导致了有关高等教育国际化的讨论与更广泛的全球讨论脱节。此外，长期以来，有关国际教育的文献一直被西方声音主宰，这导致了以下呼声的出现：首先，呼吁“使国际化更国际化”（internationalize internationalization）（Sutton and Deardorff，2012）；其次，呼吁大家真正倾听来自北半球以外的新兴学者的意见，通过相互学习，汇聚智慧共同面对 21 世纪的紧迫问题。事实上，Mestenhauser（2011）指出，没有人对国际化有完整的了解，每个人都需要相互学习。因此，探索如何引导大学国际化所需的领导力时，我们必须从不同的角度去思考和学习。

Sutton 和 Deardorff（2012）提出，当前该是倡导“使国际化更国际化”的时候了，也就是说，高校需要了解它在新兴的全球高等教育体系中所扮演的角色和所起的作用，作为大学国际化事务的领导者，其同样需要考虑这个方面的问题。因此，“使国际化更国际化”理念的核心是通过“共享资源、增进知识、扩大机会”实现外向联系的目标，以及推进形成全球教育体系。这意味着，随着高校本身成为全球公民，它们的全球参与、协作和网络扩张行为将显得更加重要，从而转变传统上“以学校为中心”的形象，变得更加“以全球为中心”（Deardorff et al.，2012）。高校的这种全球参与对教师、课程、教学和学习的影响将是巨大的，学生的学习和知识的生成也会通过这种更为真实的全球视野而转变。这使得目前关于国际化的讨论超越了通过“片面统计学生数、美元和排名”等来衡量高校自身收益的层面（Sutton and Deardorff，2012）。Mestenhauser（2011）认识到采用更复杂、更全面的方法来评估高校国际化收益的重要性，并预言性地提出了国际化的“系统导向的方法”（systems-oriented approach），指出这种方法不仅是让学习产生乘数效应，同时也提供了一种处理“现代世界的复杂性”的新的认知结构，因为只有在了解整体情况的前提下，多学科和跨文化学习的整合才有可能发生。

在国际大学协会（International Association of Universities，IAU）进行的第五次全球高等教育国际化调查（The 5th Global Survey on Internationalization of Higher Education）中，来自全球 126 个国家的近 1000 所高等教育机构参与

了调查。受访者表示，高校国际化战略确实越来越受到重视，具体情况就是，在几乎所有参与第五次全球高等教育国际化调查的高等教育机构中，国际化政策/战略/规划都是全校性的，通常由一个办公室或一个团队专门负责监督国际化政策/战略/规划的实施，以及该校其他全校性的政策/战略/规划中是否体现了国际化维度（Marconi，2019）。在这一战略中，学术目的在国际化努力中处于中心地位，并且学术自由和机构自治被赋予了特殊的重要性。学生流动仍然是所有地区国际化努力中的首要活动，另外其他两项关键活动是战略性伙伴关系和国际研究合作。因此，战略视野仍然是国际化领导者的一项关键技能。

经济合作与发展组织也是一个全球性组织，它的领导力视角值得关注。经济合作与发展组织制定了《教育 2030 年行动框架》（Education 2030 Framework for Action），在这个框架中，承担责任、协调紧张关系和两难困境以及创造新价值是三种最为重要的变革能力（OECD，2018）。这些能力表明了领导作为变革主体的核心地位，《教育 2030 行动框架》的核心内容就是呼吁领导与学生和教师共同应对机构变革。高校国际化事务领导者需要尝试拥有这些变革能力，并让学生成为国际化进程中的关键利益相关者和合作伙伴。

四、结论

本文从元思考的层面讨论了高校国际化领导者所需的知识和经验。从这个粗略的回顾中可以看出，高校国际化领导者需要的不仅仅是知识，甚至也不要求其多么熟悉跨境工作。未来的高校领导者需要具备更广泛的技能，包括更具创业精神，同时将更大的全球问题放在首位。这次新型冠状病毒肺炎疫情的全球大流行，使这些相互关联的全球问题比以往任何时候都更加凸显，高校领导人的明智做法是最大限度地扩大全球伙伴关系，在多个层面上拥抱真正的、相互的伙伴关系，超越仅仅注重身体流动的国际化。在全球范围内，高等教育国际化的讨论主题围绕其迈向更大目标的历程，在这个历程中，人们认识到国际化的整体体验和影响。为了应对更大的伦理和全球责任问题，各国高校领导人正在努力重新审视国际化的更广泛的目标，而这有可能导致对高等教育国际化的重新定义。在全球化的大背景下，展望新型冠状病毒肺炎疫情大流行后的世界正在出现的新现实，国际教育界最好重新审视关于高等教育国际化的传统假设，并探索出创新的方法，以便不仅能够对这些新现实作出反应，而且能够为改革高等教育提供富有远见的领导，以真正满足学生的需求，进而满足更广泛的社会需求。对于处于 21 世纪这个相互关联的全球社会当中的我们所有人来说，高等教育国际化将在这样一个过程中继续体现其价值，帮助我们应对自身面临的紧迫挑战。

参考文献

Association of International Education Administrators.（2016）[2021-06-28]. Standards of Professional Practice for International Education Leaders. Durham：AIEA. http://www.aieaworld.org/assets/docs/Standards/aiea%20standards%20of%20professional%20practice%20-%202019%20update.pdf.

Association of International Education Administrators.（2017）[2021-06-28]. The SIO Profile：A Preliminary Analysis of the Survey on Senior International Education Officers，Their Institutions and Offices. Durham：AIEA. http://www.aieaworld.org/assets/docs/Surveys/final-2017%20executive%20summary_sio% 20profile%20survey.pdf.

Brandenburg，U.，and de Wit，H.（2012）. Getting internationalization back on track. IAU Horizons，17（3）：17-18.

Deardorff，D. K.，and Charles，H.（2018）. Leading Internationalization：A Handbook for International Education Leaders. Sterling：Stylus.

Deardorff，D. K.，de Wit，H.，Heyl，J.，and Adams，T.（2012）. The SAGE Handbook of International Higher Education. Thousand Oaks：SAGE.

Marconi，G.（2019）. Internationalization of Higher Education：An Evolving Landscape，Locally and Globally. IAU 5th Global Survey. Paris：International Association of Universities.

Mestenhauser，J.（2011）. Reflections on the Past，Present，and Future of Internationalizing Higher Education：Discovering Opportunities to Meet the Challenges. Minneapolis：University of Minnesota.

OECD.（2018）[2021-06-28]. The Future of Education and Skills：Education 2030. Paris：OECD. http://www.oecd.org/education/2030/E2030%20Position%20Paper%20（05.04.2018）.pdf.

Sutton，S.，and Deardorff，D. K.（2012）. Internationalizing internationalization：The global context. IAU Horizons，17（3）：16-17.

（本文翻译、校对：王綻蕊）

侨居学者参与厄立特里亚高等教育机构建设现状研究

Samson Maekele Tsegay

移民和发展相互影响。原籍国可以利用各种方式吸引和组织侨民参与到国家发展项目之中。厄立特里亚高等教育机构正在与世界各地的本国侨居学者建立工作联系，侨居学者也在不同的领域支持厄立特里亚高等教育机构的发展。

一、引言

侨民是指所有与祖国有联系的移民（Brubaker，2005；Butler，2001；Dufoix，2015）。近年来，移民尤其是受过高等教育的移民在现代世界中已经司空见惯，数量持续增长（United Nations，2016）。从一个地方转换到另一个地方即迁移。截至 2015 年，全世界有国际移民 2.44 亿人，而 2010 年为 2.22 亿人，2000 年为 1.73 亿人（United Nations，2016）。这表明，2000—2015 年，每年约有 473 万人移民。其中一些移民是受过高等教育的人，他们成功地完成了两年或两年以上的高等教育（UNESCO，2012）。考虑到在厄立特里亚高等教育机构任教所需的学术资格，本文主要关注至少拥有硕士学位的侨民。

人口迁移源于多种原因。一般而言，国家社会经济和政治不稳定会导致移民涌入世界各地。有些人迁移是出于社会经济原因，有些人则是为了躲避战争和其他灾难。冲突会助推国际移民。世界各地的战争和政治动荡促进了国际移民的出现。人们为了活命而逃离祖国，避免遭受在战争和政治动荡时期普遍存在的政治压迫和经济窘境（Akokpari，2000）。因此，移民作为社会文化、政治和经济等不同因素引起的全球现象，既可能是被迫的，也可能是自愿的（Kempf，2006；Bauman，1996）。Bauman（1996）指出，强迫移民或“流浪者”是由于无法忍受恶劣环境而被迫迁移的，他们别无选择。他们跨越危险的边境，在中转国流离失所和遭受各种磨难。然而，在到达目的地后，很多移民仍与祖国保持着联系。

对于原籍国和目的地国而言，移民既有正面的影响，也有负面的影响（Appleton et al.，2006；Vinokur，2006；Zembylas，2012）。通过移民实现的全球化将高技能人力资源汇聚在世界某些区域（Appleton et al.，2006；Vinokur，2006）。移民目的地国可从中获益，因此它们通过不同的手段吸引人力资源。另外，许多欠发达国家的人力资源有限，移民阻碍了其经济发展。这促使世界两极分化，加剧了不平等（Appleton et al.，2006；Brown and Lauder，2006；Kellner，2002，Suárez-Orozco，2001）。这种不平等现象在技能型人力资源匮乏的国家和为促进高等教育的发展而急需高技能人才的地区表现得尤为突出。需要指出的是，许多移民通过汇款、参与商业和科学交流推动了原籍国的经济发展（Docquier and Rapoport，2007）。

与 Brhane（2016）、Schroder（2015）、Tessema（2010）、Tessema 和 N’goma（2009）等学者类似，笔者也认为厄立特里亚是移民的受害国之一，青年人，特别是有技能的人大量流亡。青年人流亡与厄立特里亚的历史背景有关。埃塞俄比亚的德格政权对人民实行的是殖民压迫，埃塞俄比亚与厄立特里亚的边界战争及其后的事态发展导致了这一切。20 世纪 70—80 年代，成千上万的厄立特里亚人要么逃离祖国，要么加入武装力量，担心受到德格政权的迫害，并为祖国独立而战。经过多年的血腥战争，厄立特里亚于 1991 年 5 月脱离埃塞俄比亚，1993 年最终获得独立，一些移民国外的厄立特里亚人得以从世界各地重返家园。然而，在与埃塞俄比亚发生边界战争（1998—2000 年）之后，情况发生了逆转。尽管厄立特里亚-埃塞俄比亚边界委员会于 2002 年作出了具有约束力的最后裁定，但并没有得到迅速执行，造成多年来两国“既没有战争，也没有和平”的局面，这再次导致厄立特里亚人大规模迁移到世界不同地区（主要是发达国家）。

联合国难民事务高级专员办事处（United Nations High Commissioner for

Refugees，UNHCR，2008，2013，2019）指出，21 世纪以来，大批厄立特里亚青年，特别是大学毕业生因为社会、经济和政治原因离开了厄立特里亚。这些人一直在不同国家寻求庇护，特别是在西方工业国家。UNHCR 的报告显示，按照国际标准教育分类（International Standard Classification of Education，ISCED），这些移民中有许多是拥有较高水平资格证书的高学历青年。按照联合国教科文组织（UNESCO，2012）的标准，第 5 级以上为较高的国际教育标准分类学历资格，相当于两年或两年以上的短期高等教育。例如，2000—2001 年，在经济合作与发展组织国家的厄立特里亚侨民中，有 21.6% 的人接受过高等教育；2010—2011 年，这一数字上升到 23.6%（Arslan et al.，2014）。这些侨民要么之前就接受了高等教育，要么在东道国接受了高等教育。但无论如何，这表明国外有大量受过高等教育的厄立特里亚侨民。另外，这些侨民中有很多人就职于高等教育机构、研究中心或其他与学术有关的机构（Makoni，2015）。

厄立特里亚政府发动部委和大使馆组织厄立特里亚侨民学者发挥其专业特长，服务于国家建设（GSDRC，2016），并在国内外组织各种形式的文化活动、研讨会和专题讨论会，与侨民建立直接的联系。Newland 和 Patrick（2004）解释说：

> 除了接受侨民向国家的资金捐助外，厄立特里亚政府还设法以其他方式加强与侨民的联系。在侨民主要定居国重新设立了官方的办事处，对居住在国外的厄立特里亚人进行了人口普查（包括技能和资历），重建救济和福利组织，政府官员定期访问侨民团体，并开展一些宣传活动。

这些活动和交流是由不同的机构组织的，旨在发动侨民参与到厄立特里亚的不同项目之中。比如，厄立特里亚国家高等教育委员会（National Commission for Higher Education，NCHE）正致力于让侨民学者在业余时间通过提供教学、资源和其他服务，为厄立特里亚高等教育的发展作出贡献（Makoni，2015）。侨民学者可能会以合作研究和人员培训的形式为厄立特里亚高等教育机构提供服务。

本文旨在探讨厄立特里亚侨民学者参与厄立特里亚高等教育的情况。在研究过程中，笔者分析了侨民学者参与厄立特里亚高等教育的相关资料；观察了招募并激励侨民学者参与的一些活动；组织了 26 次访谈，访谈对象包括侨民学者、厄立特里亚高等教育官员和机构领导，以及动员侨民学者为国服务的海外志愿工作委员会成员。

下文首先阐述了本研究的动因，其次简要介绍了厄立特里亚，尤其是该国高等教育的情况，探讨了全球化、移民和教育之间的联系，以及教师流动与高等教育国际化的关系，最后在呈现了四个主题的研究结果之后，形成了研究结论。

二、本研究的缘起及贡献

笔者开展这一研究主要出于两个方面的原因：一方面是因为该领域的研究存在争议；另一方面是因为厄立特里亚缺乏相关的研究。其实，本文并不是第一个关于高技能移民流失，特别是人才流失和人才循环动力的研究。以往学者曾开展了大量的研究（Beine et al.，2011；Docquier，2006；Schiff，2005；Straubhaar，2000），但由于研究背景迥然不同，研究的结果具有高度的争议性和复杂性。

相关研究显示，人才流失的影响既可能是积极的，也可能是消极的，这取决于研究是在哪里开展的。尼泊尔毕业生移民到英国或其他发达国家，更有可能为尼泊尔这个劳动力过剩的国家带来人才，而不是人才的流失。这样的迁移消耗了过剩的人力资源，降低了国家的失业率。这与移民通过汇款、参与商业和科学网络促进经济发展的观点是一致的（Docquier and Rapoport，2007）。此外，即使返回原籍国很短一段时间，高技能侨民也可以将从国外获得的知识、技能和经验转移到国内。这些证据表明，对于原籍国来说，高技能人才的迁移从不同的方面来看都是有益的。

相反的是，Straubhaar（2000）解释说，人才外流是包括东欧国家在内的许多国家出现严重经济问题的原因之一，大量高素质人才从这些国家移居西欧和美国。Tessema（2010）指出，发展中国家稀缺的高技能工人热衷于技术移民，因为他们更喜欢在发达国家工作，这阻碍了发展中国家各个领域的发展，其中包括教育领域。因此，许多国家正试图通过不同的手段，暂时或永久地扭转高技能人才外流的趋势。

一些研究探讨了将人才流失转化为人才循环的举措以及成功案例（Milio et al.，2012），一些研究侧重于高技能侨民团体对其原籍国的贡献。Milio 等（2012）指出，意大利存在人才流失现象，且该国吸引世界其他地区熟练技能人员的能力不足，因此，在以知识和创新为基础的全球竞争中，意大利的利益受损严重。Docquier（2006）认为，较小比例的技术人才移民国外有利于国内的发展，但技术移民正在变得有害，因为它正在无限度地占用撒哈拉以南的非洲和中美洲等贫穷国家的人力资源。笔者认为，相关研究结果的差异主要取决于研究背景、经济发展状况和原籍国熟练人力资源的数量，未来的相关研究有必要关注这些因素的影响。

关于厄立特里亚高技能侨民团体的研究还较少（Bernal，2004；Newland and Patrick，2004；Tessema，2010），既有研究鲜有涉及厄立特里亚侨民对其原籍国的专业贡献这一问题。Newland 和 Partick（2004）的研究关注厄立特里亚侨民与其原籍国的社会、经济和政治联系，突出了汇款这一经济因素。Tessema（2010）采用了混合方法研究了厄立特里亚人才流失的根本原因。目前既没有关于人才循环的研究，也没有关于厄立特里亚移民学者参与厄立特里亚高等教育发展的研究。事实上，关于人才循环的研究在全球范围内同样匮乏。

综上，本文致力于探讨厄立特里亚侨民学者参与厄立特里亚高等教育的情况，考察厄立特里亚侨民学者参与该国高等教育的方式。以下是本文重点关注的研究问题。

1）侨民学者为什么参与厄立特里亚高等教育机构建设?

2）侨民学者如何参与厄立特里亚高等教育机构建设?

3）侨民学者在参与厄立特里亚国高等教育机构建设中主要面临哪些挑战和机遇?

对于以上问题的回答可以拓展高技能人才移民以及人才循环的研究。这不仅有助于填补相关研究的空白，还可以总结厄立特里亚侨民学者及其他熟练技术人才参与祖国建设的方法。本研究虽然可能不具有普适性，但在某种程度上可被视为对小国（特别是发展中国家，或者与厄立特里亚情况类似的民族国家）侨民与发展问题的解释性研究。

三、研究背景与分析视角

（一）厄立特里亚的高等教育

厄立特里亚是一个小国，位于非洲东北部，北部和西部与苏丹接壤，南部与埃塞俄比亚接壤，东南部与吉布提接壤，东部与红海接壤。厄立特里亚有9个民族，每个民族都有自己独特的文化（包括语言）（World Bank，2021）。厄立特里亚人主要以基督教徒和穆斯林为主，他们大多数生活在农村地区，以务农和放牧为生。

厄立特里亚的高等教育政策是增加公民入学机会并保证其质量，推动公民参与到本国乃至世界的公民、文化、政治、社会和经济事务中。因此，厄立特里亚的高等教育机构旨在培养合格的毕业生以适应全球市场的需要，毕业生坚持理性和开明的思维方式，推动世界变得更为美好。Tsegay（2016）指出，尽管人力和物质资源匮乏，厄立特里亚高等教育机构仍努力使学生成为负责任的全球公民，并具备相应的知识、技能和态度。

自国家独立到2003年，厄立特里亚只有一所高等教育机构，即位于首都阿斯马拉的阿斯马拉大学。独立后，厄立特里亚政府在全国范围内扩大了包括教育在内的各项社会服务（Rena，2007），小学和中学的入学人数大幅增加。但是，随着基础教育阶段学生入学率的提高，厄立特里亚无法向具有相应学历的学生提供接受高等教育的机会。因此，2004—2005年，厄立特里亚政府将本国唯一的一所大学重组为七所新的高等教育机构（Temesghen，2016），并成立了国家高等教育委员会（National Board for Higher Education，NBHE）①以推动高等教育机构的发展（National Board for Higher Education，2009）。阿斯马拉大学的六所学院分布在全国不同地区，之后三所学院合并为一所高等教育机构，即厄立特里亚理工学院。

厄立特里亚高等教育的发展增加了公民接受高等教育的机会。七所高等教育机构的出现使每年接受高等教育的学生人数增加了一倍。然而，厄立特里亚在扩大学生参与和提高高等教育质量方面仍然面临着诸多挑战。除了人力和物质资源缺乏外，厄立特里亚的高等教育入学率仍较低，其中女性的入学率更低。联合国教科文组织的数据显示，2016年，厄立特里亚高等教育毛入学率为2.29%，其中男性为2.68%，女性为1.9%（UNESCO，2021）。

（二）全球化、移民和高等教育

全球化是一个充满争议的领域，学者对其定义和观点迥然不同。一些人认为全球化增加了社会的同质性，另一些人认为全球化促进了文化和多样性的

① 2015年，National Board for Higher Education 更名为 National Commission for Higher Education。

融合（Torres，2002）。这表明一个国家的社会经济和政治发展会影响到其他国家；如果有任何负面事件，情况也是如此。因此，世界上的国家是由一系列事件联系在一起的，即使它们发生在远离其边界的地方。

全球化的影响在两个方面与移民和高等教育有关：一方面，全球化正在重塑各国的教育体系，以应对全球经济和世界多元文化取向（Torres，2002）。实际上，高等教育机构现在倾向于拥有相似的教育课程或开设特定的国际课程。另一方面，全球化导致了人口迁移，尤其是受过高等教育的个体的迁移，导致高等教育领域师生的全球流动。笔者主要关注受过高等教育的移民。正如许多学者所认为的那样，通过移民实现全球化是高技能人才集中在世界特定地区的原因（Appleton et al.，2006；Vinokur，2006）。移民占用了许多发展中国家有限的技术和人力资源，加深了不平等的格局（Appleton et al.，2006；Brown and Lauder，2006；Kellner，2002；Suárez-Orozco，2001）。

多种因素促使受过高等教育的人离开他们的国家。Tessema 和 N'goma（2009）认为，经济状况恶化、缺乏良好的社会治理、缺乏和平与稳定的环境等造成发展中国家的人才流失。许多非洲国家由于各种负面事件（如战争、腐败、饥荒和疾病等），受过高等教育的人逃离他们的国家以挽救自己的生命并改善自身的经济状况，这不足为奇。Tessema 等（2012）发现，政治和工作条件不友好也是移民的影响因素。

毫无疑问，许多欠发达国家缺少高技能工人。有许多训练有素的专业人员从厄立特里亚等欠发达国家移居发达国家，主要是由以下几个因素造成的，即不利的经济、政治和工作条件，缺乏和平与稳定的环境，人力资源管理没有吸引力。Tessema 等（2012）指出，这些因素是厄立特里亚人才流失率较高（64%）的原因。除了合法离开该国的人之外，大量青年由于上述原因非法离开了厄立特里亚。

更好的就业机会和工资水平是发达国家吸引移民的重要拉动因素（Docquier and Rapoport，2007）。在许多发展中国家，人民的生活水平并未得到很大改善，发达国家和发展中国家之间的差距仍在扩大。除非高技能人才有施展才能的机会且得到适当的激励，否则他们会寻找有利于其职业发展且其专业工作能得到认可的地方（Brădăţan and Kulcsár，2014）。因此，许多人移居到发达国家以改善经济条件，并反哺原籍国。这表明磁铁经济（magnet economy）是向发达国家移民的原因之一。

总地来说，移民是社会经济和政治等各种因素作用的结果。人们出于各种原因（被迫或自愿）离开祖国（Kempf，2006）。社会经济和政治局势不仅会影响人们迁移的决定，同样会影响其与原籍国的进一步联系和对其的贡献（Brădăţan and Kulcsár，2014）。由于虐待和其他侵犯人权的原因而离开本国的移民，可能不愿回顾过去并在国家建设过程中作出贡献。民族国家有责任主动面对全球化，并有组织地利用全球化的优势。各国政府不仅应消除迫使公民离开其国家的因素，而且应创造有利条件，吸引侨民参与到国家建设进程之中。

（三）高等教育国际化和教师流动

如上所述，厄立特里亚高等教育机构之所以吸引侨民学者，是因为其学术人员在质量和数量方面存在不足。笔者认为，吸引侨民学者是高等教育国际化尤其是教师流动的重要内容。本部分将讨论高等教育国际化，重点讨论高等教育国际化如何影响教师流动，以及新教师的知识和经验如何促进其所在机构的国际化进程。

目前学者对国际化的概念仍存在争议，从不同的理论视角出发有不同的定义和维度（van der Wende，1999）。目前学者普遍认可的定义是，高等教育国际化是将国际、跨文化或全球维度融入高等教育的目的、功能和知识传递的过程，以提高教学和研究质量，进而为社会作出有意义的贡献（Knight，2004）。通过提供最佳服务并提供交流空间以吸引侨民学者，提高其对所在机构的满意度，有助于机构和国家拥有国际和全球视角，这对它们来说至关重要（Kim et al.，2012）。

流动可以缓解教师的暂时短缺，通过课程开发、互动教学、研究合作等方式提升大学质量，推进大学的国际化进程。学者认为，教师参与是高等教育国际化的重要组成部分（Bartell，2003；Choi et al.，2014；Dewey and Duff，2009；Knight，2004）。de Wit（2002）认为，大学国际化可以通过活动、理性、能力和过程等几种方法来实现。其中，活动方法关注课程开发、合作研究项目、教师和学生交换项目等；理性方法重在分析大学国际化的原因，如全球公民教育和技术援助；能力方法侧重于发展学生和教师的新技能、知识与态度；过程方法把国际化视为将全球视角融入组织的行动方针。可见，教师流动在高等教育国际化进程中势在必行。

Dewey 和 Duff（2009）通过考察俄勒冈大学的实践，发现该校国际化的重要内容是教师的研究和教学活动，“教师的国际科研和教学活动范围广泛，包括个人经验、参加会议和学术网络，担任访问学者或讲师等短期或长期的职位”。Choi 等（2014）发现，约 17%的教师参与了原籍国的国际活动，招募更多的国际教师对于校园或高等教育机构的国际化至关重要。教师通过流动参与了协作工作，为大学引入新视角，促进了高等教育的国际化。另外，对于教师而言，参与国际教学和科研是至关重要的经验（Altbach and Knight，2007；Brustein，2007；Said et al.，2015）。事实上，高等教育机构也鼓励教师与其他国家的教师进行合作研究（Brustein，2007；Dewey and Duff，2009；Smeby and Trondal，2005）。

许多学者都在寻求跨国界工作，以获得国际经验，但由于国际学生数量的持续增加，各国之间围绕经验丰富的国际教师展开了激烈的竞争。经济合作与发展组织 2011 年的数据显示，出国留学的学生人数从 1975 年的 80 万人增长到 2009 年的 370 万人（OECD，2011）。预计到 2025 年，出国留学的学生人数将达到 800 万人（Altbach and Knight，2007）。根据经济合作与发展组织 2013 年的报告，2000—2011 年，全球国际学生人数翻了一番，2011 年达到 430 万人（OECD，2013）。2018 年，高等教育阶段有 560 万名学生进行跨境学习（OECD，2020）。随着国际学生的增长趋势，许多国家正在努力吸引国际教师。比如，一些亚洲国家，特别是中国和中东国家已经加入到吸引国际学生和教师的竞争之中。这些地区开始涉足学术市场，吸引国际学生，力图将自身打造为区域国际教育中心（OECD，2011）。这使得像厄立特里亚这样的发展中国家很难竞争到国际教师。因此，依靠侨民学者对于发展中国家而言是一种替代方案，蕴含着较大的机遇。许多侨民学者有帮助其原籍国的责任感，他们在那里长大并接受教育，那里有他们的家人。他们熟悉原籍国的情况，可以轻松地适应原籍国的环境和社会，适应学术规范，获得学术技能，适应校园氛围（Kim et al.，2011）。即便如此，这并不意味着侨民学者不需要东道国的任何支持或协助。

但教师参与东道国大学的国际活动面临着各种挑战。Dewey 和 Duff（2009）指出，教师参与国际活动主要面临四种障碍：缺乏参与国际活动的相关信息；可用资金有限；行政政策和程序繁多；缺乏支持和促成国际活动的人员。因此，东道国高等教育机构需要创造有利的环境，使国际教师感到宾至如归（Bartell，2003），也需要提供各种支持和组织学术交流的机会，推动侨民学者的有效参与，使其为大学作出贡献，并由此提升大学的整体水平（Kezar et al.，2011）。

四、研究结果

（一）厄立特里亚对侨民学者的需求

厄立特里亚需要侨民学者参与高等教育机构建设，这已经成为许多厄立特里亚人讨论的重点问题。有人认为，政府资助此类项目是为了从包括对政府持批评意见者在内的厄立特里亚侨民学者那里获得政治利益；另外一些人认为，侨民学者可以为高等教育机构和其他组织提供专业支持。争论一直持续，各种观点不断涌现。这种争论和分歧影响着厄立特里亚侨民学者是否参与厄立特里亚高等教育机构的决定。

政府之所以希望厄立特里亚侨民学者参与国家建设，主要是出于三个方面的原因：第一，厄立特里亚高等教育的扩张需要大量的人才，以及很多人移民等，致使人力资源难以满足需求；第二，对于高等教育机构而言，聘请厄立特里亚侨民学者更有效率和效益；第三，与世界上其他高等教育机构一样，厄立特里亚的高等教育机构也需要外国教师，从而获得国际经验，推动高等教育国际化。这三个原因主要集中于高等教育机构聘用侨民学者的优势上。政府的立场会影响高等教育机构的决定，以及动员侨民学者的方式。

厄立特里亚是从多年的战争中诞生的新国家。独立后的厄立特里亚与埃塞俄比亚的边境冲突持续了大约 20 年。因此，新兴的发展中国家出现人力资源短缺现象不足为奇，此外还有其他因素也加剧了厄立特里亚高质量人力资源的短缺状况（Tsegay et al.，2018）。由于移民和出国教师拒绝提前结束学术休假或出国旅行，厄立特里亚高等教育机构面临着人力资源短缺的问题，目前，它们一方面努力争取让这些移居国外的学术人员回国，包括临时性回国；另一方面努力争取吸引厄立特里亚侨民学者，以填补本国的空缺。厄立特里亚由一所大学扩展到七所高等教育机构，大幅度增加了学生和课程的数量，这些都需要更多高素质、多样化的专业人才。2002—2003 学年，阿斯马拉大学有 5934 名学生、254 名教职工和 39 个可提供本科课程的系。2016 年的数据显示，阿斯马拉大学的学生入学率提高了一倍，学生数量达到 10 000 多名，而学术人员数量增加了两倍，达到 726 名（National Commission for Higher Education，2017）。目前，厄立特里亚高等教育机构中大约有 56 个学位项目和 43 个文凭项目，其中的三所大学开设了 9 个研究生项目和 3 个医学专业，此外还有 6

个研究生项目将很快在不同的大学开设。为了补充本国员工的缺额，厄立特里亚从印度和其他国家引进了一些专业人员。

当前厄立特里亚高等教育机构中有相当大一部分学术人员是外籍人士，然而，高等教育机构并不满意外籍员工的质量和奉献精神。这并不令人惊讶，相对较低的工资只能吸引质量较差的、经验较少的外籍员工。这些高等教育机构支付的月薪较低，远低于非洲其他地区高等教育机构提供给外教的工资。高等教育机构认为，厄立特里亚侨民学者可以弥补这一缺陷。侨民学者的爱国精神和奉献精神完全符合高等教育机构的需要。大多数侨民学者都是高级专业人才，且深刻了解厄立特里亚的文化和社会背景，他们会基于成本效益分析以及服务于社会所产生的结果而不是出于个人利益的考虑作出决定，不太关注金钱，愿意免费回报抚育他们的社会。侨民学者的决定与 Sato（2013）、Hechter 和 Kanazawa（1997）的观点一致。因此，厄立特里亚高等教育机构的官员正在努力寻求侨民学者的贡献。

Choi 等（2014）指出，约 17%的教师参与了原籍国的国际活动。侨居学者的参与有助于缓解或解决厄立特里亚高等教育机构人力资源短缺的问题。然而，厄立特里亚高等教育机构专业人员不足且资金短缺，这些机构寄希望于侨居学者帮助其解决问题，但是不能给予侨居学者任何回报，因此厄立特里亚高等教育机构处于不利位置。但笔者认为，回国服务也是侨居学者扩大视野并从中受益的机会（Altbach and Knight，2007；Brustein，2007；Knight，2004；Said et al.，2015）。侨民学者的参与有利于实现互利共赢，他们可以借此到厄立特里亚任教一个学期，在帮助自己国家的同时，自身也可以获得不同的国际经验。

本研究拓展了 Choi 等（2014）的观点。Choi 等认为，大量国际教师可以推进高校的国际化。笔者认为，如果国际教师的专业水平不高，或者无法利用其专业知识将大学的活动提升到国际水准，那么国际教师数量对高等教育国际化的影响就不会很大。尽管厄立特里亚大学中约有 35%的学术人员是外籍人士，但他们无法助推大学的科研合作以及教学活动。因此，对于高等教育国际化而言，与国际教师数量相比，其质量、奉献精神和变革意愿更为重要。

（二）厄立特里亚侨民学者参与祖国高等教育建设情况

Robertson-Smith 和 Markwick（2009）的研究发现，学术参与涉及学者的专注、奉献、动力和学术关系，这些因素有助于带来预期的变化。侨民学者是指在国外出生、长大的厄立特里亚人，以及那些出于不同的原因从厄立特里亚移居国外的学者。许多受过高等教育的厄立特里亚人，包括一些学者，由于社会、经济和政治原因，移居到经济发达的西方国家。大多数厄立特里亚学者都知道，他们的迁移会对国家产生不利影响。正如 Docquier 等（2007）和 Tessema（2010）所述，受过高等教育的移民剥夺了发展中国家的高技能人力资源，阻碍了国家经济的快速发展。厄立特里亚是人才流失的受害国。

一些侨民学者参与或准备参与建设厄立特里亚的高等教育，而其他人由于各种原因无法参与。已有研究将侨民学者希望参与厄立特里亚高等教育建设的原因归纳为三个方面，即强烈的国家认同感、回馈的需求以及未达成的目标和抱负。研究发现，强烈的国家认同感是侨民学者参与建设的主要原因之一。侨民学者可以利用空闲时间来赚更多的钱、去旅游或做其他事情，但他们表示，为了国家和人民而牺牲自己的需求会给他们带来更多的快乐。为他们称为"家乡"的地方的发展作些贡献，这是一种自我实现。这与 Bernal（2006）的观点一致，他认为侨民与厄立特里亚存在着紧密的联系。

一些侨民学者指出，他们有责任支持和回馈国家，回报生养和教育他们的人。这与忠于厄立特里亚的身份无关，他们只是为了偿还其"债务"。侨民学者认为，他们有义务回报国家和那些为其成功提供过帮助的人。与前述第三个原因相关的参与动机主要指向侨民学者的双赢原则，参与一方面可以实现他们的目标和雄心，另一方面有助于推进厄立特里亚高等教育的发展。这些侨民学者希望通过参与高等教育建设，从这些经验中获益。他们中的有些人希望在厄立特里亚开设咨询和其他机构。总地来说，尽管参与的方式不同，但是侨民学者都希望为厄立特里亚高等教育建设作出贡献，都期望看到更好的社会结果（Hechter and Kanazawa，1997；Sato，2013）。

部分侨民学者拒绝参与到厄立特里亚高等教育机构建设之中。由于不愉快的政治局势、缺乏学术自由、肩负的工作和家庭责任，他们无法前往厄立特里亚并实际参与高等教育机构建设。许多侨民学者认为，21 世纪以来，厄立特里亚没有发生什么变化。因此，他们没有理由以"为国家建设作贡献"的名义回到厄立特里亚，除非迫使其离开祖国的情况已经有所改变（Brădăţan and Kulcsár，2014）。此外，侨民学者的政治立场与其跟厄立特里亚大使馆和厄立特里亚机构的交往密切程度有关。许多侨民学者表示，厄立特里亚大使馆的介入是出于政治动机，侵犯了其学术自由权，所以他们不参加厄立特里亚大使馆组织的活动，同样拒绝访问厄立特里亚。那些支持政府政策的人对厄立特里亚大使馆参与组织这个项目没有异议。许多自愿在厄立特里亚任教的侨民学者为政府辩护，并就厄立特里亚的社会经济和政治状况写了不同的文章，主要从政府的立场来解释该国的情况。这表明厄立特里亚侨民学者不是中立的（Freire，2010）。

侨民学者承担的工作和家庭责任等社会经济因素也是阻碍其参与厄立特里亚高等教育机构建设的重要原因（Haug，2008）。许多侨民学者由于家庭和/或工作，无法离开两个月以上。综上，正如 Teferra（2004）、Tessema 和 N'goma（2009）所述，针对侨民团体人才循环问题所做的努力正面临社会、经济、文化、政治和学术等多方面的挑战，这些挑战在原籍国广泛存在。

（三）厄立特里亚侨民学者的组织和贡献

如前文所述，不管持什么样的政治观点，许多侨民学者都希望通过回到厄立特里亚，为厄立特里亚及其高等教育机构的发展作出贡献。侨民学者主要通过厄立特里亚大使馆、侨民网络、联络人和个人行动等四种组织方式参与本国建设。侨民学者对厄立特里亚高等教育的贡献体现在很多领域，包括教学、课程开发和评价、提供资源、科研合作和国际联系等，但高校学术人员与侨民学者之间的科研合作没有取得显著进展。

在厄立特里亚大使馆、侨民网络和联络人的庇护下，侨民学者与厄立特里亚高等教育机构或国家高等教育委员会建立联系，并为这些机构作出贡献。厄立特里亚大使馆、侨民网络和联络人作为高等教育机构或国家高等教育委员会的代表，承担着机构和侨民学者之间沟通与交流信息的功能，一些学者主动与高等教育机构或其教职工建立联系。尽管侨民学者在不同领域对高等教育作出了贡献，但由于缺乏有效的组织和推广，侨民学者没有得到充分利用。此外，组织和吸引侨民学者的四种方式也各有利弊。例如，厄立特里亚大使馆拥有丰富的物质和人力资源，但这些资源局限于所在国家的首都和少数几个主要城市，一些侨民学者聚集地并没有办事处和工作人员。此外，许多侨民学者认为，厄立特里亚大使馆是厄立特里亚政府的代理人，因此，他们不愿完全参与由厄立特里亚大使馆发起的活动。

侨民学者通过朋友和同事了解高等教育机构或国家高等教育委员会的信息。与原籍国保持密切联系的侨民学者极有可能返回祖国。此外，侨民网络的形成和维护需要切实可行的沟通和牢固的人际关系。因此，侨民学者与同事和朋友形成的社会网络推动他们探索和找到利用其资源、知识和技能帮助本国高等教育机构的方法。

厄立特里亚大使馆和其他侨民组织者主要与国家高等教育委员会而不是与高等教育机构联系。这里似乎忽视了一个事实，即高等教育机构（及其学生和工作人员）是侨民学者的主要目标。任何组织和协调工作的最终目的都应是将侨民学者与高等教育机构联系起来，然而，在大多数情况下，高等教育机构通常需要通过国家高等教育委员会与侨民组织者进行间接交流，这个过程非常科层化，而且耗时、费力。

侨民学者可以通过长期或短期的形式为高等教育机构提供帮助，包括教学、研究、课程开发、学生咨询以及提供书籍、期刊和电子教材等。作为回报，国家高等教育委员为侨民学者提供机票、生活津贴、住宿和感谢信。侨民学者的贡献促进了厄立特里亚高等教育机构人力和财力的发展。学者（Bartell，2003；Choi et al.，2014；Dewey and Duff，2009；de Wit，2002；Knight，2004）认为，侨民学者通过提升高等教育机构的质量，对其国际化进程作出了贡献。

然而，由于各种原因，厄立特里亚侨民学者的知识和技能没有得到有效利用。包括侨民学者在内的许多专业人员并没有参与到厄立特里亚高等教育机构建设之中，那些回到厄立特里亚的侨民学者也没有得到充分利用。厄立特里亚大学的教师与侨民学者没有开展任何重要的合作研究。因此，高等教育机构应进行规划和协调，有效地利用各领域的侨民学者。

（四）挑战和未来展望

缺乏有效的协调和便利设施是阻碍厄立特里亚适当利用侨民学者的主要原因。根据 Arslan 等（2014）的研究，居住在经济合作与发展组织国家的厄立特里亚侨民中，约有 25%的人受过高等教育，其中一些是在高等教育机构、研究中心和其他相关机构工作的学者（Makoni，2015）。考虑到侨民学者的规模，厄立特里亚高等教育机构官员对回到厄立特里亚的学者数量感到不满。研究表明，除了许多其他挑战外，组织系统薄弱影响了侨民学者的参与。因此，厄立特里亚高等教育机构和国家高等教育委员会正在设计各种机制，以便有效地动员和利用侨民学者。

缺乏适当的社会服务也影响了侨民学者的决定。大多数侨民学者了解厄立特里亚的社会政治和经济局势。他们通过不同的媒体渠道以及生活在本国的家人和朋友获得足够的信息。他们并不期望从高等教育机构那里得到多少物质或金钱奖励。尽管如此，高等教育机构仍在努力为侨民学者提供基本服务，如确保每天 24 小时的水电供应。此外，高等教育机构未能提供强大的互联网服务，以使侨民学者能够浏览不同的网页，并与他们在居住国的家人、朋友和机构保持联系。厄立特里亚的居民区没有互联网，除非他们住在又大又贵的酒店里。

在动员和招募侨民学者方面，还存在行政效率问题。高等教育机构通过国家高等教育委员会与侨民学者建立间接联系。高等教育机构是海外侨民参与的主要目标，但国家高等教育委员会的介入给侨民学者与高等教育机构的合作造成了额外的工作负担以及时间上的延迟。因此，需要更为系统的组织机制以更好地利用侨民学者。

未来，厄立特里亚高等教育机构可以开发线上教学项目，也可以建立厄立特里亚侨民组织，不仅与侨民学者建立联系，还与其所在机构建立联系。通过采取这些措施，改善侨民学者与高等教育机构之间的合作关系，切实提高侨民学者对本国高等教育国际化的贡献。

五、结论

综上所述，移民与发展中国家发展之间的关系是一个重要而热门的话题，有关这方面的研究非常匮乏。移民与发展之间的关系也是国家制定规划与发展政策时面临的首要问题（Sinatti and Horst，2015）。尽管人才流失是导致发展中国家经济问题的原因之一（Straubhaar，2000），但原籍国也会以各种形式受益于其海外同胞，包括汇款、移民回流和/或参与商业和科学网络（Docquier and Rapoport，2007），此外，它还可以受益于高技能侨民的知识、技能和经验。

本文探讨了侨民学者在厄立特里亚高等教育机构的参与情况。研究发现，厄立特里亚高等教育机构寻求侨民学者支持的主要原因是高等教育机构人力资源短缺，希望通过利用侨民学者提高高等教育国际化的效率和效益，以及追求国际经验。并非所有的侨民学者都积极响应高等教育机构的要求，一些侨民学者决定回到厄立特里亚参与高等教育建设，另一些人却没有这样做。值得注意的是，与从事高等教育的侨民学者一样，那些没有回来的侨民学者对厄立特里亚同样有国家归属感，在厄立特里亚也有未实现的目标和雄心，他们也支持厄立特里亚人民及其发展高等教育的愿望，但是政治、经济和个人原因阻碍了其与高等教育机构的合作。这些发现补充了人才循环的相关研究，同时也凸显了这样一个事实，即民族国家需要解决学术人员迁移的动机问题，以便说服他们回国并参与国家发展计划，即使是短期的回国参与。研究结果显示，侨民学者倾向于无私奉献，相比于获得个人利益，他们更关注国家与社会的发展（Hechter and Kanazawa，1997；Sato，2013）。

本文还探讨了侨民学者的组织和贡献。厄立特里亚高等教育机构正在动员侨民学者参与高等教育机构的各项活动。尽管工作和家庭责任都很繁重，许多侨民学者仍（希望）为厄立特里亚高等教育的发展作出贡献。研究表明，侨民学者与高等教育机构的合作不是单方面的。侨民学者在通过教学和科研为厄立特里亚高等教育作出贡献的同时，其自身的知识、技能和经验也得以拓展。高等教育机构和国家高等教育委员会作为负责组织和协调侨民学者的组织，通过厄立特里亚大使馆、侨民网络和联络人与侨民学者联系。侨民学者也通过其他方式直接联系国家高等教育委员会、高等教育机构或其教职工，如朋友、家人和有长期人际关系的人。但组织效率低下和资源匮乏阻碍了侨民学者与厄立特里亚高等教育机构开展更有成效的合作。

本文为作者根据自己的博士论文整理而成，为和本书风格保持一致，编者对原文有所删减。

参考文献

Akokpari，J. K.（2000）. Globalisation and migration in Africa. African Sociological Review，4（2）：72-92.

Altbach，P. G.，and Knight，J.（2007）. The internationalization of higher education：Motivations and realities. Journal of Studies in International Education，11（3-4）：290-305.

Appleton，S.，Sives，A.，and Morgan，W. J.（2006）. The impact of international teacher migration on schooling in developing countries—The case of Southern Africa. Globalisation，Societies and Education，4（1）：121-142.

Arslan，C.，Dumont. J.，Kone，Z.，Moullan，Y.，Ozden，C.，Parsons，C.，and Xenogiani，T.（2014）. A New Profile of Migrants in the Aftermath of the Recent Economic Crisis. Paris：OECD Publishing.

Bartell，M.（2003）. Internationalization of universities：A university culture-based framework. Higher Education，45（1）：43-70.

Bauman，Z.（1996-03）[2021-07-28]. Tourists and Vagabonds：Heroes and Victims of Postmodernity. Wien：Institut für Höhere Studien（IHS）. http://www.ssoar.info/ssoar/

bitstream/handle/document/26687/ssoar-1996-baumann-tourists_and_vagabonds.pdf.

Beine，M.，Docquier，F.，and Oden-Defoort，C.（2011）. A panel data analysis of the brain gain. World Development，39（4）：523-532.

Bernal，V.（2004）. Eritrea goes global：Reflections on nationalism in a transnational era. Cultural Anthropology，19（1）：3-25.

Bernal，V.（2006）. Diaspora，cyberspace and political imagination：The Eritrean diaspora online. Global Networks，6（2）：161-179.

Brădăţan，C.，and Kulcsár，L. J.（2014）. When the educated leave the east：Romanian and Hungarian skilled immigration to the USA. International Migration and Integration，15：509-524.

Brhane，M. O.（2016）. Understanding why Eritreans go to Europe. Forced Migration Review，51：34-35.

Brown，P.，and Lauder，H.（2006）. Globalisation，knowledge and the myth of the magnet economy. Globalisation，Societies and Education，4（1）：25-57.

Brubaker，R.（2005）. The "diaspora" diaspora. Ethnic and Racial Studies，28（1）：1-19.

Brustein，W. I.（2007）. The global campus：Challenges and opportunities for higher education in North America. Journal of Studies in International Education，11（3-4）：382-391.

Butler，K. D.（2001）. Defining diaspora，refining a discourse. Diaspora，10（2）：189-219.

Chan，W. W.（2004）. International cooperation in higher education：Theory and practice. Journal of Studies in International Education，8（1）：32-55.

Choi，S.，Khamalah，J. N.，Kim，M. H.，and Burg，J. E.（2014）. Internationalization of a regional campus：Faculty perspectives. International Education，43（2）：7-24.

de Wit，H.（2002）. Internationalization of Higher Education in the United States of America and Europe：A Historical，Comparative，and Conceptual Analysis. Westport：Greenwood Press.

Dewey，P.，and Duff，S.（2009）. Reason before passion：Faculty views on internationalization in higher education. Higher Education，58（4）：491-504.

Docquier，F.（2006）. Brain Drain and Inequality Across Nations. Bonn：Institute for the Study of Labor.

Docquier，F.，and Rapoport，H.（2007-07）[2021-07-28]. Skilled migration：The perspective of developing countries. http://ftp.iza.org/dp2873.pdf.

Docquier，F.，Lohest，O.，and Marfouk，A.（2007）. Brain drain in developing countries. World Bank Economic Review，21（2）：193-218.

Dufoix，S.（2015）. The loss and the link：A short history of the long-term word "diaspora". In Sigona，N.，Gamlen-Liberatore，A. J.，and Kringelbach，H. N.，Diasporas Reimagined Spaces，Practices and Belonging. Oxford：Oxford Diasporas Programme：8-11.

Forman，J.，and Damschroder，L.（2007）. Qualitative content analysis. In Jacoby，L.，and Siminoff，L. A.，Empirical Methods for Bioethics：A Primer. Emerald Group Publishing Limited：39-62.

Freire，P.（2010）. Pedagogy of the Oppressed. New York：The Continuum International Publishing Group.

GSDRC. (2016). Rapid Fragility and Migration Assessment for Eritrea (Rapid Literature Review). Birmingham：University of Birmingham，GSDRC.

Haug，S. (2008). Migration networks and migration decision-making. Journal of Ethnic and Migration Studies，34 (4)：585-605.

Hechter，M.，and Kanazawa，S. (1997). Sociological rational choice theory. Annual Review of Sociology，23 (1)：191-214.

Kellner，D. (2002). Theorizing globalization. Sociological Theory，20 (3)：285-305.

Kempf，A. (2006). Anti-colonial historiography：Interrogating colonial rducation. In Dei，G. J. S.，and Kempf，A.，Anti-Colonialism and Education：The Politics of Resistance. Rotterdam：Sense Publishers：129-158.

Kezar，A.，Bertram-Gallant，T.，and Lester，J. (2011). Everyday people making a difference on college campuses：The tempered grassroots leadership tactics of faculty and staff. Studies in Higher Education，36 (2)：129-151.

Kim，D.，Twombly，S.，and Wolf-Wendel，L. (2012). International faculty in American universities：Experiences of academic life，productivity，and career mobility. New Directions for Institutional Research，(155)：27-46.

Kim，D.，Wolf-Wendel，L.，and Twombly，S. (2011). International faculty：Experiences of academic life and productivity in US universities. Journal of Higher Education，82 (6)：720-747.

Knight，J. (2004). Internationalization remodeled：Definition，approaches，and rationales. Journal of Studies in International Education，8 (1)：5-31.

Makoni，M. (2015-12-12) [2021-07-28]. Eritrea：Strengthening Higher Education in a Time of Peace. http://www.universityworldnews.com/article.php? story=20151212095823223.

Milio，S.，Lattanzi，R.，Casadio，F.，Crosta，N.，Raviglione，M.，Ricci，P.，and Scano，F. (2012). Brian Drain，Brain Exchange and Brain Circulation：The Case of Italy Viewed from a Global Perspective. London：London School of Economics.

National Board for Higher Education. (2009). Guidelines on Faculty Load. Asmara：National Board for Higher Education.

National Commission for Higher Education. (2017). Statistical Report of the Year 2015/2016. Asmara：National Commission for Higher Education.

Newland，K.，and Patrick，E. (2004). Beyond Remittances：The Role of Diaspora in Poverty Reduction in Their Countries of Origin. Washington：Migration Policy Institute.

OECD. (2011). Education at a Glance 2011：OECD Indicators. Paris：OECD Publishing.

OECD. (2013-07-05) [2021-07-28]. Education indicators in focus. http://www.oecd.org/education/skills-beyond-school/EDIF%202013--N%C2%B014%20 (eng) -Final.pdf.

OECD. (2020). Education at a Glance 2020：OECD Indicators. Paris：OECD Publishing.

Rena，R. (2007). Higher education in Africa：A case of Eritrea. Journal of Educational Planning and Administration，21 (2)：125-140.

Robertson-Smith，G.，and Markwick，C. (2009). Employee Engagement：A Review of Current Thinking. Brighton：Institute for Employment Studies.

Said，H.，Ahmad，I.，Mustaffa，M. S.，and Ghani，F. A. (2015). Role of campus leadership in managing change and challenges of internationalization of higher education. Mediterranean Journal of Social Sciences, 6 (4): 82-88.

Sato, Y. (2013). Rational choice theory. International Journal of Japanese Sociology, 16: 119-121.

Schiff, M. (2005). Brain Gain: Claims about its Size and Impact of Welfare and Growth are Greatly Exaggerated. Bonn: Institute for the Study of Labor.

Schroder, G. (2015). Migratory and Refugee Movements in and from the Horn of Africa. Berlin: Friedrich-Ebert Stiftung.

Sinatti, G., and Horst, C. (2015). Migrants as agents of development: Diaspora engagement discourse and practice in Europe. Ethnicities, 15 (1): 134-152.

Smeby, J. C., and Trondal, J. (2005). Globalisation or Europeanisation? International contact among university staff. Higher Education, 49 (4): 449-466.

Straubhaar, T. (2000). International Mobility of the Highly Skilled: Brain Gain, Brain Drain or Brain Exchange (Discussion paper). Hamburg: Hamburg Institute of International Economics.

Suárez-Orozco, M. (2001). Globalization, immigration, and education: The research agenda. Harvard Educational Review, 71 (3): 345-366.

Teferra, D. (2004). Brain Circulation: Unparalleled Opportunities, Underlying Challenges, and Outmoded Presumptions. Paper Prepared for the Symposium on International Labour and Academic Mobility: Emerging Trends and Implications for Public Policy.

Temesghen, B. (2016-06-08) [2021-07-27]. A Future Abundant of Intellectuals: Eritrean Institutions of Higher Education. http://shabait.com/2016/06/08/a-future-abundant-of-intellectuals-eritrean-institutions-of-higher-education/.

Tessema, M. (2010). Causes, challenges and prospects of brain drain: The case of Eritrea. International Migration, 48 (3): 131-157.

Tessema, M. T., and N'goma, A. M. (2009). Challenges of retaining skilled employees: The case of Eritrean public sector. International Public Management Review, 10 (2): 44-65.

Tessema, M. T., Astani, M., Tesfom, G., and Lakshminarayanan, S. (2012). An assessment of an HRD project: Lessons learned. Journal of Management Policy and Practice, 13 (2): 87-100.

Torres, C. A. (2002). Globalization, education, and citizenship: Solidarity versus markets? American Educational Research Journal, 39 (2): 363-378.

Tsegay, S. M. (2016). The role of higher education in nurturing global citizenship in Eritrea. Spanish Journal of Comparative Education, 28: 183-201.

Tsegay, S. M., Zegergish, M. Z., and Ashraf, M. A. (2018). Pedagogical practices and students' experiences in Eritrean higher education institutions. Higher Education for the Future, 5 (1): 89-103.

UNESCO. (2012). International Standard Classification of Education: ISCED 2011. Montreal, Quebec: UNESCO Institute for Statistics.

UNESCO. [2021-07-28]. Eritrea: Education System. http://uis.unesco.org/en/country/er.

UNHCR. (2008-12-31) [2021-07-28]. UNHCR Statistical Yearbook 2007. http://www.unhcr.

org/statistics/country/4981b19d2/unhcr-statistical-yearbook-2007.html.

UNHCR.（2013-10-10）[2021-07-28]. UNHCR Statistical Yearbook 2012（12th Ed.）. http://www.unhcr.org/statistics/country/52a7213b9/unhcr-statistical-yearbook-2012-12th-edition.html.

UNHCR.（2019-04-18）[2021-07-28]. Resettlement Fact Sheet 2018. http://www.unhcr.org/protection/resettlement/5c594ddf4/resettlement-fact-sheet-2018.html.

United Nations.（2016-09）[2021-07-28]. International Migration Report 2015. http://www.un.org/en/development/desa/population/migration/publications/migrationreport/docs/MigrationReport2015.pdf.

van der Wende，M.（1999）. An innovation perspective on internationalation of higher education institutionalisation：The critical phase. Journal of Studies in International Education，3（1）: 3-14.

Vinokur，A.（2006）. Brain migration revisited. Globalization，Societies and Education，4（1）: 7-24.

Weldemichael，S.[2021-07-28]. Higher Education and Nation-building in Eritrea. http://www.madote.com/2016/11/higher-education-and-nation-building-in.html.

World Bank.（2021-04-06）[2021-07-28]. Overview. http://www.worldbank.org/en/country/eritrea/overview.

Zembylas，M.（2012）. Transnationalism，migration and emotions：Implications for education. Globalization，Societies and Education，10（2）: 163-1794.

（本文翻译：王杨、孙文帅、张慧；校译：张优良、王绽蕊）

第四部分　高等教育国际化：中国选择

广义国际化与世界一流大学建设

王英杰

构建"人类命运共同体"已经成为中国积极参与国际事务、维护世界和平与发展的指导思想，但是本文认为我国的一流大学尚未为实现这一战略思想做好准备，尚不能培养出具有广阔国际视野，有能力、有胆魄、有担当、有责任的领导人才，积极参与"建设持久和平、普遍安全、共同繁荣、开放包容、清洁美丽的世界"（习近平，2021）。本文提出了我国高等教育已经进入高等教育广义国际化的新时代，研究了高等教育广义国际化与世界一流大学建设的关系，对照分析了美国和亚洲几所主要院校广义国际化的经验，最后指出我国一流大学国际化的成就与问题。

今天的世界正面临诸多问题的挑战，当前人类社会走到了发展的关键节点，环境污染、气候变暖、恐怖主义、地区冲突、霸权主义、民粹主义等问题威胁和影响了全人类的生存与发展。面对世界性问题的挑战，习近平总书记高屋建瓴地提出了构建"人类命运共同体"的思想。他最初于 2013 年 3 月 23 日在莫斯科国际关系学院的演讲中首次提及"人类命运共同体"，此后几乎在一切重要国际交流场合都提及"人类命运共同体"（习近平，2013）。在 2017 年 10 月召开的十九大中，习近平总书记更是以"坚持和平发展道路，推动构建人类命运共同体"为其大会报告第 12 部分的标题，深入解析了"构建人类命运共同体"的意义和内涵，使"构建人类命运共同体"成为习近平新时代中国特色社会主义思想的重要组成部分（习近平，2017）。"构建人类命运共同体”已经成为中国积极参与国际事务、维护世界和平与发展的指导思想，其核心就是“建设持久和平、普遍安全、共同繁荣、开放包容、清洁美丽的世界”，“世界命运应该由各国共同掌握，国际规则应该由各国共同书写，全球事务应该由各国共同治理，发展成果应该由各国共同分享”（习近平，2021）。构建“人类命运共同体”已为越来越多的国家所理解和认同，联合国已将“构建人类命运共同体”载入了多项决议之中。

“人类命运共同体”思想已经确立形成，“人类命运共同体”方舟已经起航。但是以研究、保存和传播人类先进思想为己任的我们的一流大学为此做好准备了吗？它们能够胜任“人类命运共同体”的参与者和引领者吗？它们能够培养出胜任参与全球治理的人才吗？它们能够研究和解决人类社会面对的共同问题吗？我们的一流大学对国际化的理解似乎还停留在对留学生数量和教师国际经验的孜孜以求的狭义国际化阶段，但是我们的国家已经开始进入构建“人类命运共同体”的广义国际化新时代。

一、高等教育的狭义国际化与广义国际化

国际化正在改变高等教育世界，国际化的高等教育正在成为世界全球化的重要引擎。在全球化的世界，对于高等教育，特别是世界一流大学必须国际化，现在可能很少有人会去质疑，但是对高等教育国际化的理解和认识却存在很大差异。对于一流大学教师来说，他们可能主要关注的是国际学术交流，特别是出国开会、学习和合作研究的机会，以及在国际主流学术期刊上的发表；对于一流大学学生来说，他们可能更多的是考虑本科毕业后到国外深造的可能；而对于一流大学的行政来说，通过国际化提升大学的声誉才是他们的主要关注点，他们认为声誉就是大学的货币，有了声誉就可以吸引更多的投入，“购买”一流的学者，吸引一流的生源，有了一流的教师和一流的学生，就有了更高的学术声誉、更多的“货币”，从而形成大学的持续发展，实现建成世界一流大学的雄心壮志；对于决策者来说，他们急切地希望看到本国一流大学成为世界顶尖大学，因为世界一流大学已经成为强国的重要显性指标；对于公众而言，他们希望自己的子女进入国际化的世界一流大学，从而获得锦绣前程。

有关国际组织也对高等教育的国际化极为关注。例如，世界贸易组织制

定的服务贸易总协定[①]（General Agreement on Trade in Services，GATS）把高等教育视作一种服务、一种商品，不仅可以在本国内部制造和消费，而且可以在国际上进行贸易。该协定明确了服务贸易使用与供给的四种模式：①跨境交付；②境外消费；③商业存在；④自然人流动。就教育而言，与这四种模式对应的是：①计划项目（课程）的跨境流动；②学生的跨境流动；③机构的跨境流动；④学术的跨境流动。简单来讲，就是把教育（特别是高等教育）看作是具有国际属性，可以跨境流动，必须跨境流动的商品。该协定已经得到包括我国在内的世界上大多数国家的承认与签署。如果说，世界贸易组织是从商业全球化的角度定义高等教育国际化的话，那么经济合作与发展组织则把高等教育国际化视作改进高等教育国际维度的过程，并将其定义为，"在大学或类似的教育机构中，以改进高等教育中的国际维度为目标的有计划或无计划的共同努力的综合过程"（International Association of Universities，2018）。

以上的认识和定义无所谓正确与否，但基本上是从高等教育的某个维度来认识高等教育国际化的，可以说基本上属于狭义国际化的范畴。本文所指的狭义国际化就是把国际化局限于人员的国际交流，教师出国学习、参会和讲学，以及吸引的国际学生等可以量化的国际维度。所谓广义国际化，也许我们可以借用加拿大学者Knight关于高等教育国际化的定义，她将高等教育国际化定义为，"将国际的、跨文化或全球的维度融入高等教育的目标、功能（教学、研究、服务）和供给的过程"（Knight，2004）。之所以说这个定义较以往的定义更广义，主要有以下几个原因：首先，它将国际化定义为一个过程，也就是说，国际化是一个不断进行中的以及需要持续不断的努力的过程，不能一蹴而就，从一定意义上说是有始而无终，对于一所一流大学来说，要始终不懈地追求更全面、更多维度和更深刻的国际化。其次，它涵盖了国际、跨文化和全球的维度，避免了在这几个范畴间进行无意义的争论，将这三个词的内涵视为相互补充、相互促进，而非相互冲突与相互矛盾的关系，这三个词反映了国际化的广度与深度。再次，它涉及了高等教育的目标与全部功能：教学、科研和服务。最后，它使用了"融入"一词，就是不把国际化作为大学的功能或职能之一，而是要求大学将国际化渗透到大学方方面面的工作中，这样就避免了

① 服务贸易总协定包含的12个大的服务贸易部门是：商业服务（包括专门服务和计算机服务），通信服务，建筑和相关工程服务，分销服务，教育服务，环境服务，金融服务（包括银行和保险服务），与健康相关的服务和社会服务，旅游与旅游相关服务，娱乐、文化和体育服务，运输服务，其他未包括的服务。

将国际化置于大学各项工作的边缘，从而确保国际化与大学的各项工作融为一体，具有可持续性。

二、高等教育广义国际化与世界一流大学建设

由于全球经济一体化继续强势进入高等教育，大学的国际化成为一种世界现象。就像企业界一样，要想具有全球竞争力以及保持和发展全球的相关性，就要使广义国际化进入大学的愿景以及大学发展的战略规划。如果说一般大学的国际化还仍然处于狭义国际化阶段，也就是说仍然在为实现国际化显性目标（教师队伍中具有海外学习与工作经验的教师所占比例、招收留学生的人数、举办国际会议的次数等）而努力，那么一流大学则应尽快进入广义国际化阶段，把重点放在文化、精神和制度层面。我们在这里可以看看国际上两类一流大学的国际化经验：一类是先发的、历史悠久的世界一流大学；另一类是后发的、近年来快速发展的世界一流大学。

（一）美国世界一流大学的国际化

第一类世界一流大学以美国大学为代表。我们可以说，美国大学的飞跃，从国际高等教育的边缘进入世界高等教育的中心，进而引领世界高等教育的发展，是与其国际化战略密不可分的。

美国独立时仅有七所学院，基本上是其宗主国学院的翻版，国家独立后，特别是1862年土地赠与法颁布后，州立大学有了迅速发展，美国大学的规模有了急剧的膨胀，但是就其学术质量而言远不及欧洲的大学，当时美国有志学术的青年都跑到德国学习。他们学成归国后对德国的研究型大学赞美有加，掀起了美国真正意义上的学术革命，在传统的英国学院模式上叠加了德国的研究型模式，特别是1876年霍普金斯大学的建立标志着美国开始了迈向世界一流大学的历史进程。如果从国际化的角度审视这次学术革命，这次革命的实质就是通过国际化改造美国的大学，提高美国大学的学术质量。在此后的半个多世纪中，美国不仅学习了德国研究型大学模式，还学习了德国大学的教学与科研结合、学术自治和学术自由等大学办学的制度，我们可以说美国大学的这些制度构建是美国这次学术革命的核心内容，也是国际化的核心构成，为美国大学日后成为世界一流大学奠定了制度基础。

美国真正建成世界一流大学、引领世界高等教育的潮流是在第二次世界大战以后。美国挟第二次世界大战胜利之威，从欧洲裹挟和吸引了世界级的科学家。20 世纪 60 年代，美国更借民权运动风起云涌之势，于 1965 年通过了移民和国籍法，打开了世界各地，特别是亚洲优秀人才进入美国的大门，从而使美国大学汇聚了天下之才，大大提升了美国大学的学术水平，进而吸引了世界优秀学生进入美国大学，美国大学借此开始了优秀人才的良性循环，一流的国际化教师队伍，一流的国际化学生群体，创建了美国一流大学追求卓越的大学精神，以解决世界性的难题为己任，以培养世界级的领袖为教育目标。我们不难得出结论，这轮国际化使得美国大学升华为世界顶级大学，完成了化茧成蝶的创建世界一流大学的历史进程。

进入 21 世纪后，美国教育部有史以来首次出台了教育全面国际化的战略，制定这一战略的目的是提高国家和劳动力人口的竞争力，促进国家安全与外交，并加强美国应对全球挑战的能力。该战略反映了国际参与作为教育部核心工作的重要性，也反映了对于一个世界一流教育系统来说国际交流的重要性。美国教育委员会的调查发现，提供海外学习机会的高校数量剧增，从 2001 年的 65%上升到 2006 年的 91%；提供海外实习机会和国外服务机会的高校数量也大大增加，前者从 2001 年的 9%增加到 2006 年的 31%，后者从 2001 年的 7%增加到 2006 年的 29%（Hazelkorn，2008）。耶鲁大学前任校长雷文（Richard C. Levin）多次指出，耶鲁大学已经成为一所真正的全球性大学。耶鲁大学向全体学生提供国际经验，保证需要财政支持的本科生有机会获得经费支持到国外工作、学习或开展科研。耶鲁大学还支持了数百名教师的世界合作项目。21 世纪开启了美国世界一流大学全体学生全面参与国际化的新时代。

美国顶尖世界一流大学广义国际化的热潮已经传递到次一级的大学中来。宾夕法尼亚州立大学（2017 年在《美国新闻与世界报道》排名中位于第 57 名）的校长斯潘尼尔（Graham Spanier）于 2006 年明确提出大学国际化的重要性，“在宾州州立大学我们认识到，解决世界最紧迫问题的答案来自其知识跨越国际边界的受过教育的公民”（The Pennsylvania State University，2018）。为此，宾夕法尼亚州立大学明确提出，“宾州州立大学要在学术和国际工作方面成为全球领袖，最终的结果是造就全球的宾州州立大学”，其教育目标就是培养“全球公民，全球领袖”。为了实现这一目标，宾夕法尼亚州立大学国际办公室制定了具体战略目标：①与教师结成伙伴，以培养全球公民作为教学特色；②与学院和校区结成伙伴，以促成朝气蓬勃的国际化；③与全球的院校结成伙伴，以提升宾夕法尼亚州立大学的存在性和全球领导力；④创造便捷的中央资源，以支持宾夕法尼亚州立大学获得全球关注；⑤与州政府结成伙伴，以提高宾夕法尼亚州立大学的全球经济竞争力。我们由此可以看出，宾夕法尼亚州立大学的国际化愿景是相当广义的：一是要调动所有教师的积极性，视教师参与为实现广义国际化的关键因素，鼓励教师将国际要素融入日常的课程和教学中去，使学生学会如何将获得的知识运用到国际环境中；二是为所有学生提供最佳的、文化敏锐的国际学习经验，在日益相互依赖的全球社区中加速美国学生向全球公民转化的过程；三是建设全球化的校园环境，“全球思考，地方行动”（宾夕法尼亚州立大学国际化的指导原则），要想使大学成为学术和国际工作的全球领导中心，首先必须在“家里”实现变革，大学校园要成为国际化的典范，改进校园整体的“国际感”，建立和完善相关的制度，如将国际课程和国际科研经验纳入终身聘用和晋升的考评因素中。聘请全球知名学者和领袖开设论坛、短期课程和讲座等，促进国内学生和国际学生、校内教师和校外专家间的相互交流和互动，培植一种国际化的校园环境，熏陶师生的国际素养，培养师生审视当代重大国际、国内问题的全球视野（The Pennsylvania State University，2018）。

不难看出，美国世界一流大学是国际化的先行者，在国际化中注重精神、使命、目标、文化和制度层面的建设，因此在显性指标方面也走在世界的前列，比如，2018 年，耶鲁大学秋季学期共有来自 123 个国家的 2996 名国际学生，占耶鲁大学学生总数的 22.3%（Yale University，2018）。

从美国国际化的历程中，我们可以看到，美国一流大学的国际化始于制度的建构，继而把重点放到顶尖人才的引入上，并在这个过程中形成了国际化的校园环境、精神气质，大量的一流人才和优秀学生随之滚滚而至，到国外学习、实习、服务和工作的机会也惠及全体学生。广义国际化成为美国世界一流大学的典型特征和重大发展战略。

（二）亚洲新兴世界一流大学的国际化

在过去 20 年中，亚洲一批大学开始崛起，迅速步入世界一流大学的行列，在世界四大大学排行榜（QS 亚洲大学排行榜、《泰晤士高等教育》、《美国新闻与世界报道》、上海交通大学世界大学学术排名）中都有数所亚洲大学进入前 100 名。这些大学的飞速发展正在改变世界知识创新的版图。美国国家科学基金会 2008 年发布的一份报告指出，美国发明者申报的专利从 1996 年占世界的 55%下降到了 2005 年的 53%，并指出这是由于亚洲发明者数量的增加。报告还注意到，美国在同行评议刊物上发表的“高影响力论文”所占比例也下降了，从 1992 年的 63%下降到 2003 年的 58%，这是由于中国、新加坡、韩国等“高影响力论文”的增加。报告认为，“创新及 R & D 正在推动全球经济”，“我们看到更多的国家认识到这一点，创建了自己版本的美国研究型大学和基础结构”（Suchiola and Redux，2009）。我们从报告中不难得出结论，巨额的经费投入加上国际化是亚洲这些大学高速发展的重要动力。中国香港科技大学和新加坡国立大学是以政府巨额投入加国际化为发展战略建设世界一流大学的经典案例。

中国香港科技大学建于 1991 年，在不到 30 年的时间就跻身于世界一流大学之列，2017 年在《泰晤士高等教育》全球年轻大学排行榜中名列第二（THE，2017），在 QS 亚洲大学排行榜中名列第三，在英国金融时报高级管理人员工商管理硕士（executive master of business administration，EMBA）课程排行榜中名列第一。中国香港科技大学之所以取得如此迅速的进步，与其兴办时的定位和所选择的发展战略密切相关。中国香港以其在国际上的活跃而著称，对外交流频繁，英语使用广泛，教育制度与国际接轨。中国香港科技大学一经成立，就确立以国际化和采用美国研究型大学为模型的发展战略，在全球搜罗校长人选，要求校长“必须具有策略性愿景及领先思维；以及既能以国际视野推动高等教育、创新及知识转移，亦能了解相关领域于本地及区域性方面的发展”（香港科技大学，2018）。中国香港科技大学历任校长都有在美国一流研究型大学长期任教的经历，所聘的教师 80%以上在北美获得博士学位。当然，必须指出的是，中国香港科技大学的国际化聘任政策是以巨大公共经费为依托的，但毋庸置疑的是其国际化的办学理念和核心价值起到了决定性作用。其理念是：成为一所具有国际影响力及对本地有承诺的领先学府。其核心价值是：追求卓越、坚守诚信、维护学术自由；放眼全球发展，贡献地方社会；凡事皆可为的精神；和谐共融、汇聚多元、彼此尊重；同一科大（香港科技大学，2021）。从其核心价值中，我们可以看到，世界一流大学所必须具备的大学精神是追求卓越、凡事皆可为（创新）；大学制度是学术自由；大学责任是贡献地方；学术共同体文化是诚信、和谐和彼此尊重。有了这样的办学理念和核心价值，大学的办学方向是明确的，世界一流大学的内涵也得以丰富。

在具有国际视野的校长的领导和教师的参与下，中国香港科技大学目前在全球拥有 250 个合作伙伴，致力为学生争取更多交流机会，培养他们的国际视野和企业家精神，目标是培养他们成为未来的环球领袖。

中国香港科技大学以国际化为战略建设世界一流学科，与美国南加利福尼亚大学和意大利博科尼大学合办，推出全球第一个让学生了解三地文化、同获三所大学颁授学位、横跨三大洲的工商管理本科课程，使其 EMBA 课程迅速成为全球第一。中国香港科技大学还通过其国际本科生研究计划，令学生有机会到欧洲核子研究中心了解世界各地粒子物理研究权威的前沿研究，从而促进物理学科的发展。

最后，应该指出的是，中国香港科技大学国际化中的一个独特因素是海外回归的学术卓著的中国人，他们出于对中华民族文化传统的归属感，积极参与中国香港科技大学的一流大学建设；他们浸淫过两种文化，对国际化情有独钟，能够深切理解中国香港科技大学的办学理念，从而成为广义国际化的积极促进因素。

新加坡国立大学创建于 1905 年，初创时为一所单科学院——海峡殖民地与马来亚联邦政府医学院，开学时仅招收了 23 名学生（新加坡国立大学，2021）。新加坡国立大学历经了殖民地时期、并入马来西亚联邦时期，以及新加坡独立成国后的经济快速发展时期，于 1980 年和南洋大学合并，始定现名。如今已然跻身亚洲顶尖大学之列。2021 年，新加坡国立大学在《泰晤士高等教育》排行榜中名列第 245 位（THE，2021）。

新加坡国立大学的办学中渗透了国际化的因素，当我们打开新加坡国立大学官网的时候，国际化之风迎面扑来，使读者深深感到这是一所国际化的大学。它所提出的大学愿景是，“一所立足亚洲、影响未来的世界级领先大学”，大学的使命是，“通过教育、研究及服务改变人们的思维与行为方式”。为了实现其愿景，完成其使命，新加坡国立大学进行了一系列制度创新与实践，在教育上以“环球教育亚洲视角”为指导思想，向学生提供展现亚洲独特视角的全球体验，让学生有机会不仅在学术上追求卓越，也在社会上茁壮成长，成为能够担当起未来使命的领导者。新加坡国立大学自 2001 年起在美国、中国、瑞典、德国、瑞士和以色列等国家建立了九所海外学院，还在旧金山、苏州和雅加达建立了创业中心，让学生走出国门积极参与各种探讨当今世界重大现实问题的项目，让学生到海外起步公司实习，从创业环境里汲取创业经验，同时在海外著名伙伴大学攻读创业课程，培养毕业生成为有贡献、有担当、有企业家精神的全球公民。

新加坡国立大学在积极走出国门的同时，也全力推行“在地国际化战略”。首先，新加坡充分利用殖民地的遗产，既把英语作为促进国内各族裔相互理解的共同语言，也将之作为新加坡与世界经济相联系的纽带。新加坡国立大学也顺理成章地把英语作为授课的语言和校内交流与沟通的工具，同时也推进了大学从知识生产的边缘地带走向中心的进程。其次，新加坡国立大学学习了牛津大学、剑桥大学、哈佛大学、耶鲁大学等世界一流大学丰富的本科教育经验，在大学城建设了住读学院，让不同族裔、不同国籍、不同年龄、不同社会背景和不同学科倾向的学生共同生活和学习在一起，在学院导师的指导下，经历思想的碰撞，学会理解、宽容和理性的思考，培养学生的探究态度、风险意识和创业精神。再次，新加坡国立大学与世界一流大学合作，建立特色鲜明和国际前沿的合作项目，例如，2011 年，新加坡国立大学与耶鲁大学合作建立了耶鲁-新加坡国立大学学院（Yale-NUS College），在技术至上的时代，探索耶鲁大学奉为经典的博雅教育，将现有的科学和博雅教育传统优势与亚洲乃至世界博大精深的各种智慧传统和文化相结合，设计出新型的博雅课程来，形成了自己独特的东西文化融合的优势。2005 年，新加坡国立大学与美国杜克大学合作建立了杜克-新加坡国立大学医学院，以“拿来主义”的策略照搬了杜克医学院的课程，从而改造和提升了大学原本的本科医学院，加速了一流学科的建设。最后，在大学科研中，新加坡国立大学非常注重支持具有国际内涵的项目，建立了一系列地区性研究机构，如亚洲研究所、东亚研究所、南亚研究所、中东研究所等，此外，还设立了许多与国际问题密切相关的研究机构，如全球卫生健康及生物医药科技研究院、国际法研究中心、海事研究中心和亚太物流研究所等。

新加坡国立大学把国际化融入教育、科研和服务，使得广义国际化既是大学发展的战略手段，也是大学发展的战略目标。

三、中国一流大学国际化的成绩与问题

改革开放 40 多年来，我国的大学在国际化进程中实现了脱胎换骨的改造。我国的一流大学基本建成了研究型大学的样态，教学、科研和服务成为大学的基本功能；建立和不断完善了学位制度，有效地与国际高等教育接轨；制定了学分制度，给予了学生更多的选择；重构了学术基础结构，促进了学科发

展；设立了研究基金，大学教师开始有了追求卓越的冲动与精神。

中国高等教育国际化最显性的成就是改革开放40多年来，我国的出国留学人数达到519.49万人，完成学业回国人员达到313.20万人，留学回国人数不断增加，高层次人才回流趋势明显。与此同时，中国已然成为亚洲最大的留学目的国，2017年，共有来自204个国家和地区的留学人员48.92万人在31个省市区的935所高校就读（人民日报，2018）。我国一流大学的几乎全部的校长，以及大多数教师都有在国外大学学习或研修的经历。

从以上成绩中，我们可以看到，改革开放40多年来，我国的一流大学有了国际化的基本样态，可以说，从表面形式来看，有点像国际化的大学了。但是与世界一流大学的国际化相比，我国的多数一流大学在广义国际化方面还有很大的改进空间。

第一，在我国的大学愿景和使命中，鲜有世界一流大学的气质、内涵和勇气，尚很少见到培养全球公民的提法，更少见到培养世界领袖的提法。当然，我国的民族文化传统是含蓄和内敛。但是作为一流大学，就是要不停顿地追求卓越，不培养出世界一流的学生，以及能够参与世界新秩序制定的领袖人物，我国的一流大学就很难成为世界利益共同体航船的航标灯，从而失去我国投入巨资建设世界一流大学的意义。

第二，我国高校在招收国际学生时，或者过多地从学校的经济利益出发，或者从满足大学排行的某项指标出发，总之，功利的目的超越了学术的目的，甚至为国际学生特设考试（甚至专门取消国际学生的笔试），降低标准录取，不顾自身学科设置条件竞相录取语言生，忘记了追求学术卓越是世界一流大学的基本精神，是大学各项工作的出发点与归宿。这样的学生进入我国的一流大学，会为后来的培养带来诸多的问题：一是学科专业极不平衡，他们中的多数人是短期的语言生；二是且不说有没有培养出世界一流的学生，我国大学培养出的国际学生中鲜有成为国际汉学界对华友好的领军人物，或者其他专门行业的领袖。这从一个侧面说明，我国的一流大学还处于世界大学体系的边缘地位。

第三，缺少文化和制度自信心。这些国际学生在我国的一流大学中仍然是孤守一隅的特殊群体，很难和我国的本土学生融合在一起。我们把他们作为特殊群体管理，可能是出于悠久的好客传统，有朋自远方来就得特殊对待。但是由于我国的大学忘了其根本追求是卓越，同时也由于大学的管理人员对国际文化和国际大学办学的通用制度理解不够，我们的“好心”并不被国际学生理解。更主要的是，国际学生也是一所大学的学生，他们也要享有同一大学的其他学生享有的权利，遵守学校为所有学生制定的制度，像我国这样如此特殊地对待国际学生，在世界上任何一所一流大学都是不可思议的。这样既隔断了外国留学生与中国文化、历史和当代社会之间的有机联系，又割舍了中国留学生理解不同文化、欣赏不同文化、提高自己国际理解力的宝贵机会。从这一点上说，我国的国际化是狭义的，是缺少文化和制度自信心的表现。

第四，缺少对大学本质属性和核心制度的认识和理解。大学自治、学术自由、学术共同体的民主管理，是大学的基本制度和核心价值，是由大学本质属性决定的，大学要在国际化中理解和认识大学的这一真谛。我们要在新的形势下研究这一问题，研究解决如何把大学的这些本质性的制度、价值、精神和文化与中国特色社会主义制度和传统文化结合起来、协调起来，解决好这一点，我们就可以对世界大学的治理作出中国贡献。

第五，在教师的聘用上缺少国际化制度的构建。我国不少一流大学已斥巨资在全世界聘用教师，但是鲜少聘到世界顶级的学者，他们中的许多人是已过退休年龄的长者或短期到中国的猎奇者。当然，无可讳言的是，这样的招聘政策吸引了一批具有中华情节、学有所成的中国留学人员回归。但是我们确实有必要反思为什么高薪聘请不来一流学者。新加坡国立大学校长陈祝全一语道破聘用一流学者的秘籍，“打造全球化的师资队伍最关键的是要给优秀人才一个可以充分实现自身价值的平台”（转引自徐玲玲，2017）。我们现在的招聘只强调了收入和待遇以及对他们的教学量和科研发表情况的要求，但是鲜有说明大学所能提供的制度和文化环境。他们在被聘用以后，过了“蜜月期”，就会发现自己很难融入中国大学的学术共同体，与教师间缺少交流，多数情况下无法参加教师的会议，不能有同样的晋升制度和机会，无法申请课题，接触不到校内各种文件或规章，使得行为无所遵循，更不要说参加工会、教代会和各种教师组织，很少有参与大学管理的途径，他们不知道自己是否有可能被终身聘用，无法规划自己未来的学术生涯，但是他们却又享受特殊的医疗、特殊的收入待遇、特殊的住宿。可以说，他们既是校园内高傲的“贵族群体”，又是被边缘化的少数群体。在这样的制度和文化下，怎么可能聘来世界一流的学者？！同时，这样的制度也打击了我们国家自己培养的博士生，名义上是对全球招聘的广告，却根本不面向中国本土培养的人才。当我们的一流大学具有国际的视野与胸怀，建立起真正的不分境内外的全球招聘制度，录用后以不分境内外一视同仁地使用规范的制度进行人才管理之时，我们才可以说，我们的大学真正成为世界一流大学。

第六，我国的教育中缺少国际化的内涵。随着世界变得越来越平坦，随着中国在国际舞台上不断从边缘走向中心，中国逐步走上构建人类命运共同体的重大博弈场域。中国一流大学重要的使命就是培养具有国际视野的人、具有国际理解能力的人、具有国际交流能力的人。我们生活在同一个地球上，我们培养出的人要能够学习和了解人类不同的文明，要认识和理解国际重大问题，如饥饿、疾病、贫穷、环境污染、气候变暖、战争、反恐和贸易战等世界各国都关心的重大问题。面对这些国际重大问题，我们要了解国际法则，有国际担当、责任、勇气、理想与能力到国际组织中去工作，到援助第一线和国际冲突第一线去工作。但是，我们的教育计划为学生提供国际体验的机会还非常有限，我国具有国际交往经验的学生仍然非常少、比例很低。虽然现在和前几年不同，情况有所改善，但主要还是集中在研究生层面。我国鲜有大学在国外设置分校园，为学生提供在国外学习和实习的机会。我国大学的课程中，与当代热点国际问题直接相关的课程还很少，尚未把国际因素渗透到所有课程中去，以让学生了解他们所学的知识如何被运用在国际场域中。我国每年培养的工程师数量雄踞世界第一，在国际上承接的工程项目排世界第一，但是具有到国际化环境中工作的能力的毕业生所占比例还不能与我们制造大国的地位相匹配，我国的一流大学还需继续努力，以为我国实施“中国制造 2025”战略提供更多的人才。

第七，语言问题。授课语言是高等教育国际化中不可回避的问题，英国文化教育协会（British Council）在一项调查报告中指出，英语作为学校教学语言在世界范围如燎原之势，成为各类学校的通用语，从小学到大学都是如此，高校管理人员更倾向于将英语作为教学语言，一是可以更多地吸引留学生，二是可以作为提高大学排名的路径（Parr，2014）。另一项对五大洲 18 个国家的 2500 名教师进行的调查显示，53%的参与调查的大学教师在其学术活动中主要使用英语，其中 17%的教师的母语为英语，36%的教师将其作为第二语言。该项调查得出以下结论：英语是当代学术界的“共通语”，研究是最具国际化的学术活动（Rostan，2011）。毋庸置疑，世界上国际化程度较高的大学多为英语为母语国家（如美国、英国、加拿大和澳大利亚）的一流大学，它们在今天仍然是知识生产的中心。亚洲的一些大学拥有殖民地的历史，英语较为普及，以英语授课在技术上或民族心理上都没有太大的问题，它们也通过以英语授课和从事学术活动的方式向西方的学术标准和评价体系靠拢。我国作为一个具有强烈民族情怀的大国，全面用英语授课既不现实也不正确，但是我国要从知识生产的边缘走向知识生产的中心，要参与世界的治理，要引领人类命运共同体的构建和发展方向，我国的一流大学就必须要有一个明确的语言政策。目前，我国尚没有明晰的国家政策或校园政策来处理和解决大学授课的语言问题。我们首先应该做的是鼓励为来华留学生开设英语授课课程，与国际问题直接相关的课程可以用英语授课，给学生创造更多获得国际学习和实习经验的机会，在论文发表上则要坚持以卓越为唯一标准，而不拘泥于用什么语言发表。在我们生活的世界里，英语仍然是最主要的国际交流语言，仍然是知识生产成果的主要呈现工具，国际交流语言的更迭是以世纪为计算单位的。因此，当代我国的一流大学必须有能力培养出熟练掌握英语的、既有文化自信又有国际情怀的世界领袖。

四、结语

我国的一流大学已经在国际化的道路上探索和实践了 40 多年，取得了巨大的成绩，但是我国许多一流大学对国际化的理解似乎还停留在狭义国际化阶段，在广义国际化方面还有很大的前进空间。我国的一流大学要更多地思考如何把国际化融入大学教学、科研和服务的各项工作中，不仅要把国际化作为建设世界一流大学的战略，更要把国际化看作大学发展的起点和归宿，不要再受大学排行榜国际化量化指标的制约，而是要更加重视大学国际化精神、制度和文化的建设。

当前，我国在为捍卫贸易全球化的规则进行殊死博弈，我国已经提出了构建“人类命运共同体”的理念。我国的一流大学为此做好准备了吗？我国的一流大学不能再被动地进入国际化大潮中去，而是应当站在国际化的最前列，为我国构建“人类命运共同体”培养合格人才，提供基础性的服务和支撑。

原文参见王英杰.（2018）. 广义国际化与世界一流大学建设. 比较教育研究，（7）：3-10，86.

参考文献

人民日报.（2018）. 中国去年出国留学人数首破 60 万. 人民日报（海外版），2018-03-31（第 2 版）.

习近平.（2013-03-24）[2021-07-28]. 国家主席习近平在莫斯科国际关系学院的演讲（全文）. http://www.gov.cn/ldhd/2013-03/24/content_2360829.htm.

习近平.（2017-10-27）[2021-07-28]. 习近平：决胜全面建成小康社会 夺取新时代中国特色社会主义伟大胜利——在中国共产党第十九次全国代表大会上的报告. http://www.gov.cn/zhuanti/2017-10/27/content_5234876.htm.

习近平.（2021-01-01）[2021-07-28]. 习近平：共同构建人类命运共同体. http://www.xinhuanet.com/politics/leaders/2021-01/01/c_1126936802.htm.

香港科技大学.（2018-01-19）[2021-07-05]. 香港科技大学委任史维教授为第四任校长. http://hkust.edu.hk/zh-hans/news/announcements/hkust-appoints-prof-wei-shyy-fourth-president.

香港科技大学. [2021-07-29]. 使命与理念. http://www.ust.hk/zh-hans/about-hkust/hkust-at-a-glance/mission-vision.

新加坡国立大学. [2021-07-29]. 关于国大：1905 年. http://www.nus.edu.sg/cn/about-nus/history/milestones.

徐玲玲.（2017）. 新加坡国立大学：全球化的创业型高校. 上海教育，（26）：26-29.

Hazelkorn，E.（2008）. 全球化、国际化与大学排名. 国际高等教育，（4）：12.

Rostan，M.（2011）. 英语“共通语”与学术国际化. 国际高等教育，（2）：53-55.

International Association of Universities.（2018）. Definitions of Internationalization of Higher Education. Paris：IAU.

Knight，J.（2004）. Internationalization remodeled：Definition，approaches，and rationales. Journal of Studies in International Education，8（1）：5-31.

Parr，C.（2014-04-30）[2021-07-28]. English language use ‘most significant internationalisation trend for HE’. http://www.timeshighereducation.co.uk/news/english-language-use-most-significant- internationalisation-trend-for-he/2013009.article.

Suchiola，G.，and Redux，C.（2009）. Asian Rising：Countries Funnel Billions into Universities. Washington：The Chronicle of Higher Education.

The Pennsylvania State University.（2018-04-22）[2021-07-29]. University Office of International Programs Strategic Plan：2009-2013. http://www.psu.edu.

THE.（2017）[2021-07-28]. Young University Rankings 2017. http://www.timeshighereducation.com/cn/world-university-rankings/2017/young-university-rankings#!/page/0/length/25/sort_by/rank/sort_order/asc/cols/stats.

THE.（2021）[2021-07-28]. 2021 年度泰晤士高等教育世界大学排名. http://www.timeshighereducation.com/cn/world-university-rankings/2021/world-ranking?testing=#!/page/0/length/25/sort_by/rank/sort_order/asc/cols/stats.

Yale University.（2018）[2021-07-28]. International Student Enrollment Fall Report 2018. http://oiss.yale.edu/sites/default/files/files/Reports/student-fall-2018.pdf.

在地国际化：中国高等教育发展的新走向

张　伟　刘宝存

20 世纪 90 年代以来，为扭转传统国际化模式过于重视人员跨境流动而造成的高等教育资源分配不公平的局面，以瑞典为代表的部分欧洲国家发起并推进了高等教育“在地国际化运动”。作为传统国际化模式的替代方案，在地国际化以其“立足本土本校”“面向全体学生”“有效提升全体学生国际化和跨文化素养”等特征迅速引发热潮，许多国家将在地国际化作为本国高等教育国际化的有效推进模式。长期以来，我国高校盛行的以跨境教育为特征的教育国际化战略在教育公平与教育效果等领域面临着困境，实施在地国际化战略不但可以有效促进高等教育资源的公平分配，也能帮助高校取得较好的社会、经济和文化效益，另外，我国已经在高校的人员交流、课程设置、管理机制和技术应用等方面为这一战略的实施奠定了一系列坚实的基础。为了保障在地国际化战略在未来的顺利实施，我们应在推进理念上实现从“西化”到“化西”的转变，在制度设计上完成从“管理为先”到“服务为本”的转化，在教育环境上实施从“资本先行”到“文化立足”的改革。高等教育在地国际化战略在我国的推进过程中会面临一定的挑战，这就要求我们一方面要对各种困难和危险保持警惕，另一方面要坚定改革决心，稳步而扎实地实施这一重要战略。

20 世纪 80 年代以来，国际化已经从高等教育事业的边缘走向中心，越来越多的国家认识到，在知识经济时代，大学需要加强教学、科研和人才流动等领域的国际化，充分利用国际优质教育资源来提升本国学术研究与人才培养的水平。我国政府在《国家中长期教育改革和发展规划纲要（2010—2020 年）》

中明确提出，“加强国际交流与合作。坚持以开放促改革、促发展。开展多层次、宽领域的教育交流与合作，提高我国教育国际化水平”，“培养大批具有国际视野、通晓国际规则、能够参与国际事务和国际竞争的国际化人才”。这一目标的提出既从国家战略发展的高度充分肯定了教育特别是高等教育国际化对于人才培养与国家竞争力提升的重要意义，也为我国高等教育的未来发展指明了方向。如何结合我国国情，探索出一条高效、优质、可行的高等教育国际化的实施路径，成为所有关心高等教育发展的理论研究者的时代使命，在对当今世界高等教育发达国家的国际化历程进行梳理和分析的基础上，我们认为，推进具有本土特色、顺应社会需求、符合全球潮流的在地国际化（internationalization at home，IaH）战略，将是未来我国高等教育实现全面国际化的必然选择。

一、在地国际化的含义与特征

近年来，随着人们对高等教育国际化的研究日益深入，许多人认识到，经济和社会全球化与日益增长的知识与技术的重要性都在对高等教育国际化提出更高要求，后者不单是一个国家的高等教育系统不断和国际社会在联系上的加深、加强与加大，更是具有内外双重属性——国际化既要求大学应广泛参与国际交流，同时也要求各国应积极改革本国高等教育体制。高等教育机构既成为国际化的客体与对象，同时也被视为国际化的主体，从而肩负着利用全球资源提升本土高等教育国际化水平的使命。为了迎接这种挑战，世界各国都在结合本国高校现实状况的基础上积极摸索最优化的国际化实施路径，在地国际化成为许多国家研究和探索后的首要选择。

（一）在地国际化的含义

有关在地国际化的讨论最早兴起于 20 世纪 90 年代末期，这一概念是由瑞典马尔默大学主管国际事务的副校长本特·尼尔森（Bengt Nilsson）在 1999 年的欧洲国际教育协会春季论坛上提出来的。作为一所新成立的大学（马尔默大学建校于 1998 年）的管理者，尼尔森一方面认识到跨文化与国际性视野在学生培养与提升学校学术声望中的重要性，另一方面又苦于本校没有足够的国际项目和经济资本来帮助学生跨境流动。在筚路蓝缕的办学历程中，尼尔森逐渐探索、整合与提炼出自身有关大学开展国际化建设的经验，在《在地国际化——理论与实践》（*Internationalization at Home—Theory and Praxis*）的报告中首次完整地阐释了“在地国际化”这一概念，认为在地国际化是指“教育领域中发生的除学生海外流动之外的所有与国际事务相关的活动”，其目标是“通过让所有学生在求学时期有机会接受国际理念与跨境文化的影响来提升自身能力和资格，以应对不断变化的全球化世界的需求”（Nilsson，1999）。尼尔森将在地国际化的重心置于学生的本土培养，即让所有学生（而不仅是跨境学生）在学校学习期间都能够得到国际视野与多元文化的熏陶和历练。

在地国际化作为一种新兴办学理念，很快受到欧洲教育学界的关注。德国学者贝恩德·沃切特（Bernd Wächter）对这一概念进行了拓展，其在《在地国际化：一种立场》（*Internationalization at Home：A Position Paper*）的手册中将在地国际化定义为“高等院校中发生的除师生海外流动之外的所有与国际事务相关的教育活动”（Wächter，2000）。这一界定既是对尼尔森定义的延伸，也为在地国际化理念的探讨定下基调，人们认识到，在地国际化并不是一种固定的概念范式，而是有待充实和深化的“未定事物”，其内涵会随着实践的深入发展而拓展。随着研究的深入，近年来，理论界有关在地国际化含义的探讨也取得新的进展，其中以乔斯·贝伦（Jos Beelen）和埃尔斯佩思·琼斯（Elspeth Jones）的观点影响最大，他们在《重新定义在地国际化》（*Redefining Internationalization at Home*）一文中提出，“在地国际化是指高校在教学过程中有意识地将国际性和跨文化维度融入面向全体学生开设的各种正式和非正式课程之中”（Beelen and Jones，2015）。按照这一解释，在地国际化的推进策略开始从否定转为肯定，从关注人的跨境流动转为主张通过各种课程来推进学校自身的国际化建设。在贝伦看来，在地国际化和课程国际化（curriculum internationalization）既有关联又有区别：从某些方面来说，课程国际化可以等同于在地国际化，两者都是指高校利用所开设的课程来提升本校教育和研究的国际化水平；区别在于课程国际化的出发点是课程建设，因此它并不关注授课地点——既可以在国内，也可以在国外——课程国际化的服务对象并不限于高校所在的国家和地区，而对于在地国际化来说，所有正式与非正式课程均面向高校的所有学生，其授课地点也限于本国本校之中。

围绕在地国际化的研究已经形成较为成熟的理念认知体系，结合世界高等教育的发展脉络，我们认为，在地国际化是指在高等教育国际治理日趋明显的背景下，高校利用已有国际优质教育资源——国际学者、留学生、国外教材、跨境项目、多元课程与国际会议等——建设富有本土特色的国际性校园，为全体学生在校内提供接触跨文化与国际性事物的机会，进而实现培养高层次国际化人才的办学目标。

（二）在地国际化的特征

作为一种新兴事物，在地国际化在很短时间内迅速从理念走向实践，从一国迈向多国，从不被人熟知到逐步赢得人们的认可，这一发展历程与其具有的特殊性质密切相关。

1. 缘起：传统国际化模式过于重视人员的跨境流动

高等教育国际化自 20 世纪 80 年代成为社会热点以来，目前已经形成较为成熟的概念体系，并且已经形成较为固定化的实践模式，这种模式的主要特征是鼓励人员的跨境流动。在阿特巴赫（Philip G. Altbach）和彼得森（Patti M. Peterson）看来，“高等教育国际化是指政府、学术系统和高等院校，甚至个别学系所实施的具体的政策和计划，以支持学生和教师的流动，鼓励海外合作研究，在其他国家建立联合培养计划以及各种创新活动”（菲利普・G. 阿特巴赫，佩蒂・M. 彼得森，2009）。这种观点实际上代表着人们对高等教育国际化的传统理解和认知，其特征是将人的跨国流动视为一种理想的教育方式，“人通过移动，在其他国家积累各种经验，会产生超越文化的人与人的相互理解，为世界和平做出贡献，因此被认为是有价值的”（金子元久，2007）。受这种理念的影响，在谈及高等教育国际化实施策略时，人们首先会想到学生和教师的跨国流动，许多人甚至将人员流动作为院校开展国际化建设的最佳（甚至唯一）途径。总体上看，以人员跨境流动为特征的国际化策略已经成为一种较为固定的模式，在这种模式的刺激下，许多有条件的院校纷纷与国外机构达成交换协议，许多政府和非政府机构都在设立留学奖学金和地区性的学生交换项目。

传统国际化模式过于注重人员在地理位置上的跨境流动，往往使得国际化的性质发生了异化——国际化成为学校的一种行政任务（administrative task）而不再是一种学术活动（academic activity）——许多学校甚至出现本末倒置的情况，为了国际化而跨境流动，将师生的跨境流动作为学校推进国际化战略的核心，把跨境人员的数量、高校参与国际项目的程度视为衡量学校国际化水平的标志，这便违背了国际化政策的初衷。另外，受限于教育经费与政策支持等多重因素，传统国际化模式无法惠及绝大多数学生。实际上，尼尔森之所以提出在地国际化，其重要原因就是，尽管欧盟通过开展伊拉斯谟项目等努力推进学生在不同国家之间的流动，然而这种努力的收益大多仅能惠及 10%左右的学生，剩下 90%的学生将没有机会得到跨文化教育的熏陶。另外，人员跨境流动的教育效果同样值得深入推敲，根据学者索里亚（Krista M. Soria）和特罗伊希（Jordan Troisi）对美国 213 160 名大学本科生的跟踪研究，具有跨境学习经历的学生与接受在地国际化教育的学生相比较，前者在全球性、跨国性和跨文化能力方面没有表现出足够的优势（Soria and Troisi, 2014）。其原因如下：一是由于大部分人员的跨境学习与交流的时间很短（不超过一年），而对国外文化的适应期较长；二是由于缺乏指导，许多跨境人员很难对国外教育方式和生活习惯的冲击予以正面回应，也无法利用文化间的异质提升自身对国际交往的理解；三是由于留学国外的人员日渐增多，许多人已经实现了“国外的国内化”——生活方式和日常语言都完全本国化，跨境者的生活和学习完全局限于与本国人员的交流——跨境交流的意义难以彰显。为了弥补甚至改善传统国际化模式存在的不足，在地国际化作为一种替代方案逐步登上历史舞台。

2. 目标：提升全体学生的国际化水平和能力

在地国际化的兴起有着深刻的社会与经济原因，相较于传统国际化模式来说，其最鲜明的特征在于其目标是提升全体学生——既包括有条件、有能力实现跨境流动的个体，更包括那些无法实现教育空间地理位移的人员——的国际化能力和跨文化修养。从源头来说，在地国际化是针对学生国际流动不足问题而提出的，其目标是最大限度地帮助全体学生在不离开母国的前提下能够接受跨文化和国际性教育，它强调国际化对学校开展的所有项目中的全部学生的影响，因此并不依靠跨境流动来为学生提供国际与跨文化知识。

由于优质高等教育资源的稀缺性和社会经济发展的不均衡性，跨境流动尽管被视为有效推进教育国际化的实践策略，然而其并非能够被大多数人员所享有，在很多情况下，传统国际化模式往往呈现出“马太效应”（Matthew effect），即“多者愈多，贫者恒贫”。这是由于那些能够进行跨境流动的人员本身在国内便是教育资源的富集者，他们或者掌握较多的经济资源，或者具备较强的智力资本，而那些无法实现跨境流动的“贫者”则由于缺乏国际视野的冲击与跨文化能力的培育而拉大了与“富者”的差异，这种差异的形成显然有悖于社会公正性的要求。高等教育在地国际化策略的推进能够有效弥补传统国际化模式在受惠群体上过于狭窄的漏洞，它将教育国际化的目标定位于全体学生，这是对国际化理念在目标定位上的扭转。如果说传统国际化遵从的是一种“优者愈优”的精英教育理念的话，在地国际化在目标上则贯彻了“普惠全体”的民主教育理念。

3. 方式：打造以国际化课程为中心的教育环境

在地国际化的目标是提升全体学生的国际化素养和跨文化能力，其方式是通过打造以国际化课程为中心的学习环境，使得本土高校能够成功培养国际性人才。在地国际化策略成功实施的关键是学校中跨文化与国际性教育氛围的养成，在地国际化的建设实际上是一项围绕校园学习环境开展的整体工程。

加拿大学者简·奈特（Jane Knight）认为，高等教育国际化的实现与一些重要的相关因素密切相关，这些因素包括跨文化或国际性课程的开设、跨国项目的开展、外语教育的推进（Knight，2006）。不过，也有学者认为，简·奈特弱化了课程在实现大学在地国际化过程中的作用，课程并非只是相关因素之一，而是实现这一进程的中心（Beelen and Jones，2015）。按照他们的说法，以下因素组成了在地国际化的主旨内涵：面向全体学生、跨文化和国际性理念、嵌入正式和非正式课程中、采用国际化评估、不依托国外师生且不假定国外师生的引入可以自动增加学生的国际化经验、不过分强调英语教学、重视基于学术研究目的而进行的个人留学计划（Beelen and Jones，2015）。许多支持在地国际化的专家认为，所有高等教育国际化的策略与方案都要紧密扎根于本土文化与民族特征之上，那种将授课语言改为英语或是仅在课程中增加一些有关跨文化领域的选修课（或活动）而并不在课程理念和学习效果评估中引入国际化和跨文化维度的课程，并不是真正在推行国际化，要想取得预期效果，必须培育以国际化课程为中心的校园学习环境，实现“ASAP”（all students in all programs），即“所有学生的所有项目”。

在地国际化的特殊性便在于强调学校的国际化应立足于自身校园文化环境建设，通过打造面向全体学生的以国际化课程为中心的校园氛围使得学校中的所有人受益。在地国际化并不将学生的海外工作、学习和志愿者经历作为其教育计划最重要的部分，而是强调通过设置包含国际性要素的国内课程来推进高校的国际化进程。

（三）在地国际化成为高等教育发展的新潮流

在地国际化作为传统高校国际化模式的替代方案，受到瑞典、荷兰、芬兰和法国等国家的热捧。根据欧洲国际教育协会的统计数据，截至2015年，56%的欧洲大学已经将在地国际化纳入学校的战略规划中，64%的学校宣称其将会采取实质行动来推进这一进程（Sursock，2015）。欧盟委员会（European Commission）在2013年发布的《世界图景中的欧洲高等教育》（*European Higher Education in the World*）报告中将在地国际化正式纳入官方文件，并且认为"在地国际化已经获得发展的动力，它既是高等教育国际化领域争论的焦点问题之一，也已经成为许多成员国教育政策的一部分"（European Commission，2013）。随着欧洲国家高等教育在地国际化运行的蓬勃展开，20世纪中后期以来所形成的传统高等教育国际化模式正在发生某种深层转向。

就世界范围来看，近年来，在地国际化理念已经逐步从欧洲走向拉美、非洲等地区，并且受到巴西、南非等地区高等教育界的重视与认可。在地国际化正逐渐从理念走向实践，从政策计划与制定层面走向政策实施与推进层面，这一新兴事物已经成为许多国家推动高等教育发展的重要策略。

二、我国开展高等教育在地国际化的动因分析

许多中国高校都提出要将国际化作为自身发展的重点策略，然而总体上，理论界就"如何推进中国高等教育国际化"这一问题尚未达成共识，在此背景下，在地国际化的兴起为我们思考和解答上述疑问提供了一种全新视角。

（一）传统国际化模式在我国面临着现实困局

作为高等教育后发国家，中国想要推行高等教育国际化，必然面临一系列理论和实践层面的挑战。我国高校过去采用的主要是以单向人员跨境流动为特征的传统国际化模式，这种模式在当前主要面临着意识形态、教育公正与教育质量等方面的困境。

从理论上看，我国推进高等教育国际化的挑战主要来自历史和意识形态方面，许多人受传统思维方式的影响，将"国际化"视为"西方化"或者"美国化"，而后者在当前社会背景下是难以获得合法性认同的。应当说，这种围绕高等教育国际化的担忧绝非空穴来风，拉雷恩（Jorge Larrain）曾指出，"无论是在过去还是现在，国际化进程同时也是控制和权力分配的过程，在这一过程中，主导社会的主流文化模式成为范本，是他者必须追求的目标，围绕着这

一点，某种形式的同质化得以出现”（拉雷恩，2005）。在全球化背景下，高等教育作为培养人的重要方式，始终渗透着复杂的政治、文化和意识形态因素。王英杰等告诫人们：“从某种意义上说，高等教育国际化即是不公平国际高等教育关系的延续和扩展，这一过程伴随着发展中国家高等教育无法摆脱作为西方边缘的危险……为了与‘国际’通行的制度接轨而对本国的高等教育进行改革，也容易使其高等教育沦为西方附庸。”（王英杰，高益民，2001）传统国际化模式对于这种充满意识形态色彩的诘问采取的是回避的态度，这就导致我国高校国际化之路总是显得“理不直、气不壮”。另外，许多人认为传统国际化模式忽视甚至蔑视了我国的文化特色，而一旦丢失自身特性，我国就会沦为文化霸权国家的附属国，实际上，如何衔接文化特性与国际要求的确是一道理论难题。简·奈特曾提醒我们：“高等教育国际化的意图是完善、协调并且扩展地方特色，如果这个基础性的真理不被尊重，那么极有可能在间隙中生出一种可能性，那就是国际化可能被看作一种均质的或霸权的中介。”（Knight，2011）总体上看，传统国际化模式很难在意识形态和本土文化特色方面回应人们对其发出的现实质疑。

从实践上说，传统国际化模式的问题表现在以下两点：一是教育不公问题；二是教育效果难以评价问题。就教育不公问题来说，传统国际化模式尽管加强了我国学术人才的国际流动，然而也引发人才流失等问题，阿特巴赫便指出，“学术人才大量地从南方流向北方，即从发展中国家流向北美和欧洲，利益受损害的是一些边缘国家，已经拥有庞大的、不断发展的教育体系的中国还是发现自己在全球学术市场上处于窘境”（菲利普·G. 阿特巴赫，2014）。换言之，传统国际化模式并不利于中国加入并创建一种基于合作互利和共享进步的全球性学术共同体，人才的跨境流动并没有带来高等教育资源分配的公平性；同时，传统国际化模式很大程度上可以被看成是一个“富裕阶层”的活动——一个以高额投入为基础的游戏，绝大多数没有学术资本或是经济资源的中国留学生都被隔绝在这个游戏之外，这种模式的国际化无法面向所有学生，使全体学生相对公平地享受优质高等教育机会和资源。就教育效果难以评价问题来说，受困于各种现实因素的制约，不管是个体、学校还是政府机构和社会团体，都很难对跨境学生的教育水平和学习结果进行客观衡量，这就导致国际化的实施效果实际上成为一笔“糊涂账”，每个参与者仅能根据自身的主观感受和利益出发点对其进行“描绘”，这种做法既缺乏说服力，也为人们攻击其缺点提供例证。总体上看，我国长期实行的传统国际化模式在当前面临各种挑战与困境。

（二）在地国际化可以提升我国高等院校的综合效益

在地国际化的出现本身是对传统国际化模式的深化，是对以跨境流动为特征的国际化策略的批判与超越。对于我国来说，国际化本身是高校面临的重要挑战，然而受困于现实因素的制约，以跨境流动为主的传统国际化模式并不能很好地应对这一诉求，而在地国际化模式的出现既能有效整合稀缺的教育资源，又能显著提升我国高校国际化的整体水平，从而取得较好的社会综合效益。

从理论层面来说，推进在地国际化可以规避传统高等教育国际化模式所引发的意识形态方面的风险——处于高等教育国际化中心的国家（通常是欧美国家）会把自身塑造为占支配地位的、肩负着使命的、享有价值优越性的个体，而那些参与国际化的边缘国则不得不位于从属地位——这是以跨境流动为特征的国际化模式所必然面临的挑战。由于在地国际化倡导立足于本土，其能够较好地平衡本国与他国、文化与文明、自身与他者之间的关系，从而缓解甚至弥合全球化时代不同国家之间的文化冲突，更好地服务于本国利益，有效缓解外部世界带来的文化与价值冲击。另外，由于在地国际化强调立足本土本校，这就为不同院校开展国际化工作预留出足够空间，从而激励其探索不同的办学目标，实现差异化发展，建设富有特色的校园文化。

从教育实践上看，在地国际化则可以面向所有学生，给学生提供相对公平地享受优质高等教育资源的机会，使得学生的受益面更为广泛，同时在地国际化可以充分利用国内已有优质国际教育资源，提高资源的使用效率，使得学生不离开本土也能置身于国际化的学习氛围和教育环境中，利用与国际学界便捷、高频的交流条件及时了解国际学术前沿动向；在地国际化既有助于高校营造一种国际化、多元化的校园文化环境，同时又能够推进中国高等教育自身的国际化改革，把国际高等教育的先进理念、模式与方法引入中国大学中，帮助建构一种具有世界水平、中国特色的现代高等教育体系。在地国际化绝不仅仅能为学校带来经济利益和国际合作机会，同时它也能够“在学校中建立一种异质性的、语言混杂的、文化多元、种族多元的人文和学术生态环境，从而使得不同的文化在大学发生冲突和融合、不同的思维模式在这里得到互补和改造，使得大批高质量的、极具创新能力的一流人才在这里得到熏陶、培养和提高”

（陈昌贵等，2014）。总体上看，在地国际化能够帮助高校取得较好的社会综合效益。

（三）我国开展高等教育在地国际化已经初具基础

“随着改革开放的深入，国外高等教育发展的有益经验被不断地介绍到我国，在学生与教师方面的交流日趋频繁，教学与科研领域的合作逐步加深，国际化已经不仅是中国高等教育发展的口号，而且已经成为一项具体的实践。”（王英杰，高益民，2001）经过近年来的努力与探索，可以说，我国开展高等教育在地国际化已经具备一系列现实条件，这些条件为我们未来推进在地国际化战略打下了坚实基础。

就我国高等院校国际化战略的实施现状来说，目前有利于在地国际化推进的外部条件包括：①每年都有大批的国际学者来华讲学、做研究、参加学术会议，开展文化交流活动；②大量的国际学生在华学习；③部分高校已经开设了一批具有国际水准的国际项目；④许多大学已经引进了一批优秀的国际教材与国际课程，同时正在利用互联网技术来扩大本校教育的国际开放水平；⑤我国正通过多种跨境教育形式来实现高等教育的国际发展；⑥在中国举办的高层次国际学术会议越来越多。这些条件均能够帮助我们扎实有序、进退有据地推进在地国际化战略。

三、我国推进高等教育在地国际化的策略分析

在地国际化是一个不断深化世界高等教育机构和组织相互联系与相互影响的过程，它并非一个同质化的过程，而是一个充满张力甚至差异的演化历程。在地国际化的实施是极为复杂的选择过程，其中包含诸多维度和层面，不同国家甚至同一国家的不同院校都会存在对在地国际化的不同理解和阐释，因此很难为这一战略勾勒出一幅详尽的推进蓝图。尽管如此，就我国现实条件来看，要想深入推进高等教育在地国际化战略，应着力做好以下三方面工作。

（一）从“西化”到“化西”：转变人们对高等教育国际化的认识

观念是一个社会各种政策与制度形成的文化基础和思想根基，其看似模

糊，却深刻影响着各项措施的实施效果。高等教育国际化观是指人们对高等教育国际化的态度和认知，主要是指对国际化的推动方式、预期效果和现实作用的看法和理解。传统上，人们对高等教育国际化的态度大多停留在“应加强与欧美教育的联系”的层次上，即尼尔森所指出的，“对大多数人来说，国际化等于到西方流动”（Nilsson，2003）。正是在这种理念的支配下，有些中国大学往往只是将国际化的重点置于少数指标，如留学生人数、外籍教职工数、英语课程开设数等之上，很少将国际化理念融入日常教学、科研和行政工作之中，这样一种过于狭隘的理解实际上束缚了大学自身高等教育国际化的脚步。在地国际化的推进应首先转变人们头脑中根深蒂固的关于高等教育国际化的理解，即国际化就是要到国外接受教育，就是要“西方化”，甚至就是“美国化”，这样一种思维方式是对国际化含义的窄化和扭曲。人们要认清：国际化只是一种达到目的的方法，它是以确保国际性和跨文化维度能以一种可持续的方式被整合，并将其注入教与学、科研与知识生产、服务社会等这些高等教育主要功能中去的一种行动策略。

高校国际化的最佳方式不是“西化”，而是“化西”，换言之，一个完全被西方文化所影响甚至同化的人只是一个“西方人”，而一个立足本土文化传统，同时有能力理解世界各地文化和思想的“人”实际上更符合国际化人才的标准。对于我们来说，国际化人才培养的关键环节包括以下两点：一方面是扎根本土、夯实中国内涵；另一方面是囊括全球视野，懂得不同文化（甚至文明）间的差异。这样一种对国际化的理解才能真正为在地本土化的开展提供鲜活、自由的思想氛围和价值支撑。

（二）从“管理为先”到“服务为本”：完善高校在地国际化的实施机制

高等教育在地国际化的深入推进需要有与之相配套的科学规范的内外运行机制和保障体系，从而为其顺利发展提供导向和规范。就我国现实状况而言，从宏观层面来看，首先，国家应对高校制度改革予以政策倾斜。目前，我国高校国际化战略的主要困难在于公共政策导向模糊、资金与激励措施缺乏、高校与中央及地方机构合作意愿不足等，这一方面是由于国际化战略是一种新兴事物，我国的应对经验不足，另一方面也受制于当前高等教育的管理体制。正如有学者所指出的，“尽管所有研究都显示了国际化日益明显的重要性，但中国高等教育机构的运作仍然在大部分程度上遵循着国家的管理，在国家体制框架内进行”（Luijten-Lub，2005）。基于这种状况，如果国家层面缺乏改革意愿，那么可以预见，在地国际化战略的推进将会举步维艰。其次，高校应增强推进在地国际化战略的积极性，找准自身战略定位。在地国际化的模式绝非单一的，不同高校可以根据自身因素来发展不同的侧重点，这里涉及高校的自我定位问题，除了成为优秀的研究型大学之外，学校可以着眼于提高国家和地区的教育与培训水平，或是致力于培养国家政治、经济和文化领域的精英人才，或是发展成为地区甚至全国最好的教学型大学等，不管高校的定位有何根本性差异，其重点都是打破传统高等教育国际化的管理体制和运行机制，建立一套以服务为本的在地国际化推进机制。

具体来说，政府要为在地国际化战略提供一种规范有序的发展氛围：首先，应提供较为有利的法律保障和宽松的政策环境；其次，要做好制度支持和专业指导；最后，还要建立专门的财政资助体系，特别是对通过专业机构和人员评估的优秀项目要做到专款专用，并建立具体的考核指标。在高校方面，学校除了应加强财政与物质资源支持外，还应重视院校配套措施的改革，特别是在教师晋升和职称评定方面予以政策倾斜。在教育评估方面，高校应进行教育评估机制改革，从传统的“投入—产出取向”型评估走向“结果取向”型评估，真正以每位学生的国际化素养和技能作为考核学校国际化成效的衡量标准。

（三）从“资本先行”到“文化立足”：建设高校在地国际化的适宜环境

人的生存和发展需要适宜的外部环境，大学与学科的发展同样需要一种良好的教育环境，推进我国高等教育在地国际化战略应注重校园文化的建设。从某种方面来说，如何发挥院校自身优势，打造适宜在地国际化发展的良性校园教育环境，成为我国高校未来能否顺利推进国际化发展的关键。在地国际化要求高校既应开展对“跨文化和国际性的教学过程、科学研究、课外活动以及当地文化与不同种族团体的跨文化关系”的研究，也要重视“外国留学生和学者在大学校园里的生活与活动”（简·奈特，2011）。过去中国高校的国际化建设主要以资本投入后的人才培养为主，而在地国际化对管理者提出了更复杂与更严格的条件要求，不但要求高校要投入经济资本，还要求大学建设适宜的国际化校园环境。

尽管在地国际化没有一种绝对统一的建设模式，所有机构都应该根据自身的历史、使命、位置、资源和师生状况等特征摸索出适合自身需要的推进策略，但总体上来看，和谐健康、理性宽容、开放多元的校园文化环境将有利于学术人员的交流互动，从而有力地推进在地国际化战略的顺利实施。

四、结语

高等教育国际化从出现以来就面临着如何在实践中深入推进的难题，从早期的关注人员的跨国流动到后来更为注重研究和项目的国际合作，可以说，各国都在艰难摸索适合本国国情的国际化策略。历经多年发展，高等教育国际化的特征和范式在经历着深刻转型，这种转型一方面折射出国际化的理念从强调客观的量化目标转变为关注教育质量和学生素养，另一方面也标志着国际化的内涵从重视异域经历和跨境流动转变为更加关注本土课程改革和跨文化校园建设，更为重要的是，人们逐渐意识到国际化的受益者不应只是一小部分学生，而是应该惠及全体学生，在地国际化的出现迎合了上述趋势，也为全球高等教育国际化的未来发展指明了方向。我国传统的以跨境流动为特征的国际化模式正面临着一些难以克服的挑战，这一状况促使我们不得不加强对在地国际化的研究与探讨，借助这一战略，我们希望能够以“弯道超车”的方式来推动我国高等教育国际化的快速进步。

可以预计，在地国际化在我国的实践之路绝不会一劳永逸，不过，正如康德所说：“对一种教育理论加以筹划是一种庄严的理想，即使我们尚无法马上将其实现，也无损于它的崇高，不要把理念看作是幻想，或是一种黄粱美梦，那就败坏了它的名誉。”（伊曼努尔·康德，2005）

原文参见张伟，刘宝存.（2017）. 在地国际化：中国高等教育发展的新走向. 大学教育科学，(3)：10-17，120.

参考文献

陈昌贵，曾满超，文东茅.（2014）. 研究型大学国际化研究. 广州：世界图书出版公司：14.

〔美〕菲利普·G. 阿特巴赫.（2014）. 国际高等教育的前沿议题. 陈沛，张蕾，译. 上海：上海交通大学出版社：11.

〔美〕菲利普·G. 阿特巴赫，〔美〕佩蒂·M. 彼得森.（2009）. 新世纪高等教育：全球化挑战与创新理念. 陈艺波，别敦荣，主译. 青岛：中国海洋大学出版社：103.

〔加〕简·奈特.（2011）. 激流中的高等教育：国际化变革与发展. 刘东风，陈巧云，主译. 北京：北京大学出版社：27.

〔日〕金子元久.（2007）. 高等教育的社会经济学. 刘文君，编译. 北京：北京大学出版社：267.

〔英〕拉雷恩.（2005）. 意识形态与文化身份：现代性和第三世界的在场. 戴从容，译. 上海：上海教育出版社：214.

王英杰，高益民.（2001）. 高等教育国际化——21 世纪中国高等教育发展的重要课题//全国高等学校教学研究会，全国高等学校教学研究中心，南京大学高等教育研究所，编. 21 世纪高等教育的理念和质量. 北京：高等教育出版社：80-89.

〔德〕伊曼努尔·康德.（2005）. 论教育学（附系科之争）. 赵鹏，何兆武，译. 上海：上海人民出版社：6.

Beelen，J.（2016）. Looking Back at 15 Years Internationalization at Home. Paris：International Association of Universities.

Beelen，J.，and Jones，E.（2015）. Redefining internationalization at home. In Curaj，A.，Matel，L.，Pricopie，R.，Salmi，J.，and Smidt，H.，The European Higher Education Area：Between Critical Reflections and Future Policies. Cham：Springer：59-72.

European Commission.（2013）. European Higher Education in the World. Brussels：European Commission.

Knight，J.（2006）. Internationalization of Higher Education：New Directions，New Challenges. Paris：IAU.

Knight，J.（2011）. Five myths about internationalization. International Higher Education，62（1）：14-15.

Luijten-Lub，A.（2005）. Institutional Responses to Internationalization，Europeanisation and Globalization. Bonn：Lemmens.

Nilsson，B.（1999）. Internationalization at Home—Theory and Praxis. Maastricht：Eurepean Association for International Education.

Nilsson，B.（2003）. Internationalization at home from a Swedish perspective：The case of Malmö. Journal of Studies in International Education，7（1）：27-40.

Soria，K. M.，and Troisi，J.（2014）. Internationalization at home alternatives to study abroad：Implications for students' development of global，international，and intercultural competencies. Journal of Studies in International Education，18（3）：261-280.

Sursock，A.（2015）. Trends 2015：Learning and Teaching in European Universities. Brussels：European University Association.

Wächter，B.（2000）. Internationalization at Home—A Position Paper：Internationalization at Home. Amsterdam：European Association for International Education.

疫情下我国大学的本土国际化战略选择及实现

王绽蕊

新型冠状病毒肺炎疫情（以下简称疫情）在全球爆发使“逆全球化”和“去中国化”趋势加剧，大学成员跨境流动目标函数相应改变，我国高等教育国际化要素与资源流向正在经历前所未有的变革。以“十四五”规划为契机，调整我国大学国际化发展方向，将本土国际化作为重要的国际化战略势在必行。SWOT 分析表明，当前我国大学实施本土国际化战略既有优势也有劣势，既有机遇也有挑战。实施这一战略需要将价值观导向、主动国际化、“双一流”高校先行、核心事项优先等作为关键策略，扬长避短。实施本土国际化战略并不是不要或者排斥跨境国际化。在全面国际化理念的指导下，本土国际化与跨境国际化统筹规划、协同发展，不断彰显大学国际性学术机构的本质，以服务于全人类的福祉与未来，才是大学国际化的最终目标。

一、引言

“21 世纪的第二个十年将人类带入了一个波澜壮阔的伟大时代。这并不是一个宁静愉悦、让人们沉浸于玫瑰色梦想的温馨时代，而是一个冲突迭出、风险四伏的变革时代。”（何志鹏，2019）2019 年底开始爆发的疫情充分印证了这一论断。在经济社会领域，人们先是觉得疫情像一场“暴风雪”，后又将其视为经济危机和经济衰退的“导火索”，进而又发现它是一个“大炸弹”，认为它是人类这一百年来最严重的灾难之一，将改变人类的历史（黄奇帆，

2020）。

随着疫情的发展，教育专家对其影响的认知也不断被修正。人们起初以为受疫情影响最大的是严重依赖中国留学生的澳大利亚等西方发达国家。疫情发生后，这些国家采取的取消航班、限制入境等措施，不仅给中国留学生按时返校带来了障碍，也必然使那些还在申请过程中的潜在留学生犹豫不决甚至悄然流失，因此不少专家对这些国家留学生教育的前景表示担心（Lau and Ross，2020）。但随着包括中国在内的亚洲国家的疫情控制初见成效，意大利、英国、美国等西方发达国家的疫情大肆蔓延，形势逐渐发生逆转。中国不再处于疫情风暴中心，相反还几乎成为当前全球大学中珍贵的“安全岛”。海外留学生纷纷回国避疫，回国航班一票难求。2020 年两会期间，全国政协委员、上海市教委副主任倪闽景甚至建议为因疫情回国终止学业的留学生提供就读高职高专学习的机会，以便为海外留学生转学回国提供便利，这引发了网友热议。①

毫无疑问，疫情改变了大学成员跨境流动的目标函数，环境安全和健康成为未来人们留学和国际学术旅行的重要考虑因素。虽然疫情是一场巨大的灾难，但它也给我国大学重新审视其国际化发展战略提供了一个意料之外的契机。

二、本土国际化：疫情之下和后疫情时代我国大学国际化的战略选择

近年来，我国大学国际化的发展主要得益于 20 世纪 90 年代以来的经济全球化浪潮。大学国际化反过来推动了人才国际流动和知识转移，促进了国家科技、教育、经济和社会的发展，为我国成为这轮经济全球化浪潮的最大受益国（胡鞍钢，王蔚，2017）提供了不可忽视的助力。跨境国际化是大学国际化的主要形式，人员的跨境流动尤其是我国大学国际化工作的重点。近年来，我国在很多教育政策文件中都提出大学要注重国际合作育人，但整体而言，国际合作育人导向的重心仍然是学生跨境流动。教师队伍国际化更是以出国访学、

---

① 中国教育在线.（2020-05-27）[2021-03-05]. 因疫情归国留学生可入学高职高专？委员回应. http://www.eol.cn/heilongjiang/hlj_news/202005/t20200527_1729582.shtml.

培训等跨境交流方式为主，大学国际事务管理机构——国际交流与合作处的职能也主要是对学校及其师生的跨境交流活动进行管理。

但“逆全球化”趋势由经济领域向高等教育领域的传播，挑战了我国大学以跨境交流活动为主的国际化战略。2008 年国际金融危机爆发，成为全球化逆转的分水岭（胡鞍钢，王蔚，2017）。2014 年 4 月 7 日的美国《时代》周刊发表的《逆向全球化》一文也指出经济全球化在逆转（孙杰，2017）。尤其是特朗普当选美国总统后，科学与工程领域部分知名学者从美国到中国的跨国流动受到了更多的监管。疫情爆发期间，美国更是精准限制我国部分高校某些专业的本科毕业生赴美国攻读研究生，中国留学生赴美学习更加不那么随意与自由。事实上，不仅赴美留学签证收紧，荷兰、丹麦、英国等国也在缩小非欧盟国家的留学生规模，以便将更多的高等教育资源用于本国学生的培养。[①]

“新型冠状病毒肺炎是压倒全球化的最后一根稻草”（徐豪，2020），这也意味着疫情之下和后疫情时代，我国的国际环境与地缘政治关系会变得更加微妙。处在这样变动不居的国际环境之中，我国大学的跨境交流活动将受到更多不确定性因素的影响，大学国际化工作也将迎来更多的现实挑战。除此之外，疫情对留学生的影响有目共睹。很多国家为限制人员流动而采取的限制签证、限制航班等措施给留学生带来了诸多不便，部分留学生滞留疫情严重国家无法回国，一些留学生所在国家的失业率上升，在留学国就业困难。这些随疫情蔓延纷至沓来的诸多问题，迫使我国的留学生家庭和那些近期内原本打算让孩子出国留学的潜在留学生家庭重新思考他们的选择。一些追求欧美国家较高教育质量和境外就业机会的家庭将转向在国内寻找接受高等教育的机会，并对国内大学国际化教育提出更高的要求。中国作为拥有世界上最大规模高等教育体系的国家，尽管完全具备容纳这些学生就读国内大学的能力，但其教育质量尤其是国际化教育水平也将在比较中接受相应的质疑。

总之，当前我国高等教育国际化要素与资源流向正在经历前所未有的变革，大学跨境国际交流与合作遇到了特殊的挑战。这并非由疫情引起的短期波动，而是世界经济“逆全球化”和“去中国化”趋势造成的深刻影响的表象化。疫情蔓延加剧和加速了这种变革，但疫情本身并不是变革的真正源头，因

---

① 中新网.（2018-05-16）[2021-03-05]. 荷兰高校拟减少非欧盟学生 中国留学生首当其冲. http://www.sohu.com/a/231754591_123753.

而它也不会因为疫情的结束戛然而止，只会随着国家竞争格局和高等教育角力较量的结果而演化。大学作为人才培养和科技创新的基地，从来都是最为支持全球化和国际化的机构，但其自身的国际化却不得不受国际、国内很多外部因素的影响。当前我国正在制定“十四五”规划，我国大学应以此为契机，调整其国际化发展方向，将对外开放与向内发力结合起来，将本土国际化作为重要的国际化战略，这是疫情之下和后疫情时代我国持续推进大学国际化发展的理性选择。

三、我国大学实施本土国际化战略的 SWOT 分析

（一）何为本土国际化战略

1999 年，瑞典马尔默大学主管国际事务的副校长本特·尼尔森（Bengt Nilsson）在欧洲国际教育协会春季论坛上首次提出“本土国际化”这一概念（Nilsson，1999）。人们对本土国际化的理解有广义和狭义之分。广义的理解把本土国际化定义为所有发生在本土校园内的与国际化相关的教学、科研、课程、跨文化活动，当然也包括外国学生、学者在校园内的学习及生活（简·奈特，2011）；狭义的理解把本土国际化定义为“除学生流动之外，所有与国际化相关的课程、教学等国际活动”（Crowther et al.，2000）。大学本土国际化的特色体现在课程与教学、活动、项目、管理等不同层面，但一所大学仅仅拥有零散的项目、课程或活动并不等于拥有相应的本土国际化战略。只有在对大学内、外环境进行全面分析、预测的基础上，为适应未来的发展变化，创造和维持自身的竞争优势，求得长期生存与发展，就其整体的未来所作的长期性和决定性的谋划（刘向兵，李立国，2006），才能被称为大学战略。因此，大学本土国际化战略首先应有战略意图，而不是只有零散的课程、项目或活动；应该基于现有基础，面向未来、全面谋划、整体设计，而不是单纯进行增量或打补丁式的改革；应该遵循战略规划和实施的基本规律，而不是仅有一纸规划，没有配套的实施策略和管理。简而言之，大学本土国际化战略就是在谋划大学未来一段时期内的国际化发展方向、确定国际化工作长期目标和重点工作时，将本土国际化作为国际化发展方向和工作重点，并围绕这一发展方向和工作重点制定战略规划，实施战略管理。

（二）实施本土国际化战略的 SWOT 分析

实施本土国际化战略要求我们充分挖掘和利用我国大学的现有资源和优势，努力克服自身劣势和局限，去寻求国际化发展机遇，应对各种主观和客观的挑战，只有这样，才能化被动为主动，转危为机，走出一条属于自己的中国特色国际化之路。为此，有必要对我国大学的优势、劣势、机遇和挑战进行分析（即 SWOT 分析），以便在谋求变革的同时尊重大学的保守性，在创新国际化路径的同时保持足够的理性。

1. 优势

有学者总结了我国高等院校目前有利于在地国际化（internationalization at home，笔者译作本土国际化）推进的 6 个外部条件：①每年都有大批的国际学者来华讲学、做研究、参加学术会议，开展文化交流活动；②大量的国际学生在华学习；③部分高校已经开设了一批具有国际水准的国际项目；④许多大学已经引进了一批优秀的国际教材与国际课程，同时正在利用互联网技术来扩大本校教育的国际开放水平；⑤我国正通过多种跨境教育形式来实现高等教育的国际发展；⑥在中国举办的高层次国际学术会议越来越多。这些条件均能够帮助我们扎实有序、进退有据地推进在地国际化策略（张伟，刘宝存，2017）。

的确，客观地说，改革开放 40 多年来，尤其是近 10 年来，在国家人才、经费等政策的大力支持下，越来越多的大学将国际化作为重要的发展战略，实施本土国际化战略的各种资源已经初具规模，如能加以有效利用，这些资源有望转化成为实施本土国际化战略的能力优势。

首先，我国大学集聚了实施本土国际化战略所需的人力资源。第一，“走出去”和“引进来”同步进行，具有国际留学或访学经历的教师所占比例不断提高；第二，积极为本国学生提供参加出国交换学习、联合培养、国际志愿者活动以及国际学术会议的机会，不少学生在读期间即可获得出国学习或访问经历；第三，留学生招生规模逐年扩大，中外合作办学机构和项目不再鲜见，越来越多的外国专家学者受聘中国大学教职或参与中国大学的各类教学科研项目。这些都可以成为大学实施本土国际化战略的可用人力资源。

其次，在硬件设施和图书资料方面，经过“985 工程”“211 工程”等多项重点工程的建设，目前我国很多大学的实验设施设备已经不输于欧美发达国家的一流大学，外文图书期刊资源对师生来说更加易得。

最后，国际会议、培训和展览是和平时代高等院校以发展为目的进行相互交流、学习与合作的重要形式，是高等教育国际化繁荣发展的重要表现。通过国际会议、培训与展览，知识要素在实现跨国流动与转移的同时，也为举办地国家的大学提供了宝贵的实现本土国际化的资源和机会。近年来，我国高等教育领域的国际会议与展览得到了很大发展，面向大学领导、教师和行政管理人员的国际培训项目也层出不穷，已经成为我国大学实施本土国际化战略的重要资源。

在所有这些资源当中，互联网的作用尤其值得关注和深入挖掘。互联网大大拓宽了师生的视野，使他们不出国门，甚至不出家门就能接收到来自全球的信息，真正做到了古人所说的“秀才不出门，能知天下事”；互联网使得人们不去图书馆就可以随时随地查阅国外的图书、报纸、杂志和其他网上资源，了解国外大学发生的新闻时事和科研进展；互联网还催生了在线教育和在线学习，本土学生可以通过 MOOC、Coursera、edX 等在线学习平台自由地选修国外大学教授开设的高水平课程；E-learning 技术的运用也可以使不同国家的大学师生同处一个课堂，实现即时互动。“在线教育的发展打破了高校物理空间的围墙，为高校国际化发展开辟了全新网络空间。”（杨宗凯，2020）由于互联网的普及使用，大学实施本土国际化的师资和课程资源已大大拓展，某些情况下甚至不必动用本校的资源，即可享受世界一流的课程与教学质量。疫情爆发后，我国大学大规模投入在线教育实践，也在客观上增加了师生的在线教育经验，提高了在线教育资源利用能力。

大数据时代的来临更是使互联网提供学习和科研资源的能力呈指数级提升。当前大数据技术在我国得以迅速发展和应用，各种数据分析技术在大学师生当中日益普及，越来越多的人可以通过数据挖掘和分析等技术手段扩充自己的教学、学习和研究资源。在可以预见的未来，国家与国家之间的数据资源共享与合作也必将大大拓展大学实施本土国际化战略的空间、形式与内容。

2. 劣势

优势在满足目标需求能力不足时，它的另一面就是劣势。虽然我国大学已经拥有上述资源和能力，但总体来说优势并不十分过硬。大多数教师的国际知识和经验还比较欠缺，“逆全球化”“去中国化”潮流以及疫情的爆发，进一步加大了我国大学从国外引进高层次人才的难度；虽然留学生教育规模逐年扩大，但留学生与本国学生之间的融合与交流较少；中外合作办学机构与本国、本校的其他院系、项目之间的互动与合作不足，校园文化多元化、多样化和包容性也还有很大的拓展空间。

语言问题尤其是我国大学实施本土国际化战略的突出劣势。在当今世界，英语是通用的学术语言。“英语的统治地位使得世界范围内的科学日趋成为使用英语的主要学术系统为主导的霸权统治，并且给不使用英语的学者和大学带来了挑战。”（菲利普·G. 阿特巴赫，朱知翔，2008）尽管对于英语并非母语的中国大学来说这并不公平，但对此我们在短期内无法改变，只能适应。虽然我国一贯重视英语教育，大学里无论是教师还是学生，英语交流和运用能力正在逐年提高，能够运用英语或双语进行教学与学习的师生人数在不断增加，但整体来说，我国大学师生的英语语言交流和运用能力还不能满足我国实施本土国际化战略的需求。

3. 机遇

当前我国大学实施本土国际化战略正在面临难得的历史机遇。首先，我国正在致力于构建中国特色、世界水平的高等教育体系和制度，只有“立足本土，放眼世界”，才能培养出更多了解世界、具有国际竞争能力的高层次人才，确保我国在建设具有开放包容气质的中国特色现代大学的同时，更好地防范和规避传统高等教育国际化模式所引发的意识形态方面的风险（张伟，刘宝存，2017）。其次，“双一流”建设、“中国特色、世界一流的高水平本科教育”建设都要求大学深化国际合作交流，这就要求大学不能仅仅局限于跨境交流与合作，更要立足本土，一方面要扩大国际化工作受益面，另一方面要稳固国际化工作基础，深化国际化内涵。最后，中国的疫情防控成效给世人留下了深刻印象，这不仅使得一些有意出国留学的本土学生转而留在国内求学，也很有可能促使更多的外国学生出于对健康与安全的需求或对中国价值观的好奇心理前来中国留学，从而为我国大学实施本土国际化战略提供更多的资源。

4. 挑战

我国实施本土国际化战略面临的挑战也是多方面的。正是因为存在这些挑战，我国实施本土国际化战略才显得更加急迫，也更加有意义。

（1）尚未形成成熟的国际化价值观

笔者提出，我国大学实施本土国际化战略并不仅仅是为了应对跨境国际化受阻困境，也不是一时兴起的突发奇想，而是因为全面国际化（comprehensive internationalization，也可译作“综合国际化”）是当今世界大学国际化的发展方向，本土国际化本就应该成为大学国际化战略的重要组成部分。Hudzik 早在 2011 年就提出了“全面国际化”的概念，强调开展全校性的国际化，使其成为大学实现机构目标与回应环境挑战的重要工具，反对仅仅用碎片化的术语和活动来定义国际化（de Wit et al.，2015）。美国国际教育者协会（Association of International Educators）所提出的“全面国际化”的内涵与之大致相同，强调它是“一种通过行动来证实的承诺，是将国际和比较的观点深切融入到高校的教学、科研和社会服务的所有使命中，它塑造高校的精神理念和价值观并影响整个高等教育事业”（陈德云，2014）。在美国，从顶端的研究型高校到基础层面的社区学院，“将国际和比较的观点深切融入到高校的教学、科研和社会服务的所有使命中”已成为高校的责任与义务（陈德云，2014）。王英杰认为，世界一流大学应该追求“广义国际化”，“要更多地思考如何把国际化融入到大学教学、科研和服务的各项工作中，不仅把国际化作为建设世界一流大学的战略，更要把国际化看做大学发展的起点和归宿，不要再受大学排行榜国际化量化指标的制约，而是更加重视大学国际化精神、制度和文化的建设”（王英杰，2018），反对仅仅“把国际化局限于人员的国际交流，教师出国学习、参会和讲学，以及吸引的国际学生等可以量化的国际维度”（王英杰，2018），即我们通常所说的“跨境国际化”。

伴随着“双一流”建设的开展和“一流本科教育”各项计划的实施，我国大学更加注重对标世界一流大学学术标准，对国际化价值观的认同感不断提升，但客观地说，截至目前，人们对大学国际化的理解在很大程度上还停留在“国际交流与合作”层面，在一定程度上存在将国际化简单等同于跨境国际化的认识误区，不仅在实践当中主要关注本科生或研究生的联合培养、学生海外志愿服务、来华留学生教育、聘用外籍教师、高校领导和骨干教师海外培训、境外办学或中外合作办学等跨境国际化交流活动或项目，对本土国际化理念缺乏深入了解，在政策层面也没有将“本土国际化”纳入正式的政策话语体系中，学术界也只有极个别学者关注这一话题。这表明我国尚未形成成熟的大学国际化价值观，意味着我国实施本土国际化战略首先需要面对价值观方面的挑战。

（2）国际化教育供需矛盾可能导致潜在冲突

自 20 世纪 90 年代中期以来，我国陆续启动了“211 工程”、“985 工程”、“2011 计划”、“双一流”建设、“一流本科教育”建设，对高等教育的投入持续加大，同时通过院校合并、现代大学制度建设等持续优化大学管理，中国大学尤其是顶尖大学的教育质量和学术声誉不断提高。如果说 20 世纪 90 年代以前我国大学处于世界知识体系的边缘，那么现在我国大学正在一步步向中心靠近，但整体而言，我国绝大部分大学的教育质量与留学生向往的那些世界一流大学还存在一定的差距。因为疫情和“逆全球化”因素，选择在中国接受高等教育的学生以这些大学为参照，必然会对我国大学的教育质量包括国际化育人水平提出更高的要求。如果这种要求得不到相应的满足，就可能导致留学生对学校的不满，进而引发矛盾和冲突。

（3）本土国际化战略实施难度大于跨境国际化

和跨境国际化不同的是，本土国际化不像跨境国际化那样必须出国才能进行，有利于克服出国手续繁杂带来的各种不便，成本也比较低，实施起来看似比跨境国际化要容易，但事实并非如此。落实本土国际化战略，需要大学人才培养、科学研究和管理模式的系统变革，实施难度比跨境国际化要大得多。

首先，不管是广义本土国际化还是狭义的以课程为核心的本土国际化，都需要首先对现有国际化模式、资源基础、实施能力进行深入评估，才能采取行动。本土国际化不仅仅是一两次国际化活动，而是一系列探究、反思和建设性行动。

其次，人们在过去习惯将国际交流与合作看作大学国际交流处的职责，本土国际化则不然，它需要大学所有学院和部门的共同努力，以及大学领导、教师、行政管理人员等多个主体集体协商、共同参与。

最后，在工作层面，本土国际化不如跨境国际化有吸引力和显示度，不利于激发人们的参与积极性。例如，邀请若干国外学者来华对教师进行培训比派一个团体出国接受培训的成本也许小得多，但采用前一种培训方式难以让教师充分感受国外大学的整体学术氛围，也不能算作教师的海外留学经历，与出国培训相比对某些教师的吸引力大打折扣。对于参与组织的工作人员来说，教师出国培训项目大多需要工作人员陪同出国，这些人既能开阔视野，也能领取一定金额的出国补助，在国内组织此类活动就完全没有这些福利。这些问题与大学实施本土国际化战略的重要性相比显得微不足道，但在实践中却会直接影响一些人的参与热情和积极性，进而影响这一战略的实施成效。

四、可供选择的大学本土国际化策略

大学需要确定必要的策略手段，以便顺利推进本土国际化战略的实施。

结合我国大学的现实情况，推动大学本土国际化可以考虑选择如下策略。

（一）价值观导向策略

价值观会影响人们的行为选择。它能使处于组织中的人们主要通过判断某事本身“是否应该去做”而不是通过计算“做此事能给我带来什么好处”来作出个人参与与否的决策，从而超越狭隘的物化报偿决定论立场，使个人的参与决策更加符合组织发展的战略需求。

隐藏在大学国际化战略背后的价值观问题常常被忽视，但它是比战略目标更为深刻和根本的问题，关乎大学发展战略的可持续性，值得引起必要的重视。成功实施本土国际化战略需要检视大学国际化战略的价值观立场，以全面或广义的国际化价值观代替狭义的国际化价值观，使参与者对全面或广义的国际化价值观达成共识，将跨境国际化和本土国际化作为大学国际化战略不可分割的组成部分，甚至是“连续体”，而不是将两者割裂开来，并且认识到本土国际化比跨境国际化更加重要也更为根本，因为只有通过本土国际化，大学的精神气质和制度文化才能更加国际化，这正是中国大学尤其是“双一流”高校真正需要的国际化。可以说，价值观导向策略是我国大学克服传统国际化模式惯性，成功实施本土国际化战略的基础和前提。

（二）主动国际化策略

本土国际化是一种主动国际化策略，需要将其与“自我殖民化”划清界限。大学的本土国际化行动是主体性行动，需要更多地以主导者的姿态推进本土国际化。实施主动国际化策略可以尝试的具体措施有很多，例如，鼓励出版社主动出版国外学者外文著作、引进国外出版社、引进国外学术期刊；大力支持教材本土国际化，资助国外学者在我国出版或者与国内学者合作出版英语教材；鼓励教学本土国际化，大力推广教材语言与教学语言的一体化教学，而不只是过于强调教学语言形式的英语和双语课程教学；作为资助人发布科研项目，鼓励国外学者与国内学者合作申请、合作研究；等等。

作为主体和主导者，推进大学本土国际化需要国家和地方政府以及学校层面尽力提供相应的经费支持。本土国际化并不是只限于院校层面的改革，国家和地方政府也可以将其作为重要的高等教育国际化战略，加大对大学本土国际化战略的财政投入。大学自身则需要通过多渠道筹集经费，持续加大对本土国际化的投入。

（三）“双一流”高校先行策略

“双一流”高校对标现有世界一流大学，国际化是其“一流”内涵的应有之义。尽管“双一流”高校相对于其他类型高校而言财政实力比较雄厚，但跨境国际交流与合作仍然不能覆盖所有师生，加之这些高校无论在人才培养还是在科学研究方面都需要扮演领导者而非追随者的角色，对管理者和师生的国际胜任力的整体要求要高于普通高校，因此，本土国际化对于“双一流”高校来说意义尤其重大，甚至可以说是实现“双一流”建设目标的一条必然路径。“双一流”高校实施本土国际化的资源和能力优势突出，实施本土国际化战略的条件更为充分。由“双一流”高校先行先试，其他大学视自身条件决定是否跟进，是一种比较现实的选择。

（四）核心事项优先策略

大学本土国际化内涵丰富，涉及事务类型繁多，采取核心事项优先策略便于有序推进战略实施。课程本土国际化是大学本土国际化的核心，因具有系统性、深入性优势，比目标不明确的短期出国学习甚至更有益于学生掌握系统化的国际知识和形成国际视野。以课程本土国际化为核心推进本土国际化，是很多国家大学的普遍做法（余佳，2017）。

“课程本土国际化”中的“课程”不是指一门课程，也不可狭隘地理解为一个课程集群。它是课程理念、课程目标、课程设置和课程操作的集合。例如，瑞典马尔默大学的课程国际化就包括课程目标国际化、课程内容跨文化、学习资源跨国化和教学方法跨界化四个方面（杨心，2014）。课程本土国际化也不等于用英语授课或者开设双语课程，“培养学生看问题的视角发生转变才是核心，重点是要让学生对‘不同’观点产生敏锐感，从而使他们能够合理地解释复杂的学术和社会问题”（Casper-Hehne et al.，2019）。一个在本土校园搭建的国际化课程体系应该包括外语课程、国际主题课程、国际专业课程、地区和区域研究课程、网络在线学习国外课程以及普通课程中的国际化教学内容等多个方面的内容。这样的国际化课程体系不仅包括选修课，也包括必修课；不仅包括显性课程，也包括隐性课程。

五、结语

截至目前，疫情仍在全球持续扩散，未来全球大学国际化形势难以预料。但可以预见的是，疫情影响之下和消散之后的相当长一段时期内，“逆全球化”与“去中国化”对我国大学国际化的影响将会进一步加深，跨境国际化将会面临越来越多的障碍与挑战，而“我国对外开放的大门不会主动关闭，但也不能被动关闭”（马陆亭，2020）。不仅国家层面会更加重视大学国际化，大学也不会放弃既定的国际化战略。选择迂回战术，将本土国际化作为重要的补充性和替代性方案，将成为越来越多大学的理性办学行为。之所以如此，是因为实施本土国际化战略既是特殊时间点上我国大学审时度势理应作出的一种被动适应行为，也是大学国际化发展到一定阶段后注重内涵式发展的必然选择。实施本土国际化战略并不是不要或者排斥跨境国际化，跨境国际化的重要性是不言而喻的。在强调本土国际化战略的同时，我国大学仍然应该尽最大努力，筹集各种资源，寻求各种机会，持续不断地推动跨境国际交流与合作。大学国际化的最终目标应是在全面国际化理念的指导下，本土国际化与跨境国际化统筹规划、协同发展，不断彰显其国际性学术机构的本质，服务于全人类的福祉与未来。这应是我国大学的努力方向，也应是我国作为高等教育大国应有的情怀。

参考文献

陈德云.（2014）. 全面国际化：美国高等教育国际化发展的新动向. 全球教育展望，（12）：110-118.

〔美〕菲利普·G. 阿特巴赫，朱知翔.（2008）. 至尊语言——作为学术界统治语言的英语. 北京大学教育评论，6（1）：179-183.

何志鹏.（2019）. 世界格局演变逻辑与中国道路选择. 人民论坛·学术前沿，161（1）：20-29.

胡鞍钢，王蔚.（2017）. 从“逆全球化”到“新全球化”：中国角色与世界作用. 学术界，（3）：5-17.

黄奇帆.（2020-06-11）[2021-03-05]. 黄奇帆：世界经济中心东移大趋势不会变 中国跳过中等收入陷阱. http://finance.sina.com.cn/zl/china/2020-06-11/zl-iircuyvi7852743.shtml.

〔加〕简·奈特.（2011）. 激流中的高等教育：国际化变革与发展. 刘东风，陈巧云，主译. 北京：北京大学出版社：27.

刘向兵，李立国.（2006）. 大学战略管理导论. 北京：中国人民大学出版社：7.

马陆亭.（2020）. 高等教育要面向两个大局助力双循环. 中国教育报，2020-06-15（第

5 版).

孙杰.(2017). 逆全球化与全球化的新常态. 中国外汇,(5): 16-19.

王英杰.(2018). 广义国际化与世界一流大学建设. 比较教育研究,(7): 3-10, 86.

徐豪.(2020-03-30)[2021-03-05]. 持续推进更高水平对外开放. http://www.chinareports.org.cn/djbd/2020/0330/14035.html.

杨心.(2014). 瑞典马尔默大学课程国际化策略探析. 世界教育信息, 27(9): 25-28.

杨宗凯.(2020-05-05)[2021-03-05]. 以信息化促进高等教育国际化. http://www.jyb.cn/rmtzgjyb/202005/t20200505_323127.html.

余佳.(2017). 大学本土国际化策略研究. 北京工业大学硕士学位论文: 32.

张伟, 刘宝存.(2017). 在地国际化: 中国高等教育发展的新走向. 大学教育科学, 3(3): 10-17, 120.

Casper-Hehne, H., Dengel, B., and Reiffenrath, T., 陈颖.(2019). 教学"在地国际化"——以哥廷根大学的一个变革管理过程为例. 应用型高等教育研究,(3): 10-17.

Crowther, P., Joris M., Otten, M., Nilsson, B., Teekens, H., and Wächter, B.(2000). Internationalisation at Home: A Position Paper. Amsterdam: European Association for International Education.

de Wit, H., Hunter, F., Howard, L., and Egron-Polak, E.(2015). Internationalisation of Higher Education. Brussels: European Parliament.

Lau, J., and Ross, J.(2020-02-17)[2021-07-29]. Universities brace for lasting impact of coronavirus outbreak. Times Higher Education. http://www.timeshighereducation.com/news/universities-brace-lasting-impact-coronavirus-outbreak.

Nilsson, B.(1999). Internationalisation at Home—Theory and Praxis. Maastricht: European Association for International Education.

高等教育国际化内涵式发展的依据、维度及实现路径

伍　宸　宋永华

加快推进世界一流大学与一流学科建设、实现高等教育内涵式发展是新时期我国高等教育发展的核心任务。在高等教育国际化深化发展的背景下，高等教育国际化需实现发展方式转型，以内涵式发展提升国际化办学质量，增强高等教育国际竞争力。高等教育国际化内涵式发展具有理论、政策和实践依据，包含实现手段、办学结果两个维度，需要树立先进理念、构建健全制度、在实践中稳步推进。

一、研究背景及概念提出

在全球化迅速发展的时代背景下，以国际化办学促进办学质量，提升和保持国际竞争力已成为各国促进高等教育发展的通行法则：各国既可以从高等教育国际市场获取办学资源，还可以提高国际声誉，以进一步增强资源获取能力，并最终提高学校办学能力和国际竞争力。为此，世界一流大学无不将国际化作为办学的核心战略，不断优化具有国际化特色的发展模式。在全面推进“双一流”建设和实现高等教育内涵式发展的新阶段，我国高校亟待转变国际化办学模式，以实现高等教育发展质量提升和效率提高的基本目标。

党的十九大报告中明确提出，要“加快一流大学和一流学科建设，实现高等教育内涵式发展”。这两大目标是有机结合、不可分割的，一流大学与一

流学科发展目标的实现需要内涵式发展模式做支撑，反过来，内涵式发展是一流大学与一流学科建设的必然结果。这就要求大学各项办学活动均要树立起内涵式发展理念，实现内涵式发展。世界一流大学都是高度国际化的大学，国际化既是一流大学的基本属性，也是实现一流办学目标的必然手段。在我国全面建设世界一流大学与一流学科和高等教育内涵式发展的新阶段，高校必须坚持国际化办学之路，实现高等教育国际化的内涵式发展。

“内涵”一词包括两重意思：一是指事物的本质；二是指事物的内容。事物本质的发展主要表现为坚持与弘扬，事物内容的发展既可以表现为增加，也可以表现为加强。内涵式发展强调的是结构优化、质量提高、实力增强，是一种相对的自然历史发展过程，更多是出自内在需求。高等教育内涵式发展就是指体现高等教育本质的内容的增加或加强，即缺少的要补充或充实，已有的要加强（别敦荣，2018）。关于高等教育国际化的概念界定较多，本研究采用国际知名学者简·奈特的“过程论”定义，即高等教育国际化就是“在院校层面与国家层面，把国际的、跨文化的、全球的维度整合进高等教育的目的、功能或传递的过程”（Knight，2004）。为此，高等教育国际化的内涵式发展即在院校与国家层面，把国际的、跨文化的、全球的维度高质量地整合进高等教育的目的、功能或传递的过程，并实质性、持续性地提升学校办学质量，增强其核心竞争力。这个概念内含两个维度：一是强调高质量地将跨文化和全球的相关要素与资源整合到学校办学全过程；二是强调通过国际化办学实质性、持续性地提高高等教育发展质量，促进高等教育本质内容的增加或加强。基于此，我们需要对高等教育国际化内涵式发展的依据、维度及实现路径作出理论探析，为在实践中提高国际化办学质量和效益提供参考。

二、高等教育国际化内涵式发展的三重依据

在当前阶段，强调高等教育国际化的内涵式发展具有理论、实践与政策三方面依据。

（一）理论依据

“人类命运共同体”理念对我国高等教育国际化提出新要求。构建人类命运共同体是习近平总书记对世界局势作出准确判断后提出的解决当今世界各种

难题、消弭全球各种乱象的“中国方案”和“中国钥匙”。构建人类命运共同体，就是要：坚持对话协商，建设一个持久和平的世界；坚持共建共享，建设一个普遍安全的世界；坚持合作共赢，建设一个共同繁荣的世界；坚持交流互鉴，建设一个开放包容的世界；坚持绿色低碳，建设一个清洁美丽的世界（习近平，2021）。习近平总书记在博鳌亚洲论坛2015年年会中阐释了迈向人类命运共同体的四大内涵：其一，坚持各国相互尊重、平等相待；其二，坚持合作共赢、共同发展；其三，坚持共同、综合、合作、可持续的安全；其四，坚持不同文明兼容并蓄、交流互鉴（习近平，2015）。

构建人类命运共同体理念要落地生根、稳步推进并产生实效，需要多方面的努力，需要教育、经济、文化、外交合力发挥作用，如构建共赢共享的新经济发展模式、加强国家区域间人文交流与对话、加强科技合作与成果共享等。在构建人类命运共同体进程中，要充分发挥高等教育的基础性、长期性和先导性作用。高等教育所具备的人才培养、科学研究、社会服务和文化传承等功能，对于构建人类命运共同体具有不可替代的重要作用，如通过高等教育国际化办学以培养具有跨文化交流与问题解决能力的各级各类人才，通过国际科研合作以解决人类共同面临的难题，通过共同开展社会服务和文化传承等工作以实现民心相通。基于此，构建人类命运共同体理念对高等教育国际化工作提出了新的要求，促使高等教育国际化进入新的发展阶段，通过加强与全球范围内高等教育的实质性合作，为人类命运共同体的构建奠定人才、科技、文化和民心基础。高等教育国际合作是构建人类命运共同体的重要支柱，通过构筑跨国学术共同体、国际青年共同体和责任共同体，可以助力人类命运共同体建设（周作宇，马佳妮，2017）。

高等教育国际化理论随实践发展而不断演进。高等教育国际化的发展历史并不长，国际化在教育领域的普及可追溯到20世纪80年代初。随着全球化趋势的不断增强，阿姆和沃特于1992年首次提出高等教育国际化理论，他们认为，国际化是指有关国际研究、国际教育交流和技术合作范围内的各种活动、项目和服务（Klasek，1992）。20世纪90年代中期，国际著名高等教育研究者简·奈特引入了一种组织层面的路径，说明国际化是一个需要在院校层面上整合并具有可持续性的过程，他将高等教育国际化定义为：将国际维度与跨文化维度整合到高校的教学、科研与服务职能之中的过程（Knight，1994）。后来，学者温德于1997年又将高等教育国际化定义为：旨在使高等教育承担起适应社会、经济、劳动力市场全球化需要的系统努力（van der

Wende，1997）。到了2004年，简·奈特又进一步将其总结定义为：在院校层面与国家层面，把国际的、跨文化的、全球的维度整合进高等教育的目的、功能或传递的过程（Knight，2004）。

概念的发展体现了高等教育国际化理论从外延到内涵式的转变。高等教育国际化不再仅仅是在大学内发生的跨国或区域间的相关活动，而是借助国际化这一手段，将国际相关要素全面整合到高等教育的目的、功能或传递之中，以推动高等教育各项事业不断向前发展。

（二）实践依据

高等教育国际化发展的内涵式转型不仅需要理论支撑，还需要从各国的国际化探索中找到实践依据。

1. 世界高等教育国际化发展的新特征

在高等教育国际化深化发展的背景下，世界众多顶尖大学都将国际化办学作为其保持核心竞争力、提高办学质量的重要手段。其中，哈佛大学将国际化融入学校发展全过程的做法值得借鉴。近年来，哈佛大学推出了"哈佛运动"（The Harvard Campaign）战略，将国际化办学水平推向全新高度。哈佛大学首任女校长福斯特在此战略的致辞中强调："我们必须拥有全球范围内的影响力，必须将全球视野纳入我们的研究和教学，并取得卓越成就。哈佛的学生和教师必须明白他们的研究、学习领域及生活已被置身于全球化背景，包括丰富的课程内容，全球化的校园环境，以及各种重要的国际性学习、研究和参与的机会。"（Faust，2013）基于此基本理念，哈佛大学进一步提出了"促进全球性哈佛建设"（Advancing Global Harvard）的具体战略，此战略主要包括七大具体内容：①推进全球性学习，如帮助哈佛大学学生到罗马研究历史；②降低发展中国家疾病死亡率，如帮助秘鲁降低结核病死亡率；③创新与海外"沉浸式"教学，并建立专门的基金会对此给予支持；④推动人类健康事业发展，如牙科医学院全球与社区健康办公室致力于全人类的口腔健康；⑤"祖国—哈佛—祖国"，即要求毕业生将其在哈佛大学所学知识与哈佛精神带回祖国；⑥推动全球医疗设备发展，开发廉价且便利的医疗检测仪；⑦促进欠发达国家农业发展，如帮助埃塞俄比亚农民增加苔麸产量与价值（宋永华等，2017）。

由此可知，哈佛大学已将国际化作为其发展战略的核心内容，并且在人才培养、科学研究、社会服务等多方面做出了具体部署。哈佛大学的国际化办学显示出了内涵式发展特征：一是将国际化全面融入学校的办学过程、目的与功能之中；二是通过国际化办学，服务全球发展并产生全球性影响力，以此持续提升学校办学能力。这是典型的高等教育国际化内涵式发展模式，即通过高质量的国际化办学实质性地提升学校实力，在促进世界文明进步发展的同时进一步增强学校的国际影响力和声誉。高等教育国际化内涵式发展就是要形成这一开放、良性的循环系统，持续为学校发展注入新动能。

2. 国内高等教育国际化发展的新需求

近年来，我国高等教育办学实力持续提升，通过国际化办学提升办学质量的意识与能力也不断增强。特别是进入 21 世纪以来，随着“211 工程”、“985 工程”和“双一流”建设的依次实施，我国一些研究型大学也开始将国际化办学作为其重要战略。最近一段时期以来，各个“双一流”建设入选高校陆续发布了建设方案，不约而同地将国际化发展作为自己的重要任务。例如，北京大学提出“要为构建人类命运共同体、推动世界共同发展发挥桥梁纽带作用”，要“做好国际化育人工作、做好国际师资队伍建设、做好文化国际传播工作、开展实质性和高水平的国际科研合作、加强面向国际的学术出版”（北京大学，2019）。

这些以世界一流为建设目标的大学，均将“提升国际化办学水平”作为重点任务以及实现目标的重要手段。一些学校提出开展实质性、高水平的国际科研合作，构建面向未来的国际教育体系，已初步具备高等教育内涵式发展的基本特征。但与欧美顶尖大学相比，我国大学的国际化办学的内涵式发展还稍显稚嫩，依然处于起步阶段，主要体现在促进人类文明发展与进步的意识和能力不足，更注重将优质资源“引进来”而缺乏主动“走出去”的意识与能力等。

（三）政策依据

《国家中长期教育改革和发展规划纲要（2010—2020 年）》（以下简称《教育规划纲要》）提出了“全面提高高等教育质量”“优化结构办出特色”的整体要求，同时强调了高等教育的几大核心职能，即“提高人才培养质量”“提升科学研究水平”“增强社会服务能力”。同时，《教育规划纲要》对扩大教育开放也有明确的指示，要求“加强国际交流与合作”“引进优质教育资源”“提高交流合作水平”。为实现此目标，我国的国际教育与合作必须以质量为本，优化结构，办出特色，实现内涵式发展。

“双一流”建设对我国高等教育国际化办学提出了新要求。加快推进世界一流大学与一流学科建设是新时期我国在高等教育领域布局的重大国家战略。《国务院关于印发统筹推进世界一流大学和一流学科建设总体方案的通知》中对建设目标、思路、改革任务及考核办法等都做出了较为明确的规定。该通知将“推进国际交流合作”作为重点改革任务之一，要求“加强与世界一流大学和学术机构的实质性合作，将国外优质教育资源有效融合到教学科研全过程，开展高水平人才联合培养和科学联合攻关”。此项规定将我国高等教育国际化标准提升到一个全新高度，对我国高等教育国际化的实现手段和目标提出了更高要求，是顺应时代发展的重大政策调整，必将对我国高等教育国际化事业产生深刻影响。

新时期教育对外开放工作为我国教育国际交流与合作明确了新原则。随着改革开放的不断深入，我国教育对外开放工作也发展到了新的阶段，有了新目标和要求。2016 年 4 月，《中共中央办公厅、国务院办公厅印发〈关于做好新时期教育对外开放工作的若干意见〉》发布，该意见提出了“围绕中心、服务大局，以我为主、兼容并蓄，提升水平、内涵发展，平等合作、保障安全”的基本工作原则。以党中央和国务院名义高规格发布新时期教育对外开放工作的若干意见，体现了国家对教育对外开放工作的高度重视。该意见对新时期我国教育对外开放工作提出了明确的要求，体现了典型的内涵式发展理念。这同样成为新时期我国高等教育开展教育对外开放与合作需遵循的基本原则，需通过开展内涵式的高等教育国际化工作，实质性地提升高等教育办学水平。

综上所述，新时期我国高等教育国际化内涵式发展有理论、实践与政策三重依据。三者有机结合，互相促进，理论是实践与政策的先导，理论与实践是制定相关政策的依据，实践工作的不断推进使理论得以不断丰富并为政策的制定提供现实支撑。

三、检视高等教育国际化内涵式发展的双重维度

高等教育国际化是在全球化背景下，高等教育举办者为更好实现大学办学目标而采取的一种办学手段。高等教育国际化本身不是目的，其作用在于实质性提升高等教育质量和国际竞争力。为此，对高等教育国际化内涵式发展的

检视要从手段与结果两重维度同时展开。

首先，检视是否运用了内涵式高等教育国际化实现手段。内涵式发展必须依靠内涵式实现手段。所谓内涵式高等教育国际化实现手段，即采取切实有效的方法在全球范围内拓展办学资源，以实现高等教育的办学目标。这些手段既包括有形的建设科研合作平台、联合人才培养、开展跨国社会服务活动等，也包括无形的办学理念、管理制度、大学文化的互学互鉴等。总之，要采取高效、高质的方法，在不盲目增加资源投入的情况下更好地实现大学办学目标。操作重点在于提升高等教育国际化的实效性，增强大学在全球范围内配置和拓展相应办学资源的能力，避免国际合作与交流停留在“握手寒暄”“签订协议”“你来我往”的浅表层次（宋永华等，2016）。

其次，检视是否实现了内涵式高等教育国际化办学结果。党的十九大报告提出，要加快推进世界一流大学与一流学科建设，实现高等教育内涵式发展，这是党中央对新时期我国高等教育发展任务提出的新要求。实现内涵式发展是在我国已经成为高等教育大国，但优质高等教育资源供给能力还存在不足，对创新驱动发展战略的支撑力度还有待提高，以及在高等教育国际竞争日益激烈的时代背景下所做出的必然选择。高等教育内涵式发展符合新时代中国特色社会主义发展的基本方略，是中国特色高等教育话语体系的重要组成部分（张炜，2018）。为此，需要学习先进办学理念、借鉴先进人才培养模式、引进高水平师资，不断优化高等教育治理结构，将世界性的优质高等教育资源全维度、高效率地整合进我国高等教育全过程，实质性提高我国高等教育办学质量和全球竞争力，最终实现我国高等教育与世界先进水平的跟跑、并跑乃至部分领跑的历史性转折。

四、高等教育国际化内涵式发展的实现路径

要实现高等教育国际化内涵式发展，离不开理念、制度与实践的系统推进。要以先进的理念引导制度创新，以健全的制度保证实践工作的有序推进。

（一）树立先进的国际化办学理念

实现高等教育国际化的内涵式发展，须理念先行先导。树立先进的国际化办学理念是构建健全制度和开展内涵式国际化办学实践的前提。由于各高校

办学使命和办学条件不同，其在国际化办学理念上会存在差异。整体来说，先进的国际化办学理念要具备如下几个基本特征：一是要树立全维度服务、全过程参与的基本理念，通过国际化办学，全面服务于学校的人才培养、科学研究、社会服务、文化传承与创新等职能；二是要树立共享发展基本理念，当代世界处于高度开放、合作状态，高等教育国际化要深入推进，同样离不开合作与共享；三是要树立卓越贡献的基本理念，通过国际化办学解决人类面临的共同难题，同时不断增强国际影响力和声誉；四是要树立质量本位的基本理念，内涵式国际化办学的直观表征就是要开展高品位的国际合作交流项目，以此实质性地提升学校办学质量。因此，高等教育国际化的全维度、共享发展、卓越贡献与质量本位便是其先进发展理念所需具备的基本要素。从当今世界顶尖大学来看，其国际化办学理念都基本具备这些要素。例如，牛津大学提出“牛津大学旨在提供卓越的教育，开展世界领先的研究，并为地方、国家和国际社会作出巨大贡献”（Oxford University，2018）；耶鲁大学提出要“与世界各地的人们和院校合作，致力于促进文化理解，改善人类状况，深入研究宇宙奥秘，培养下一代世界领导人”（Yale University，2018）；麻省理工学院则提出“吸引来自世界各地的优秀学生和教师，在全球范围内建立起一流的研究、无与伦比的技术创新和尖端的科学与工程教育等相结合的声誉”（Massachusetts Institute of Technology，2018）。

（二）构建健全的国际化办学管理制度

高等教育国际化内涵式发展要稳步推进，除了需要树立先进的办学理念外，还需要构建起相应的管理制度，将理念以制度的形式落到实处。就高等教育国际化发展管理制度来讲，其主要包括如下几方面内容：一是要建立起将国际化办学贯穿于学校办学全过程的相应制度，在人才培养、科学研究、社会服务等核心功能上建立常态化的国际合作体制机制；二是要建立起严格的质量评估与监控制度，内涵式发展的基本要求就是要保证质量，为此，需要建立相应制度以保证国际化办学质量，如国际人才培养的质量、国际科研合作的质量等；三是要建立起全校联动的国际化办学管理制度，国际化办学不仅是学校外事管理部门的责任，各院系、学科、相关职能部门均需参与到国际化办学的相关活动中来，根据不同机构的特征，规定各自在国际化办学中所需担负的责任和相应的使命；四是要建立起国际合作风险控制制度，国际合作面临的情况复杂多变，在全面深度推进过程中难免会面临很多不可控的风险，为此要建立起严格、系统的风险控制制度，以此保障国际化办学的稳步推进。

（三）扎实稳步地推进国际化办学实践

在先进办学理念和健全制度的引领下，需进一步将内涵式国际化办学推向实践。在实践办学中，要全面贯彻先进的国际化发展理念，并严格遵照相应管理制度开展相关工作，具体来说，主要有如下基本要点：首先，要制定服务于学校核心发展战略并符合世界高等教育发展潮流的国际化办学战略，要将国际化工作以战略管理的方式在实践中推进。世界顶尖大学都有自身的国际化办学战略，我国部分高校近年来也有较强的国际化战略管理意识，如清华大学提出的“清华大学全球战略”，浙江大学提出的“研究型大学国际化‘4S发展战略’”以及“全球开放发展战略”等。其次，要创新国际合作模式。通过创新国际合作模式，持续提升整合与拓展全球办学资源的能力，以此实现内涵式发展目标，如开创多种形式的国际联合人才培养、创新国际科研合作体制机制等。最后，要形成国际化工作点、线、面协同推进的局面。学校内部国际化工作具有点、线、面分布的特征，各具体人员、机构是点，以学校某一核心职能展开是线，学校全面统筹是面。从点上看，需要发挥各具体人员、机构的主观能动性，这是开展国际化内涵式发展的基础，如由人员建立起实质性、高质量的国际学术关系，由机构推进与国际相关机构或组织的常态性合作关系等。从线上看，要根据不同学校办学职能的特征，系统梳理和制定不同的国际化合作战略，如人才培养国际合作与科学研究存在一定的差异，需以线为主统筹学校国际化工作的推进。从面上看，学校统筹管理国际化工作，积极建立高水平合作关系，搭建高水平合作平台，制定相关管理制度等。

五、结语

高等教育国际化内涵式发展是当代世界高等教育发展的必然趋势，是实现我国高等教育强国建设目标、稳步推进“双一流”建设的必由之路。在世界高等教育发达国家和地区，高等教育国际化内涵式发展已经有了较为成熟的经验，一些世界顶尖大学正是以此不断提升学校的办学质量和全球竞争力。我国高等教育国际化整体水平还较低，在新的发展阶段，通过内涵式国际化办学不断提升高等教育办学质量，能够助力我国高等教育在国际竞争力中取得优势地位。为此，在推进高等教育国际化内涵式发展的过程中，高校需要树立先进的办学理念，构建健全管理制度并以创造性的思维在实践中得到稳步推进。我们相信，在“人类命运共同体”理念的指引下，在我国综合国力不断增强、开放水平不断提升的坚强后盾下，我国高等教育国际化内涵式发展必将得到深入推进并取得实效，在稳步提升我国高等教育质量和全球竞争力的同时，也为人类文明的进步发展做出力所能及的贡献。

原文参见伍宸，宋永华.（2018）. 高等教育国际化内涵式发展的依据、维度及实现路径. 中国高教研究，（8）：17-22.

参考文献

北京大学.（2019-02-24）[2021-07-29]. 北京大学一流大学建设高校建设方案. http://www.sciping.com/25626.html.

别敦荣.（2018）. 论高等教育内涵式发展. 中国高教研究，（6）：6-14.

宋永华，伍宸，朱雪莉.（2017）. 世界一流大学建设战略规划制定：英美顶尖大学的经验和启示. 高等教育研究，38（10）：100-109.

宋永华，王颖，李敏，伍宸.（2016）. 研究型大学国际化“4S 发展战略”理论与实践——以浙江大学为例. 教育研究，37（8）：152-159.

习近平.（2015-03-28）[2021-03-05]. 阐释迈向命运共同体四大内涵. http://politics.people.com.cn/n/2015/0328/c70731-26764211.html.

习近平.（2021-01-01）[2021-07-28]. 习近平：共同构建人类命运共同体. http://www.xinhuanet.com/politics/leaders/2021-01/01/c_1126936802.htm.

张炜.（2018）. 高等教育内涵式发展的概念演进与实践探索. 中国高教研究，（1）：4-9.

周作宇，马佳妮.（2017）. 人类命运共同体：高等教育国际合作的价值坐标. 教育研究，38（12）：42-50，67.

Faust，D.（2013-05-16）[2021-07-29]. The Harvard Campaign President's Message. http://www.harvard.edu/president/news-faust/2013/the-harvard-campaign.

Klasek，C.（1992）. Bridges to the Future：Strategies Forinter Nationalizing Higher Education. Carbondale：Association of International Education Administrators.

Knight，J.（1994）. Internationalization：Elements and checkpoints. Canadian Bureau for International Education Research，21（7）：1-15.

Knight，J.（2004）. Internationalization remodeled：Definition，approaches，and rationales. Journal of Studies in International Education，8（1）：5-31.

Massachusetts Institute of Technology.（2018）[2021-07-07]. Global Education. http://global.mit.edu/education.

Oxford University.（2018）[2021-07-07]. Oxfords International profile. http://www.ox.ac.uk/about/international-oxford/oxfords-international-profile?wssl=1.

van de Wende，M.（1997）. Missing links：The relationship between national policies for internationalization and those for higher education in general. In Kaivermark，T.，van de Wende，M.，National Policies for Internationalization of Higher Education in Europe. Stockholm：National Agency for Higher Education：10-31.

Yale University.（2018）[2021-07-07]. About Yale. http://www.yale.edu/about-yale.

基于课程本土国际化战略构建一流本科教育

王绽蕊　余　佳　张　涵

一流本科教育应该是国际化的本科教育，课程本土国际化是国际化育人改革的重要依托。我国大学应将实施课程本土国际化作为发展一流本科教育的重要战略，从实际出发构建国际化的本科课程体系，并以教师国际化为核心，采取多种措施逐步推进课程本土国际化。

一、引言

建设一流本科教育是我国大学当前最为重要的政策目标诉求。这是教育部大力推动的结果，也是实现“双一流”建设目标的重要基础。事实上，《国家中长期教育改革和发展规划纲要（2010—2020年）》中早就提出“提高人才培养质量”“牢固确立人才培养在高校工作中的中心地位，着力培养信念执著、品德优良、知识丰富、本领过硬的高素质专门人才和拔尖创新人才”“深化教学改革”等发展任务。此后几年，我国开始实施“卓越工程师教育培养计划”“卓越医生教育培养计划”等，本科教育一直备受社会关注。但在研究型大学如火如荼的发展过程中，本科教育的重要性在实践中受到了忽视。2018年6月21日，教育部在四川成都召开新时代全国高等学校本科教育工作会议，第一次提出“以本为本”“四个回归”，吹响了建设一流本科教育的集结号，并于当年9月17日下发了《教育部关于加快建设高水平本科教育全面提高人才培养能力的意见》，该意见提出，“到2035年，形成中国特色、世界一流的高水平本科教育，为建设高等教育强国、加快实现教育现代化提供有力支撑”。在“双万计划”的大力加持下，学校层面的配套改革措施呼之欲出。

为响应国家高等教育发展的这一重大需求，学者也纷纷建言献策，提出很多重要观点。马陆亭认为，“一流本科教育”是一个约定俗成的词汇，语义并不确切，其内涵等同于“优质本科教育”，而结构化育人模式架构，即“专业课堂+实践活动+文化环境”是提高质量的关键（马陆亭，2020）。胡建华等认为，“建设一流的本科教育首先需要有先进的教育理念”，“一流本科的根本在于师生关系”（胡建华等，2018）。黄福涛指出，世界一流大学本科教育的共性包括师生构成高度国际化、本科生数少于研究生数、从事一流研究的教师队伍和生源优异、有足够的可选择的课程、注重研究性学习、教养教育与专业教育有机结合、有良好的教学和学习环境，以及注重培养有国际视野、把握学科前沿和挑战精神的人等（黄福涛，2017）。但截至目前，很少有学者论述大学课程本土国际化与一流本科教育的关系。

一流本科教育培养出来的人才应该是“具有国际视野和全球竞争力”（李言荣，2019）的人才，因此一流本科教育必须是国际化的本科教育，国际化育人应该是一流本科教育的重要特征。课程是人才培养体系的核心。国际化育人不仅要通过“联合培养，支持中外高校学生互换、学分互认、学位互授联授，推荐优秀学生到国际组织任职、实习”（教育部，2018）等方式来深化国际合作，更重要的是要构建面向全体学生的一流国际化课程体系。可以说，课程本土国际化是国际化育人改革的重要依托，也是实现一流本科教育的必由之路，深入探讨两者之间的关系对于我国一流本科教育建设至关重要。

二、从理念到实践：课程本土国际化与国际化的课程体系

1999 年，瑞典马尔默大学主管国际事务的副校长本特·尼尔森（Bengt Nilsson）在欧洲国际教育协会春季论坛上首次提出“本土国际化”这一概念（Nilsson，1999）。贝恩德·沃切特（Bernd Wächter）把本土国际化定义为“除学生流动之外，所有与国际化相关的课程、教学等国际活动”（转引自 Crowther et al.，2000）。菲利普·G. 阿特巴赫（Philip G. Altbach）在此基础上把本土国际化定义为，使本地院校在开设的课程中加入全球化、国际化课题和内容，或者招收不同种族、不同民族的学生、学者任教等（菲利普·阿特巴赫

等，2010）。加拿大著名学者简·奈特（Jane Knight）认为，所有发生在大学校园内的与国际化相关的教学、科研、课程、跨文化活动，当然也包括外国学生、学者在校园内的学习及生活等都属于本土国际化的范畴（简·奈特，2011）。

本土国际化的内涵虽然非常广泛，但从人才培养的角度来说，课程本土国际化才是本土国际化的核心。最初给课程国际化下定义的国外学者可能要数诺尔斯（Asa S. Knowles）了，他于1977年在其主编的《高等教育国际百科全书》中指出，课程国际化是“外语课程、国际区域研究课程的开发设置过程和学科普遍化的过程”（Knowles，1977）。经济合作与发展组织指出，课程国际化是“在课程发展演变的过程中，在正式课程和课程操作中都加入国际化元素，其中‘正式课程’指课程的内容和相关的资源，‘课程操作’则是指教学方法、对象、时间以及环境等”（经济合作与发展组织，1996）。当前课程国际化最广为接受的定义是利斯克（Betty Leask）的阐释，她认为“课程国际化就是把国际化、跨文化和/或全球视野融入课程及其学习成果、评估、教学方法和支持服务中”（Leask，2009）。

就像本土国际化不等于课程国际化一样，课程国际化也不等于课程本土国际化。课程国际化可以通过出国留学和交换形式来实现，美国和欧洲的很多大学就采取了这种方式（Teichler，2004）。与课程国际化相比，课程本土国际化强调的是在本土校园内实现面向所有学生的课程国际化。

课程本土国际化是实现高等教育国际化可操作的工具和活动，而不仅仅是一个目标或者教学概念。事实上，世界各国大学的课程本土国际化实践可能都早于本土国际化理念的提出，但在实践中，由于缺乏本土国际化理念的指导，课程本土国际化实践也往往进入误区，例如，仅仅想通过增加外语课程和开设有关国际问题的课程来实现课程国际化；认为通过选修课和只惠及一小部分学生的活动就可以实现课程本土国际化；或者把课程本土国际化狭隘地理解为某一门具体课程的国际化，而不是从整个课程体系出发来构建国际化的课程体系；等等。

课程本土国际化是在本国校园内的课堂教学活动进行的课程国际化，旨在向学生传播国际和多元文化的知识、技能与观念（杨心，冯美妍，2017）。要实现课程本土国际化，需要做到如下几点：①面向所有学生；②统筹设计正式课程和非正式课程；③不只是停留在书面的行政目标和教学概念，而是切实将其作为对培养学生国际化和跨文化能力有帮助的手段；④注重学科差异性。

国际化课程主要被分为九类：①国际主题课程（如国际关系）；②用国际

比较方法扩展传统主题范围的课程（如国际比较教育）；③国际专业教育课程（如国际商务管理）；④明确强调跨文化沟通交流，训练跨文化技能的外语或外语语言学课程；⑤地区和区域性研究的跨学科课程；⑥国际职业资格培训课程；⑦联合或双学位课程；⑧在国外修读由当地教师讲授的必修课程；⑨以国际学生需求为本设计内容的课程（van der Wende，1996），也包括当地文化团体或国际公司的客座讲座、国际合作院校的客座讲座、国际案例研究和实践、网络在线学习（Beelen and Jones，2015）。一个在本土校园搭建的国际化课程体系主要应该包括外语课程、国际主题课程、国际专业课程、地区和区域研究课程、网络在线学习国外课程以及普通课程中的国际化教学内容等。这样的国际化课程体系不仅包括选修课，也包括必修课；不仅包括显性课程，也包括隐性课程。

三、我国大学课程本土国际化建设现状

近年来，我国大学特别注重国际化育人改革，国家和教育部出台的很多文件中都明确提出要对学生进行国际化培养，并拨出大量经费支持大学开展国际合作与交流。但整体而言，国际合作育人导向的重心仍然是跨境学生流动。我们整理了2011—2018年国家出台的部分重要文件（表1），尤其关注文件中关于人才培养国际化的提法，以及与本土国际化、课程本土国际化相关的内容，发现在提到的具体措施中，本土国际化日益受到重视，但很少提及课程本土国际化。

表1　国家出台的文件中关于人才培养国际化/本土国际化/课程本土国际化的提法

出台部门	文件名称	促进人才培养国际化的措施/ *促进人才培养本土国际化的措施/* <u>实施课程本土国际化的措施</u>
教育部	教育部关于实施卓越工程师教育培养计划的若干意见	*要积极引进国外先进的工程教育资源和高水平的工程教师，要积极组织学生参与国际交流、到海外企业实习……支持高水平的中外合作工程教育项目，鼓励有条件的参与高校使用多语种培养熟悉外国文化、法律和标准的国际化工程师* 优先支持卓越计划高校参与专业的学生国际合作交流，包括公派出国留学、进修、实习、交换学生等；优先支持卓越计划高校参与专业青年骨干教师出国到跨国公司研修……*对具备条件的参与高校申请中外合作工程教育项目予以优先支持*

续表

出台部门	文件名称	促进人才培养国际化的措施/ *促进人才培养本土国际化的措施*/ 实施课程本土国际化的措施
教育部	教育部关于全面提高高等教育质量的若干意见	支持中外高校间学生互换、学分互认、学位互授联授。继续实施公派研究生出国留学项目。探索建立高校学生海外志愿服务机制。推动高校制定本科生和研究生中具有海外学习经历学生比例的阶段性目标……*以实施海外名师项目和学科创新引智计划等为牵引，引进一批国际公认的高水平专家学者和团队。在部分高校开展聘请外籍人员担任“学术院系主任”、“学术校长”试点。推动高校结合实际提出聘用外籍教师比例的增长性目标。*做好高校领导和骨干教师海外培训工作。支持高职学校开展跨国技术培训……*支持高校办好若干所示范性中外合作办学机构，实施一批中外合作办学项目*
国务院	国务院关于印发统筹推进世界一流大学和一流学科建设总体方案的通知	推进国际交流合作。加强与世界一流大学和学术机构的实质性合作，*将国外优质教育资源有效融合到教学科研全过程，开展高水平人才联合培养和科学联合攻关。加强国际协同创新，积极参与或牵头组织国际和区域性重大科学计划和科学工程。营造良好的国际化教学科研环境，增强对外籍优秀教师和高水平留学生的吸引力。*积极参与国际教育规则制定、国际教育教学评估和认证，切实提高我国高等教育的国际竞争力和话语权，树立中国大学的良好品牌和形象
教育部 财政部 国家发展改革委	教育部 财政部 国家发展改革委印发《关于高等学校加快“双一流”建设的指导意见》的通知	支持高校教师参加国际化培训项目、国际交流和科研合作。深化国际合作交流。*加强与国外高水平大学、顶尖科研机构的实质性学术交流与科研合作，建立国际合作联合实验室、研究中心等；推动中外优质教育模式互学互鉴，以我为主创新联合办学体制机制，*加大校际访问学者和学生交流互换力度。以“一带一路”倡议为引领，加大双语种或多语种复合型国际化专业人才培养力度……选派优秀学生、青年教师、学术带头人等赴国外高水平大学、机构访学交流，积极推动优秀研究生公派留学，加大高校优秀毕业生到国际组织实习任职的支持力度，积极推荐高校优秀人才在国际组织、学术机构、国际期刊任职兼职 *精准引进活跃于国际学术前沿的海外高层次人才* *形成中外互鉴、开放包容的文化气质* *积极参与、牵头国际大科学计划和大科学工程，研究和解决全球性、区域性重大问题，在更多前沿领域引领科学方向*
教育部等六部门	教育部等六部门关于实施基础学科拔尖学生培养计划 2.0 的意见	深化国际合作。构建国内外双向互动、合作共赢的拔尖人才培养长效机制。*汇聚全球优质资源，深化与世界顶尖大学的战略合作，吸引国际学术大师参与拔尖人才培养。*拓展拔尖学生的国际视野，通过研修实习、暑期学校、短期考察等方式，提升国际文化理解能力。*建设国际协同创新团队、打造学术共同体，为拔尖学生接触世界科学文化研究最前沿、融入国际一流学术群体创造条件*

续表

出台部门	文件名称	促进人才培养国际化的措施/ *促进人才培养本土国际化的措施*/ <u>实施课程本土国际化的措施</u>
教育部	教育部关于加快建设高水平本科教育全面提高人才培养能力的意见	深化国际合作育人。主动服务国家对外开放战略，积极融入“一带一路”建设，推进与国外高水平大学开展联合培养，支持中外高校学生互换、学分互认、学位互授联授，推荐优秀学生到国际组织任职、实习，选拔高校青年教师学术带头人赴国外高水平机构访学交流，加快引进国外优质教育资源，培养具有宽广国际视野的新时代人才
教育部等三部门	教育部 工业和信息化部 中国工程院关于加快建设发展新工科实施卓越工程师教育培养计划 2.0 的意见	深化工程教育国际交流与合作。*积极引进国外优质工程教育资源，*组织学生参与国际交流、到海外企业实习，拓展学生的国际视野，提升学生全球就业能力

注：表中采用第三列表头所示的三类字体格式（即正体、斜体和下划线格式）来区分文件中提到的措施类别，只整理了文件中与人才培养国际化有关的内容

近年来，大学也非常注重国际化育人。例如，北京大学将培养具有全球视野的卓越人才作为重要的本科人才培养目标，以国际化育人为突破口进行课程建设，从 2012 年秋季学期开始设立本科生非语言类的“外文平台课”，2015 年起面向校际海外交换生和全校学生开设“中国系列”全英文授课公共课程建设作为全校公共选修课程，借助外籍访问学者来北京大学访学的机会，请其为本科生开设学科发展前沿课程（北京大学教务部，2019）。《北京工业大学“十三五”发展建设规划》中提出要推进从“北京工业大学国际化”到“国际化的北京工业大学”的转变升级，通过支持双语（全英文）课程、国际化教学项目、境外专家来校短期授课等方式进行国际化课程建设（北京工业大学，2016）。行业特色大学，如对外经济贸易大学尤其强调本科人才跨文化交流能力和国际竞争力的培养，全面实施“本土国际化”战略，构建起国际化特色专业群、国际化课程群（施建军等，2011）。但整体来看，我国大学仍未将本土国际化尤其是课程本土国际化作为本科人才培养的重要战略。

四、基于课程本土国际化战略构建一流本科教育

《教育部关于深化本科教育教学改革全面提高人才培养质量的意见》提

出，要“全面提高课程建设质量”。对于我国以“一流本科教育”为追求目标的大学来说，需要制定和实施课程本土国际化战略，以全面提高课程建设质量，满足“一流本科教育”的发展需求。

（一）将实施课程本土国际化作为发展一流本科教育的重要战略

培养一流本科人才离不开面向全体学生的本土国际化教育。只有将课程本土国际化作为发展一流本科教育的重要战略，从战略高度来认识课程本土国际化的必要性和迫切性，才能真正举全校之力，统筹协调各方努力，发展一流本科教育。不得不说，我们当前将大学国际化的重点放在“跨境国际化”和人员跨境交流方面还是有失偏颇，尤其当将国际化作为一种育人手段时，大学国际化的重心需转向本土国际化，尤其是课程本土国际化。对于这一点，我国高等教育界亟须达成共识。2021 年，我国大学正在启动“十四五”规划，加之由于新型冠状病毒肺炎疫情在全球蔓延的影响，出国留学需求受到抑制，也促使大家更加关注我国的大学教育质量问题。抓住这一历史机遇，将课程本土国际化纳入大学发展战略，以此作为提高本科教育质量的重要抓手，已是迫在眉睫的大事。

（二）梳理和分析本科课程的国际化特征，构建国际化的本科课程体系

课程本土国际化不是在已有的课程中添加几门选修课，或者增加几门双语或外语授课课程。它是在国际化人才培养目标指引下的大学发展战略，应是一流本科课程体系的整体特征。它要求我们运用课程本土化理念来检视一所大学本科教育的课程目标、结构体系、课程内容、教学资源和教学方法等各个方面的全部相关内容。最早提出“本土国际化”概念的是瑞典马尔默大学的尼尔森，他将课程目标国际化、课程内容跨文化、学习资源跨国化和教学方法跨界化作为课程国际化的四个主要策略（杨心，2014）。

（三）从实际出发，逐步规划和实施

对于大学来说，课程本土国际化是一项大工程，真正实现起来困难重重，在经费投入、语言问题、教师配合度、学习资源问题等方面都会遇到很大挑战。因此，实施课程本土国际化不可能一蹴而就，需要从实际出发，逐

步规划和实施。坚持院校自身定位，关注学科差异，注重对以往相关经验教训的分析和总结，加大资金投入力度，激发教师的参与热情，将师生跨境流动与课程本土国际化结合起来构建国际化课程体系等，都是值得尝试的策略。

（四）以教师国际化为核心，采取多种策略实现课程本土国际化

一流本科教育的关键在教师，课程本土国际化战略的落实最终还要靠教师。要成功实施课程本土国际化战略，教师的国际素质和参与热情同样重要。大学应在人才招聘、引进和晋升时更加注重对教师国际化能力的评估，制定强有力的激励和保障措施鼓励教师积极参与课程本土国际化建设，通过国际化能力培训持续提高教师的国际化育人能力，同时也不能忽视增强国际化行政力量，以及教材建设、在线教育资源建设等，确保师生能够享受全方位的本土国际化教育服务。

原文参见王绽蕊，余佳，张涵.（2021）. 基于课程本土国际化战略构建一流本科教育. 北京教育（高教版），（5）：14-18.

参考文献

北京大学教务部.（2019-09）[2021-03-21]. 北京大学本科教学质量报告（2018—2019 学年）. http://www.dean.pku.edu.cn/web/openinfo.php.

北京工业大学.（2016）. 北京工业大学"十三五"发展建设规划. 内部资料：1-45.

〔美〕菲利普·阿特巴赫，姜川，陈廷柱.（2010）. 全球化与国际化. 高等教育研究，（2）：12-18.

胡建华，王洪才，马陆亭，刘振天，陆根书，郑若玲，余小波，余秀兰，董云川，黄启兵.（2018）. 新时代一流本科教育的重建（笔会）. 苏州大学学报（教育科学版），6（4）：6-28.

黄福涛.（2017）. 什么是世界一流大学的本科教育. 高等教育研究，38（8）：1-9.

〔加〕简·奈特.（2011）. 激流中的高等教育：国际化变革与发展. 刘东风，陈巧云，主译. 北京：北京大学出版社：27.

教育部.（2018-10-08）[2021-03-07]. 教育部关于加快建设高水平本科教育全面提高人才培养能力的意见. http://www.moe.gov.cn/srcsite/A08/s7056/201810/t20181017_351887.html.

经济合作与发展组织.（1996）. 高等教育国际化. 巴黎：经济合作与发展组织教育研究革新中心：7-8.

李言荣.（2019）. 对建设一流本科教育的思考. 中国大学教学，（9）：4-6.

马陆亭.（2020）. 高等教育要面向两个大局助力双循环. 中国教育报，2020-06-15（第 5 版）.

施建军，王丽娟，韩淑伟.（2011）. 实施“本土国际化”战略培养具有国际竞争力的复合型精英人才. 中国大学教学，（5）：19-22.

杨心.（2014）. 瑞典马尔默大学课程国际化策略探析. 世界教育信息，（9）：25-28.

杨心，冯美妍.（2017）. 美国杰弗逊学院课程本土国际化策略及启示. 广东技术师范学院学报，38（2）：71-75，85.

Beelen，J.，and Jones，E.（2015）Redefining internationalization at home. In Curaj，A.，Matel，L.，Pricopie，R.，Salmi，J.，and Smidt，H.，The European Higher Education Area：Between Critical Reflections and Future Policies. Cham：Springer ：59-72.

Crowther，P.，Joris M.，Otten，M.，Nilsson，B.，Teekens，H.，and Wächter，B.（2000）. Internationalisation at Home：A Position Paper. Amsterdam：European Association for International Education.

Knowles，A. S.（1977）. The International Encyclopedia of Higher Education. San Francisco：Jossey-Bass Publishers.

Leask，B.（2009）. Using formal and informal curricula to improve interactions between home and international students. Journal of Studies in International Education，13（2）：205-221.

Nilsson，B.（1999）. Internationalisation at Home—Theory and Praxis. Maastricht：European Association for International Education.

Teichler，U.（2004）. The changing debate on internationalisation of higher education. Higher Education，48（1）：5-26.

van der Wende，M.（1996）. Internationalizing the curriculum in higher education：Report on a OECD/CERI study. Tertiary Education and Management，2（2）：186-195.

西方化与本土化：中国高等教育国际化的反思[①]

张优良

国际化是全球高等教育的趋势，中国高校近年来纷纷推行国际化战略。西方化与本土化之间的紧张关系是包括中国在内的非西方社会高等教育国际化面临的主要挑战。本研究以中国某财经类高校作为案例，结合该校近年来国际化改革实践，分析西方化与本土化的张力。研究发现，在论文发表方面，该校倡导在国际期刊上发表学术论文，但科学研究没有以服务当地发展为导向；在课程教学方面，该校鼓励教师运用英语授课，未必兼顾教学的实际效果；该校师资队伍建设过于倚重海归，没有致力于促进本土教师与海归人才的融合发展。地方高校依托器物层面的国际化，在某些方面逐渐形似于一流大学，但并不具备一流大学的精神和内涵。只有充分融合本土与全球维度，中国高校才能实现真正意义上的国际化。

一、引言

21 世纪以来，国际化成为世界高等教育的发展趋势。中国高校基于不同的动因，纷纷推行国际化战略，很多高等教育领域的活动被冠以国际化的名义。调查发现，国际化成为中国高校提升办学质量或建设一流大学的路径。中国教育国际交流协会在 2015 年组织了关于中国高等教育国际化发展状况的调

---

① 本文受到北京市教育科学“十三五”规划 2018 年度青年专项课题“海外高层次人才引进和高校人事制度改革研究——以北京市属本科高校为例”（课题批准号：ACFA18024）的资助。

查，结果显示，95%的高校在其发展战略规划中对本校的国际化发展提出了明确要求，93%的高校制定了国际化发展战略（中国教育国际交流协会，2015）。北京大学国际高等教育研究中心于2013年开展的针对首都高等教育国际化的调查发现，91%的高校认为国际化在首都高校整体规划中处于重要的位置，公立高校均制定了国际化战略（马万华等，2014）。全球化时代兴起的国际化潮流，既可能是大学主动、积极的战略性行为，也可能是其应对外部制度环境的被动回应。

“国际化”并不是一个新出现的术语，它很早就已经在政治科学中被使用，但是它在教育中的广泛应用还是20世纪80年代早期才发生的事情（Knight，2004）。尽管高等教育国际化早已成为热点词汇，但无论是学术领域还是实践领域，对此并没有统一的认识，高等教育国际化的概念具有多样性和复杂性。在组织层面，关于什么是国际化还有很多困惑（Bennett and Kane，2011）。斯科特（Scott，2000）、德·温特（de Wit，2002）、乌利希·泰希勒[①]（乌利希·泰希勒，陈洪捷，2003）等学者都从不同的视角进行了界定。目前学术界普遍认可的是加拿大学者简·奈特的界定。1994年，简·奈特从组织层面，将高等教育国际化定义为“将国际的和跨文化的维度融合到高等教育的教学、科研和社会服务中的过程”（Knight，1994）。2004年，简·奈特对国际化定义进行了修订，将其扩展为“在国家、部门和院校层面，将国际、跨文化以及全球化因素融入高等教育的目的、功能和知识传播方式中的过程”，并希望该概念具有通用性，适用于不同国家、文化和教育系统（Knight，2004）。

但有学者对这一概念的适用性提出质疑。杨锐认为，简·奈特的国际化概念与西方高校的实际比较契合。对于非西方国家而言，大学本身就是舶来品，普遍采用的欧洲-北美大学模式（Yang，2014）。回顾中国现代高等教育的建立过程，中国自清末被动打开国门以后，对西方高等教育体系经历了从排斥到接纳、从抗拒到移植的过程。刘海峰指出，作为现代“后发外生型”的国家，中国现代高等教育制度从一定程度上是从外国引进的（刘海峰，2001）。因此，包括中国在内的非西方国家在建立大学伊始就不缺乏国际的维度，真正缺乏的是国际与本土的结合。西方化与本土化之间的紧张关系是非西方社会高等教育国际化面临的主要问题（Yang，2014）。那么在中国高校实施国际化战

① 因译法不同，全书中的“乌尔里希·泰希勒”“乌利希·泰希勒”不做统一。

略，是否存在西方化与本土化之间的张力？如果存在张力的话，主要体现在哪些方面？这对高校的国际化发展将会产生什么样的影响？本研究选取了一所地方高校作为个案，考察案例高校国际化改革存在的问题。对这些问题的分析，有助于揭示中国高校国际化改革的实践迷途。

二、高等教育国际化、西方化与本土化

在全球化时代，国际学术交流合作增多，人员流动规模不断扩大，高校之间的往来日益密切，高等教育朝向国际化方向发展。近年来，学术界开始关注在国际化过程中，如何处理西方化与本土化的关系问题。西方化是指西方尤其是欧美诸国的制度和文化等因素在非西方社会的扩散过程。这种过程既可能是被动的，也可能是主动的。比如，西方将自己的模式强加于非西方社会（如殖民地），或者非西方社会中的一些人自觉或不自觉地对西方模式的盲目认可并不假思索地移植（郑杭生，王万俊，2000a）。在欧美占主导地位的当代国际社会，西方化尤其表现为欧美化。由于西方化往往披着国际化的外衣，具有很强的迷惑性，有学者认为，教育国际化的实质无非是西方发达国家实现其新殖民统治的行为（容中逵，刘要悟，2005）。西方发达国家的教育被当作现代化的范式，成为“国际”的象征（马维娜，2001）。实际上，高等教育国际化已经超越了单向度的“西方化”，并不是与先进国家盲目地“接轨”，隐含了本土化的向度（朱剑，2009）。本土化意味着使某事物发生转变，从而适应本国、本地、本民族的情况，在本国和本地生长，具有本国、本地、本民族特色。因此，本土化也可被理解为本国化、本地化或民族化（郑杭生，王万俊，2000b）。

近代中国高等教育是在学习国外经验的基础上建立起来的，具有借鉴输入的特征，高校国际化实践表现出较强的“西方化”倾向。回顾20世纪，中国高等教育经历了仿日、学美、效法、学苏几个阶段的变迁，在各个特定历史时期的“国际化”往往是以某一先进国家的高等教育制度为蓝本进行全盘模仿（刘海峰，2001）。在20世纪的大部分时间里，中国都是在谈论如何与国际接轨。“接轨”主要表现为“拿来主义”的直接“移植”，通过自我的改变以适应外来的标准。以中国高校学科建设为例，社会科学和自然科学主要脱胎于西方学术，“接轨”的过程和结果都是为西人所“化”（朱剑，2009）。中国高校近

年来不遗余力地推行国际化战略，其实质为积极融入欧美主导的全球学术市场，突出表现在学科专业追求国际认证、人才培养体系迎合国际标准；倾向于将最新的、最卓越的科研成果发表在国际学术期刊上；师资招聘推崇欧美海归人才，“轻视”本土培养的博士；英语成为全球主导性学术语言，大力推行全英文授课等（张优良，2020）。

学者普遍认识到，在推进高等教育国际化的过程中，不能盲目地西方化或欧美化，必须进行本土化的改造。国际化不应该成为西方化、欧美化的代名词或同义语。莫家豪（2018）认为，国际化不等于欧美化，不应迷信西方的“大学标准”，国际化并不是完全把西方的东西抄过来，完全用西方的标准作为自己的标准，比如，国际通行的大学排行榜参照的客观指标都是以英语世界的大学为标准的，没有考虑到亚洲地区大学的特殊情况。刘海峰认为，国际化不能变成“某国化”，否则，将消解中国高等教育的民族性，“化”成没有特色的他国教育的附庸。本土化、民族化也不能代替国际化，成为拒绝先进文化的理由。同时，国际化也不能取消民族特色，排除本土化（刘海峰，2001）。章新胜尤为强调我国高校应该走中国化的发展道路，努力学习世界上先进国家和人类的一切文明成果，但是照搬国外先进经验是不行的，全盘移植只会导致南橘北枳。教育国际化需要对国外的东西进行再过滤，建立自己的标准。本土化就是要消除水土不服的现象（周一，熊建辉，2000）。教育国际化发展的趋势是本土教育与国际教育的充分沟通与融合，在学习与借鉴的基础上实现教育本土化。

三、研究方法和数据收集

本文采用案例研究的方法，选取了一所地方财经类高校作为分析的案例，主要基于以下两方面考虑。一方面，案例高校的国际化改革具有一定的代表性。为了快速提升综合实力，案例高校在“十二五”期间确立了建设“国内一流、国际知名”财经类高校的目标，并将国际化作为建设一流大学的路径。尽管案例高校不是较早推进国际化改革的地方大学，但是其却在短时间内达成了改革的预期目标，吸引了部分同类高校的效仿和学习。另一方面，笔者利用课题研究的机会，与案例高校相关部门建立了较为紧密的联系。经过两个月的实地调研和三年左右的长期跟踪，获取了大量的一手资料，对案例高校的国际化改革形成了比较全面的认识。

数据资料的收集是案例研究的关键，笔者通过多种渠道收集资料。一方面，本研究获取的文献资料包括大学志、处志/院志、发展规划、规章制度、调研报告、工作总结等，并通过案例高校官方网站和社会媒体的报道，收集了大量的新闻素材；另一方面，为了揭示利益相关者如何构建现实解释和思考国际化改革现状，本研究采用了半结构化访谈。访谈对象包括案例高校的行政管理人员、教师和学生。考虑到受访者的时间及要求，访谈形式包括面对面访谈、邮件访谈和电话访谈等。对于部分教师和管理人员，笔者尝试进行了多次访谈，力求收集的资料尽可能达到饱和状态。本研究根据受访者的身份对其进行编号，其中，行政管理人员的编号为“A”，普通教师（教学科研人员）的编号为“T”，具有教师和管理者双重身份的人员的编号为“T/A”，学生的编号为“S”。受访对象的基本情况如表 1 所示。

表 1　受访对象一览表　　单位：人

访谈对象	学校行政部门	国际经管学院	其他学院
教学科研人员	—	7	5
行政管理人员	8	4	1
学生	—	2	2

注：部分受访者既是教学科研人员，也是行政管理人员

四、西方化与本土化的张力：中国高等教育国际化的挑战

案例高校是由两所大学于 20 世纪 90 年代合并而成的，后经历了长时间的磨合期，发展较为迟缓。2010 年 12 月，学校第三次党代会确立了未来十年发展的战略目标是“国内一流，国际知名”的财经大学，并将国际化确定为建设一流大学的路径。国际化改革的主要举措是推行“双轨制”人事制度，重点打造国际经济管理学院，在试点改革的基础上推进全校综合改革。国际经济管理学院成立于 2012 年 9 月，作为案例高校国际化改革试点单位，与其他学院不同的是，该院的师资队伍主要为海归博士，推行的是终身教职制度，教师考核以科研为主、教学为辅，薪酬待遇较高。通过国际化改革，案例高校在较短的时间内实现了高层次海外人才的集聚，在国际学术期刊上发表了大量的论

文，显著提升了其在国际大学排行榜中的位置。尽管案例高校的改革成效显著，但也暴露出中国高校普遍存在的一些问题。

（一）论文发表：迎合国际学术界 vs 服务当地发展

评判一流的指标和标准是多重的，但在国际一流学术期刊发表论文的情况是重要的参照指标（田国强，2016）。尽管国际化事实上不仅仅意味着科研，还有很多其他选项，但是提高科研产出仍然被认为是高校国际化的中心内容（Yang，2003）。案例高校成立国际经管学院的主要目标即提升学校的科研产出。学校要求海归教师在国际学术期刊上发表论文，从而快速提高学校的国际声誉。

事实证明，国际经济管理学院的成立实现了在高水平学术期刊上发表论文的突破。根据荷兰蒂尔堡大学公布的“全球经济学研究机构排名”，案例高校在 2013 年的高质量论文发表数量位居中国高校第 9 位，2015 年位居中国高校第 5 位、亚洲高校第 9 位（Tilburg University Economics Ranking，2013，2015）。然而，教师在国际学术期刊上发表的论文多是迎合国际学术界的研究主题，对当地社会发展的指导意义有限。一位科研成果突出的青年教师坦言，从事学术工作是为了生存，为了生存的学术不可能处于学术自由的状态。尽管短期内发表了一些高质量的学术论文，但是学界并没有广泛认可学校的整体办学实力。

海归博士现在面临的问题是，发表论文的功利性较强，对中国的国情不太了解，通过做很多模型发表的论文都不错。但这些成果到底对现实有没有指导意义，对社会发展有没有促进作用，对学校发挥在学界的影响力有没有助力，这些方面值得商榷。学校现在也是在想办法尽量帮助海归了解国情，让他们的科研成果能够更有影响力。（T/A-20150529）

我们学校成立海归学院之后，很快就发表了大量的学术论文，当时做出成绩之后，学校的排名上升很快，但是其他学校一定就认可我们学校了吗？别人会认为我们学校的真实实力就真的达到这个层次了吗？我想真实情况未必是这样的。（T-20170113）

（二）教学语言：英文 vs 中文

国际经管学院成立后致力于打造国际人才培养平台，采用国际化的课程体系，按照小班制和导师制，培养科研型拔尖创新人才。为了提升学校整体英文授课课程的比例，国际经管学院借鉴国内外一流高校的培养方案，大力推动全英文教学。然而，在访谈过程中，有学生指出，部分教师的外语能力以及学生的接受能力有限，致使授课内容在教师和学生之间的传递过程中打折扣。对于母语为非英语的学生而言，将英语作为教学语言可能会影响教学效果。

> 有些老师的英语说得不是太标准，还不如用中文授课呢！用英文讲的话，可能老师明白他想表达的是什么意思，但是到我们这儿，就真的未必可以理解。英语教学真的未必会有好的效果，除非你天天学英语，天天去练、去听，才有可能理解老师上课所讲的。对于像我们这种上课时候拼命听，但听不懂，下课了自己去看，也看不懂的人，我觉得全英文授课的效果没有中文授课的效果好。（S-20160928）

据了解，本科生每年都会询问教师可否运用中文授课。学生反映课程难度逐年提升，即使是中文授课，课程内容都难以理解，再用英语授课更是增加了难度。其实，全英文授课不仅要求学生具有较强的接受程度，对教师的教学能力也提出了挑战。部分教师的教学能力差强人意与案例高校的教师选聘机制有关。学校在招聘时主要考察教师的博士论文水平、研究计划的可行性，以及发表论文的潜力。在后续聘期考核过程中，学校主要强调教师的科研产出情况，有受访教师认为教学环节只要不出事故就行，这势必会影响教学效果。

（三）师资队伍："国际轨"vs"国内轨"

案例高校实行"国际轨""国内轨"并行的人事制度体系。学校对既有教师采用事业单位编制管理办法，对海外引进的教师采用与国际接轨的聘用考核办法。"国际轨"教师的薪酬是"国内轨"教师薪酬的将近两倍，但"国际轨"助理教授承担的教学工作量仅相当于传统体制教授的水平。这种改革引起了其他院系和教师的强烈不满。为了减少改革过程中的阻力，提高对"国内轨"教师的激励力度，案例高校设置了"国际轨"和"国内轨"互通机制。"国内轨"教师达到优秀海外留学人员标准者可按"国际轨"机制予以聘用。但是，近年来，虽然部分"国内轨"教师在国际期刊发表了高质量论文，但是学校并没有将其纳入"国际轨"体系。

> 这几年也有传统体制内的教师在国际期刊上发表顶尖论文的情况，

> 但是我们学校压根没有想到“国内轨”的老师也可以在这么好的国际期刊上发表论文，也没有为其提供更高的工资，也没有让这些教师转轨。我们对如此悬殊的待遇感到不满。（T/A-20170327）

受访的“国内轨”教师普遍认为，学校的国际化改革主要关注“国际轨”教师，“国内轨”教师并没有从学校的改革中更多获益。学校一味强调从外部引进人才，对海归人才寄予厚望，给予较高的薪酬待遇，为其营造宽松自由的学术环境。学校在为海归人才提供各种优厚条件的同时，对“国内轨”教师的关注相对较少，并没有致力于为其营造良好的发展环境。

> 中国大学还是缺少自信，靠外聘大量的教师来充实学校自身的科研学术实力。学校无法建立梯队型的学术力量培养机制，这对于中国高校的长远发展可能是不利的，因此学校在招聘海归的同时，应该兼顾以往教师的发展，促进两者的共同进步。（T/A-20170311）

五、讨论：国际化能否作为大学立足本土、融入全球的桥梁？

国际化是国家、部门或大学回应全球化趋势的具体政策或举措。在世界经济全球化、贸易自由化的推动下，教育资源在全球重新配置，教育要素加速流动，促进了大学开展国际交流与合作。在全球化时代，高校在人才培养、科学研究和社会服务等方面既要满足来自本国、本土化的要求，还要适应全球产业分工、贸易互补等各方面的需要（周满生，2013）。查强等也指出，对于民族身份和本土文化的体认是高等教育国际化的关键（Zha et al.，2019）。国际化作为大学普遍推行的发展战略，应该有效融合全球和本土的元素。然而，对处于全球高等教育边缘位置的国家和大学而言，国际化往往成为其盲目学习西方国家经验的途径。

在科学研究方面，学者倾向于迎合国际学术界的研究主题，在国际期刊而不是国内期刊上发表论文，这与高校的评价体系密切相关。近年来，中国高校为了与国际主流学术圈“接轨”，不断强化教师开展高水平的科学研究，在国际期刊上发表论文的教师将获得奖励。国内期刊成为顶尖科研成果发表的非主流阵地。对于案例高校而言，青年教师为了在短时间内达到考核的要求，往往倾向于选择国际学术界关注的“主流”问题，而没有真正扎身于中国社会，以现实问题作为学术研究的出发点。有学者分析了中国科研人员在国际期刊上发表文章的不利影响。一方面，据粗略估计，我国在国际刊物上发表文章的版面费每年达到数十亿元人民币；另一方面，我国的科研单位、高校还要花费巨款购买外文数据库的使用权或者购买外文期刊，这在造成科研经费大量流失的同时，也增强了西方的学术优势（刘彩娥，2018）。

在课程教学方面，学校鼓励教师运用非本土语言，提高外语授课课程的比例。学校实施外语教学的初衷在于提升学生的外语熟练度，为学生的学术和职业发展做准备。外语授课的前提是教师和学生的外语水平可以达到日常教学的要求，因此，外语教学专业一般要求教师具有海外教育背景，学生的外语成绩必须达标。但是，这一要求并不能保证教师的英语教学能力和学生的语言运用能力，实际教学效果可能不尽如人意。一般情况下，外语授课课程除了专门为留学生开设外，还被运用于本土学生的各类国际班。与中文授课的同类专业相比，由于语言的限制，这类课程的难度有所降低。如果学生不选择出国继续深造，在国内考研或就业未必具有优势，甚至存在制度性障碍（Gu and Lee，2019）。

在师资队伍建设方面，为了在全球范围内招聘高层次人才，增强高等教育的国际竞争力，很多国家都出台了引才政策，高校也积极吸引外籍教师或海归加盟。然而，国际人才的使用出现了两个极端：一方面，一些高校仅仅将国际师资队伍作为对外宣传的工具，并没有真正推动国际师资融入本土教师体系，充分发挥其在教学、科研、国际交流与合作中的作用。其实，日本部分高校也存在外籍教师只有象征性意义的情形（Brotherhood et al.，2020）。另一方面，部分高校甚至存在过分“神化”国际师资的倾向。在推动改革的过程中，部分高校把希望都寄托于国际师资上，在薪酬待遇和生活保障等方面给予各种优待，而对本土教师持有放弃或放任的态度，从而造成了不同体系教师之间，以及本土教师与学校之间的冲突与矛盾，为学校发展带来不稳定因素。

对于非西方国家的高校而言，如何协调国际维度和本土维度至关重要。国际化能否作为大学立足本土、融入全球的桥梁，实现全球化时代的自我认同，取决于大学是否可以正确看待传统与现代、自我与他人之间的关系。Knight 和 de Wit（1997）指出，每所大学都必须努力在顺应世界趋势和为当地社会服务之间寻求平衡。

六、结论：打造本土与全球融合的国际化模式

对于中国地方高校而言，国际化不仅是高等教育的主要功能之一，还是全球化时代大学的生存方式，也是新时期建设一流大学的战略选择。有效地融合本土维度与全球维度，才能实现真正意义上的国际化。中国高校推进国际化战略，不能刻板地学习西方的发展模式，追求某些显性指标，却忽略了服务本土的价值导向（王英杰，2018）。大学是否一流不是看某些数字指标，而是看其能否在文化、科学、技术上引领国家与世界，为人类作出更大贡献（王义遒，2011）。世界一流大学并不是一朝一夕就能建设成的，地方高校通过实施国际化战略，在某些方面逐渐形似于一流大学，但未必真正具备一流大学的精神和内涵。依托器物层面的国际化，地方大学貌似走出了创建一流大学的乌托邦，实际上进入了新的乌托邦。

参考文献

刘彩娥.（2018）. 把论文写在祖国大地上——国内科研论文外流现象分析. 北京工业大学学报（社会科学版），18（2）：64-72.

刘海峰.（2001）. 高等教育的国际化与本土化. 中国高等教育，（2）：22-23，29.

马万华，李岩松，等.（2014）. 首都高等教育国际化发展现状研究. 北京：北京大学出版社：132-133.

马维娜.（2001）. 教育的国际化与本土化的合理性追究. 上海教育科研，（4）：8-10.

莫家豪.（2018-06-02）[2020-07-01]. 香港岭南大学副校长：我担心的是“过度国际化”. http://www.sohu.com/a/233822549_608848.

容中逵，刘要悟.（2005）. 民族化、本土化还是国际化、全球化——论当前我国基础教育课程改革的参照系问题. 比较教育研究，（7）：17-22.

田国强.（2016）. 对中国大学及其学科评价体系的反思与建议//上海财经大学经济学院. 上海财经大学经济学院制度文件汇编. 内部资料：383-394.

王义遒.（2011）. 建设世界一流大学究竟靠什么. 高等教育研究，（1）：1-6.

王英杰.（2018）. 广义国际化与世界一流大学建设. 比较教育研究，（7）：3-10，86.

〔德〕乌利希·泰希勒，陈洪捷.（2003）. 欧洲化 国际化 全球化——高等学校何处去? 北京大学教育评论，1（1）：40-47.

张优良.（2020）. 地方高水平大学国际化改革研究. 北京：科学出版社：42-48.

郑杭生，王万俊.（2000a）. 论社会学本土化与社会学的西方化、国际化、全球化. 湘潭大学学报（哲学社会科学版），（1）：3-10.

郑杭生，王万俊.（2000b）. 论社会学本土化的内涵及其目的. 吉林大学社会科学学报，

（1）：40-46，95-96.

中国教育国际交流协会.（2015-10-23）[2018-08-17]. 2015 中国高等教育国际化发展状况调查报告. http://www.ceaie.edu.cn/xm/zyyxm/1876.html.

周满生.（2013）. 教育国际化：概念、特征与趋势. 世界教育信息，26（13）：12-16.

周一，熊建辉.（2000）. 荷花、绿叶与水土——章新胜谈高等教育国际化与本土化（专访二）. 世界教育信息，（2）：10-15.

朱剑.（2009）. 学术评价、学术期刊与学术国际化——对人文社会科学国际化热潮的冷思考. 清华大学学报（哲学社会科学版），（5）：126-137，160.

Bennett，R.，and Kane，S.（2011）. Internationalization of U.K. university business schools：A survey of current practice. Journal of Studies in International Education，15（4）：351-373.

Brotherhood，T.，Hammond，C. D.，and Kim，Y.（2020）. Towards an actor-centered typology of internationalization：A study of junior international faculty in Japanese universities. Higher Educcation，79：497-514.

de Wit，H.（2002）. Internationalization of Higher Education in the United States of America and Europe：A Historical，Comparative，and Conceptual Analysis. Westport：Greenwood Press.

Gu，M. M.，and Lee，J. C.（2019）. "They lost internationalization in pursuit of internationalization"：Students' language practices and identity construction in a cross-disciplinary EMI program in a university in China. Higher Education，78：389-405.

Knight，J.（1994）. Internationalization：Elements and Ceckpoints. Ottawa：Canadian Bureau for International Education：1-15.

Knight，J.（2004）. Internationalization remolded：Definition，approaches and rationales. Journal of Studies in International Education，8（1）：5-31.

Knight，J.，and de Wit，H.（1997）. Internationalisation of Higher Education in Asia Pacific Countries. Amsterdam：European Association for International Education.

Scott P.（2000）. Globalisation and higher education：Challenges for the 21st century. Journal of Studies in International Education，4：3-10.

Tilburg University Economics Ranking.（2013）[2020-10-10]. The Tilburg University Top 100 Worldwide Economics Schools Research Ranking based on research contribution 2013-2013（Selection of Journals）. http://econtop.uvt.nl/rankingsandbox. php.

Tilburg University Economics Ranking.（2015）[2020-10-10]. The Tilburg University Top 100 Worldwide Economics Schools Research Ranking based on research contribution 2015-2015（Selection of Journals）. http://econtop.uvt.nl/rankingsandbox.php.

Yang，R.（2003）. Internationalised while provincialised? A case study of south China normal university. Compare，33（3）：287-300.

Yang，R.（2014）. China's strategy for the internationalization of higher education：An overview. Frontiers of Education in China，9（2）：151-162.

Zha，Q.，Wu，H.，and Hayhoe，R.（2019）. Why Chinese universities embrace internationalization：An exploration with two case studies. Higher Education，78：669-686.

"双一流"背景下地方高水平大学国际竞争力提升策略研究

宋 微

"双一流"政策为地方高水平大学实现内涵发展、转型发展和跨越发展提供了前所未有的发展机遇，也对其快速提升自身国际竞争力提出了更高要求。本文以QS亚洲大学排名为基本研究框架，将我国地方高水平大学与亚洲一流大学在具体指标上进行比较，分析地方高水平大学在国际竞争力方面存在的优势和不足，指出地方高水平大学存在学校声誉及国际知名度较低、师资质量及结构有待进一步优化、高端成果产出较少且影响力不足、国际化程度不高等问题，并针对这些问题提出提升地方高水平大学国际竞争力的对策和建议。

《国家中长期教育改革和发展规划纲要（2010—2020年）》明确提出，到2020年，"建成一批国际知名、有特色、高水平的高等学校，若干所大学达到或接近世界一流大学水平，高等教育国际竞争力显著增强。"2015年，《国务院关于印发统筹推进世界一流大学和一流学科建设总体方案的通知》（以下简称《"双一流"方案》）发布，提出到2020年、2030年和21世纪中叶，建设世界一流大学、一流学科，以及基本建成高等教育强国的目标。2017年，《教育部 财政部 国家发展改革委关于公布世界一流大学和一流学科建设高校及建设学科名单的通知》发布，该名单中包含42所一流大学建设高校、95所一流学科建设高校，自此，"双一流"建设正式进入实施操作阶段。作为继"211

工程”“985 工程”后我国高等教育领域的又一项国家重点建设工程，“双一流”建设必将成为今后一段时间内我国高等教育改革与发展的重要内容，也必将对我国高等教育的发展格局产生深远影响。

国内外学者对“双一流”建设问题开展了大量卓有成效的研究，例如，杰米尔·萨尔米（Salmi，2009）在其著作《世界一流大学：挑战与途径》中分析了世界一流大学的内涵、特征，并讨论了建设世界一流大学的途径；王英杰和刘宝存（2008）在其著作《世界一流大学的形成与发展》中以 11 所世界一流大学为研究对象，分析了世界一流大学的理念、特征、职能、共性与个性等；郭丛斌和孙启明（2014）以《泰晤士高等教育》大学排名为分析框架，对 5 所亚洲名校进行了比较分析，指出了中国高水平大学与世界一流大学的差距与问题；等等。总之，已有研究从不同视角、不同侧面对世界一流大学与一流学科建设进行了大量探索，研究方法涉及定性分析、量化研究，研究内容包括“双一流”建设的内涵、特征、成功经验、建设路径、评价体系等，研究对象主要集中在已经成为世界一流或与世界一流差距较小的世界或区域范围内的高水平大学与学科，通过研究为其进一步发展提供建设经验及策略。

“双一流”政策的出台，对我国大学的办学能力和国际竞争力水平提出了更高要求。与“211 工程”“985 工程”相比，《“双一流”方案》坚持问题导向，打破身份壁垒，要求各高校“根据自身实际，合理选择一流大学和一流学科建设路径，科学规划、积极推进”，为所有高校提供一个公平竞争的良好平台。冲击世界一流不再只是少数重点大学的特权，《“双一流”方案》为我国量大、面广的地方高校尤其是担当地方高校“排头兵”的地方高水平大学（郑永扣，2006）实现内涵发展、转型发展和跨越发展提供了前所未有的利好政策（蔡袁强，2016），为其迈向世界一流带来了新的契机和发展机遇，但与此同时，也给地方高水平大学带来巨大挑战：快速提升自身国际竞争力、争创世界一流大学或学科成为地方高水平大学战略发展的必由之路。从国际竞争力排名的视角来看，目前我国地方高水平大学的国际竞争力仍然滞后，综合实力、核心竞争力及国际影响力与国内外一流大学都有较大差距，还有待进一步提升。本文以 QS 亚洲大学排名为基本分析框架，通过我国地方高水平大学与亚洲一流大学的比较，分析我国地方高水平大学国际竞争力存在的问题与不足，并提出有效对策和建议，以期为地方高水平大学迈向“双一流”提供经验与借鉴。

一、QS 亚洲大学排名指标体系分析

大学排名自产生以来就备受争议，尽管相关理论和技术并不完美，但大学排名对院校及其利益相关者，如学生、用人单位及政府等产生的影响却是无法回避的，如何正确认识、合理利用大学排名，是每个大学都必须面对的重要课题。与在本国范围内开展的大学排名不同，大学国际竞争力排名主要是通过一些可量化的、具有国际可比性的客观指标，对不同国别重点大学的学术能力和学术表现进行评价和比较。近年来，随着《“双一流”方案》等政策的出台以及高等教育国际竞争的加剧，大学越来越关注自身在世界坐标系中所处的位置，各大学国际竞争力排名日益受到世界各国的关注。对于各大学而言，大学国际竞争力排名所带来的全球意识是不可否认的——排名已经成为发现国际竞争对手、寻找国际合作伙伴、制定赶超目标的工具，也是大学向投资者和社会公众证明自身实力的证据之一（赵冬梅，2011）。当前影响力较大的大学国际竞争力排名主要有四个：QS 世界大学排名、《泰晤士高等教育》（Times Higher Education，THE）世界大学排名、《美国新闻与世界报道》（U.S. News & World Report）世界大学排名和上海交通大学世界大学学术排名（Academic Ranking of World Universities，ARWU）。世界大学排名体系从不同视角提供了可供参考的一流大学国际评判标准，为大学国际竞争力的界定提供了重要的参照。其中，国际教育组织 QS 自 2009 年起与韩国《朝鲜日报》合作推出的 QS 亚洲大学排名（QS Asian University Rankings），在亚洲特别是在入围高校数量日益增多的中国受到越来越广泛的关注。随着《“双一流”方案》明确提出“建立健全绩效评价机制，积极采用第三方评价”，利益相关者对影响力较大、高校认可度较高的第三方评价体系的接受度、认可度明显提高。

QS 亚洲大学排名是在 QS 世界大学排名的基础上，针对亚洲高校所推出的地区性大学排名。该榜单于 2009 年首次发布，随后每年更新。此排名的部分准则与 QS 世界大学排名一样，但也修改了一些指标及权重，故两者在同期所给出的亚洲大学的排名并不一致。该排名在展示大学最近一年各项指标表现的同时，试图反映其在过去几年、几十年甚至几个世纪的声誉、努力及成就，得到社会和高校的广泛认可。

QS 亚洲大学排名的原始数据主要有三种来源，分别为声誉调查、文献数

据库及高校数据采集。例如，2014 年，QS 亚洲大学排名中的“学术声誉”和“雇主声誉”分别来源于最近三年对全球 63 700 名学者和 28 800 名雇主的问卷调查（郭丛斌，孙启明，2014）。其中，学术声誉调查数据按地区进行加权处理，在 5 个学科领域分别进行统计计算，从而得到最终结果，而雇主声誉调查则对所有学科一视同仁。每个指标的计算都运用 Z 分数法，以确保其在总分中的相应比例，避免某个指标的突出表现对整体结果产生过度影响，从而确保排名的可靠性（QS 世界大学排名课题组，2012）。与论文数量和引用次数有关的统计数据主要来源于文献数据库 Scopus，这主要是因为“Scopus 数据库中收录的学术期刊覆盖面更广，针对非英语论文的政策更加得当，这使它能更加有效地区分排名较低大学的科研生产力和质量”（QS 世界大学排名课题组，2012）。此外，师生相关数据全部由参与排名的高校报送，QS 通过多方信息的比对来提高数据的可信度，防止高校人为操控数据。

2016 年最新发布的 QS 亚洲大学排名指标体系见表 1，包括 10 个评价指标。根据各方反馈意见，QS 对 2016 年排名指标体系进行了微调，与之前的指标体系相比，新增了“博士教职工比例”指标（权重占 5%），将生师比、篇均引用率、师均论文数的权重均降低了 5%，此外，将雇主声誉的权重提高了 10%，使 QS 注重声誉指标的特征更为突出。由 2016 年排名指标体系可以看出，QS 亚洲大学排名分为两大类指标：主观性指标（占 50%），包括学术声誉（30%）、雇主声誉（20%），其结果完全依赖于 QS 全球大学学术声誉调查和雇主声誉调查；客观性指标（占 50%），包括 8 个指标，其中，师均论文数、篇均引用率 2 个指标用于评判大学的科研实力，总权重为 20%；生师比、博士教职工比例 2 个指标用于衡量大学的教学质量，总权重为 20%；国际教师比例、国际学生比例、入境交换生比例、出境交换生比例 4 个指标用于考量大学的国际化水平，总权重为 10%。8 个客观性指标全部基于可量化的硬性数据。

表 1　2016 年 QS 亚洲大学排名指标体系

类别	评价指标	权重	数据来源
主观性指标（50%）	学术声誉	30%	根据 QS 开展的全球大学学术声誉调查、雇主声誉调查获得，均采用近 3 年数据
	雇主声誉	20%	
客观性指标（50%）	篇均引用率	10%	来源于 Scopus 数据库，采用近 5 年数据
	师均论文数	10%	

续表

类别	评价指标	权重	数据来源
客观性指标（50%）	生师比	15%	由参与排名的院校提供
	博士教职工比例	5%	
	国际教师比例	2.5%	
	国际学生比例	2.5%	
	入境交换生比例	2.5%	
	出境交换生比例	2.5%	

资料来源：Quacquarelli Symonds.［2021-03-05］. QS University Rankings：Asia 2016. http://www.qschina.cn/university-rankings/asian-university-rankings/2016

二、我国地方高水平大学与亚洲一流大学的比较分析

本文把2014—2016年在QS亚洲大学排名中一直位于前20名的大学界定为亚洲一流大学。满足该条件的大学共有19所，大学名单及其在2014—2016年的排名情况详见表2。19所亚洲一流大学中，2所来自新加坡，6所来自韩国，5所来自日本，6所来自中国。三年间，尽管QS亚洲大学排名的指标体系及权重有所调整，但排名亚洲前20的大学及其排名位次没有出现太大的变化，体现出这些大学软硬实力的稳定性，是当之无愧的亚洲一流大学。

表2　2014—2016年一直位于QS亚洲大学排名前20的大学及排名情况

学校	国家	2014年排名	2015年排名	2016年排名
新加坡国立大学	新加坡	1	1	1
香港大学	中国	3	2	2
南洋理工大学	新加坡	7	4	3
香港科技大学	中国	5	5	4
清华大学	中国	14	11	5
韩国科学技术学院	韩国	2	3	6
香港城市大学	中国	11	9	7
香港中文大学	中国	6	6	8
北京大学	中国	8	7	9
首尔大学	韩国	4	8	10

续表

学校	国家	2014年排名	2015年排名	2016年排名
浦项工科大学	韩国	9	10	12
东京大学	日本	10	12	13
东京工业大学	日本	15	15	14
京都大学	日本	12	14	15
高丽大学	韩国	18	19	16
大阪大学	日本	13	13	17
延世大学	韩国	16	18	18
成均馆大学	韩国	17	17	19
日本东北大学	日本	18	20	20

中国能够进入QS亚洲大学排名前200名的地方高水平大学屈指可数，仅有3所，分别为上海大学、北京工业大学、苏州大学。本文选取以上三所大学作为我国地方高水平大学的代表，与亚洲一流大学进行比较分析，从而为我国地方高水平大学提升国际竞争力提供参考及借鉴。

三所地方高水平大学近三年的排名变化情况见表3。其中，上海大学排名最高，近三年排名变动不大，徘徊在70名左右；北京工业大学2015年的排名与2014年相比有所下降，但2016年有较大突破，首次进入亚洲百强；苏州大学一直在接近200名的位置，但排名一直处于稳步上升态势，近三年排名每年提升约10名。根据各大学制定的发展规划，上海大学的发展战略目标是建设成为“世界一流、特色鲜明的综合性研究型大学”；北京工业大学提出建设“国际知名、有特色、高水平研究型大学”的发展目标；苏州大学则致力于建设“国内一流、国际知名高水平研究型大学”，并以“国际知名带动国内一流”作为其发展思路。三所高校在其发展规划中都对提升自身国际竞争力、冲击世界一流提出了更高要求，其近三年的QS排名呈现出稳中有升态势，表明三所高校围绕各自发展目标采取的办学战略取得了一定成绩，学校的国际学术影响力和国际竞争力越来越得到社会和国际相关机构的认可。然而，与排名稳定在前20名的亚洲一流大学相比，地方高水平大学的差距体现在哪些方面？究竟存在哪些实力短板与发展瓶颈？这还需要以指标体系为切入点，结合各项指标及得分进行进一步深入分析，从得分变化及比较中获取有用的信息。

表 3　2014—2016 年三所地方高水平大学与亚洲一流大学得分对比

年份	学校	排名	总分	学术声誉	雇主声誉	生师比	博士教职工比例	师均论文数（篇）	篇均引用率	国际教师比例	国际学生比例	入境交换生比例	出境交换生比例
2014	亚洲一流大学		95.6	98.3	97.4	96.2	/	75.9	92.9	66.2	79.2	63.3	58.74
	上海大学	72	58.6	74.2	66.2	56.4	/	43.2	34.6	27.1	20.8	1.9	95.6
	北京工业大学	118	45.8	49.3	52.9	51.1	/	66.4	10.2	27.9	13.9	10.1	11.2
	苏州大学	191—200	—	—	—	—	/	—	—	—	—	—	—
2015	亚洲一流大学		98.6	98.4	96.0	75.9	/	93.5	67.9	75.9	67.4	75.4	93.5
	上海大学	75	58.8	69.6	77.7	—	/	48.2	—	28.1	—	—	96.3
	北京工业大学	131	45.5	42.7	62.9	—	/	66.8	—	—	—	9.6	11.9
	苏州大学	181—190	—	—	—	—	/	—	—	—	—	—	—
2016	亚洲一流大学		95.1	97.7	97.4	93.5	93.8	74.0	92.7	65.7	70.1	63.8	65.5
	上海大学	69	59.0	67.1	73.2	51.2	55.9	49.7	49.9	25.5	11.5	3.1	4.0
	北京工业大学	100	47.7	40.8	55.8	45.4	66.3	73.4	16.8	22.6	11.8	28.4	56.9
	苏州大学	169	33.8	14.3	10.4	73.5	26.8	34.5	90.2	5.9	35.6	—	—

注：“—”表示该分项指标得分没有公布；“/”表示 2014、2015 年没有该分项指标（博士教职工比例为 2016 年新增指标）

资料来源：Quacquarelli Symonds.（2016-12-17）[2021-03-05]. QS University Rankings：Asia. http://www.topuniversities.com/asian-rankings

计算 19 所亚洲一流大学在各指标分项上得分的平均分，将 3 所地方高水平大学各项指标得分与以上平均分进行比较分析，2014—2016 年，3 所地方高水平大学与亚洲一流大学得分对比情况如表 3 所示，通过比较分析发现，地方高水平大学国际竞争力存在以下问题与不足。①

（一）学校声誉及国际知名度较低

QS 亚洲大学排名中，学术声誉、雇主声誉两个主观性指标占据了一半的权重，可见 QS 亚洲大学排名对于学校声誉的重视程度。从大学排名的角度看，声誉调查可以将定性评价转化为定量评价的具体数据，使得不同大学之间可以进行比较。三所地方高水平大学的学术声誉、雇主声誉与亚洲一流大学的差距均在 19%以上，以 2016 年得分为例，学术声誉差距为 30.6—83.4 分，折算到总分（将分项指标得分乘以该分项指标权重），由学术声誉差距引起的总分差为 9.2—25.0 分；雇主声誉差距为 24.2—87.0 分，折算到总分，由雇主声誉差距引起的总分差为 4.8—17.4 分。由此反映出地方高水平大学声誉较低、国际知名度有待提高。由于声誉指标的纯主观性，以及地方高校长期以来的地方性、区域性，地方高水平大学在声誉指标上与世界知名大学、我国部属院校等相比都具有劣势，需要在多方面付出比这些大学更多的努力。

（二）师资质量及结构有待进一步优化

各大学国际竞争力排名对师资的评价方法、内涵等有不同诠释，QS 认为生师比虽然简单，却是衡量教学质量误差最小的指标。2016 年，QS 亚洲大学排名增加了博士教职工比例这一指标，从另一角度来衡量教学质量。

2014—2016 年，地方高水平大学生师比、博士教职工比例等指标与亚洲一流大学平均分的差距在 20%以上，以 2016 年得分为例，三所大学的生师比与亚洲一流大学的差距为 20.0—48.1 分，折算到总分，由生师比差距引起的总分差为 3.0—7.2 分。通过 QS 亚洲大学排名官网提供的师生数据计算可知，2016 年，上海大学、北京工业大学、苏州大学的生师比分别为 12.2、13.1、9.0，得分分别为 51.2、45.4、73.5 分，而亚洲该指标排名第一的日本昭和大学的生师比仅为 1.65，得分为 100 分，相比之下，几所地方高水平大学的生

---

① 除有特殊说明外，下文中的数据均来源于 QS 亚洲大学排名官网（http://www.topuniversities.com/university-rankings/asian-university-rankings）。

师比偏高。此外，三所高校的博士教职工比例与亚洲一流大学的差距为27.5—67.0分，折算到总分，由博士教职工比例差距引起的总分差为1.4—3.4分，因此，博士教职工比例也有较大的提升空间。总体而言，师资数量、质量及结构都有待进一步优化。

（三）高端成果产出较少且影响力不足

论文及其被引用情况在很多大学排名中都被用来评估大学的科研质量，QS亚洲大学排名中的具体指标包括师均论文数、篇均引用率，两个指标的结合兼顾了大学科研成果的数量和质量。三所地方高水平大学中，北京工业大学2016年的师均论文得分为73.4分，与亚洲一流大学平均分74.0分相差无几，在该指标上领跑三校；苏州大学在该项上的得分最低，为34.5分。通过Scopus数据库对各高校五年内师均论文数进行计算可得，北京工业大学五年内师均论文数为7.95篇/人，与亚洲该指标最高的日本丰田工业大学（32.15篇/人）相差24.2篇/人，差距较为明显，相比之下，上海大学、苏州大学在师均论文数方面的劣势更为明显。

苏州大学2016年的篇均引用率得分为90.2分，与亚洲一流大学平均分92.7分非常接近，在该指标上领跑三校，而上海大学、北京工业大学该指标上的得分分别为49.9、16.8分，与亚洲一流大学的差距分别为46%、82%。尤其是北京工业大学，师均论文数居三校第一，而篇均引用率却远低于其他两校，可以看出，相比于发表论文数量，北京工业大学的论文影响力有更大提升空间。虽然苏州大学的师均论文数在三校中最低，但其篇均引用率却是三校中最高的，表明其论文影响力高于其他两校较多。

Scopus数据库收录的均为高水平中英文期刊，对论文质量要求较高，而高被引论文则对论文的质量及影响力要求更高，三校具体数据显示，个别地方高水平大学在科研成果数量、质量或影响力等方面有较为突出的表现，但整体而言仍是地方高水平大学的弱势指标。

（四）国际化程度不高

QS亚洲大学排名的国际化指标共4个，分别是国际教师比例（2.5%）、国际学生比例（2.5%）、入境交换生比例（2.5%）、出境交换生比例（2.5%）。

在国际教师比例、国际学生比例、入境交换生比例这几个指标上，地方高水平大学比亚洲一流大学的平均分低50%以上。以2016年得分为例，三所高校的国际教师比例与亚洲一流大学的差距为40.2—59.8分，折算到总分，由该指标引起的总分差为1.0—1.5分；国际学生比例的差距为34.5—58.6分，折算到总分，由该指标引起的总分差为0.9—1.5分；入境交换生比例差距为35.4—60.7分，折算到总分，由该指标引起的总分差为0.9—1.5分。这表明，地方高水平大学的国际教师比例、国际学生比例、入境交换生比例均较低，与亚洲一流大学相比差距明显。在出境交换生方面，上海大学2014、2015年的得分均超过了亚洲一流大学平均分，显示出较大优势，但2016年的得分降低到4.0分，与亚洲一流大学拉开较大差距，表明其稳定性不够。尤其是苏州大学，2014—2015年，该校在这4个国际化指标上的排名均在150名之后，2016年，该校的国际学生比例有较大提升，但国际教师比例及入境交换生比例、出境交换生比例均位于200名之后，与亚洲一流大学的差距非常大。因此，地方高水平大学存在国际化程度和质量不高、稳定性差的问题，这既制约了高校的国际化水平，也在很大程度上影响了高校的国际声誉。

三、我国地方高水平大学国际竞争力提升策略

“双一流”背景下，提高国际竞争力既是国家战略对地方高水平大学提出的迫切要求，也是其自身在日趋激烈的国际竞争中求得生存和发展的内在要求。大学国际竞争力排名使大学在认识自身国际竞争力状况的基础上实现自我剖析、问题诊断，有利于大学发现自身优势与不足，为大学的改革和发展提供目标和依据。然而，排名次序的提高并不是也不应该是各大学追逐的目标，排名更重要的意义在于将大学放在国际视野、国际背景中，帮助大学对自身的国际竞争力进行精准定位，帮助大学重新审视自身如何在“双一流”政策的引领下谋求新的发展。影响大学发展的因素有很多，本文主要针对以上分析中反映出的问题提出相关的对策建议。

（一）深入研究指标体系，加强数据统计

在任何大学排名中，最为核心的要素都是指标体系，它是整个排名的具体、可操作化的行为指南。因此，高校合理运用大学国际竞争力排名的前提是深入研究其指标体系，包括排名评价标准和计算方法等。已有研究表明，包括

耶鲁大学在内的很多世界一流大学都安排专人或课题组研究大学排名的影响及具体表现，我国高校中，北京大学、北京航空航天大学等多所高校也成立课题组研究大学国际竞争力排名的指标体系及高校排名变化情况，为推动高校建设提供参考和服务。对于地方高水平大学而言，要想厘清大学国际竞争力的内涵、构成要素并进一步发现自身与其他高校的差距，深入研究排名指标体系是必须要做好的基础性工作。

相比于主观性指标，可量化的客观性指标能够使我们更清楚地看到我国地方高水平大学与亚洲一流大学的差距，明确学校自身的努力方向。QS 亚洲大学排名的指标体系包含 8 个客观性指标，除与论文相关的 2 个指标来源于 Scopus 数据库外，其余 6 个指标全部由参与排名的学校提供。因此，高校有必要加强数据统计及监测工作，首先，建立全校统一的数据收集、统计和分析平台，确保向排名机构提供可靠的数据源，避免由信息不足或错误引起的排名结果偏颇；其次，指定专门的人员或部门与排名机构对接，与之建立有效的沟通机制，积极提供相关数据，同时使排名机构认识和了解高校；最后，加强数据核实工作，追踪学校提供的数据与排名机构用于排名的数据是否一致、有无出入等，如果数据有误，应及时跟排名机构联系并采取措施进行纠正，避免错误结果的出现，以进一步确保数据的准确性。在数据准确的基础上，高校才能有效利用数据与其他学校进行比较分析，从而真正发现自身在各个指标上表现出来的问题与不足。

（二）采取多种措施，有效提高声誉

作为一种纯主观评价，声誉调查没有明确、清晰的因素指标，而是一种综合性的、质的评价（郭丛斌，孙启明，2014），是以大学外部的视角看待一所大学的综合水平，教学水平、科研质量、国际化程度等都可能会影响一所大学的声誉。学术声誉侧重衡量一所大学的学术质量在学术界及社会上的影响力（许甜，2012），而雇主声誉则从毕业生质量的角度衡量大学的人才培养质量，其标准都基于社会对大学的认可和尊崇。相比于客观性指标，通过学术声誉、雇主声誉体现出来的大学社会形象带有一种感性的认识。大学声誉是大学综合实力和办学水平的总体情况的反映，是大学的公众印象被反复强化的结果。不同于论文发表、生师比等可在短时间内快速提升的数据，大学社会声誉的形成没有捷径，也不可能一蹴而就，需要精神文化、学术资源、教学水平与科研能

力等多方面长期的积累和沉淀（宋微，肖念，2013）。大学的自身改革对于提升大学国际竞争力具有重要意义，努力提高教学科研水平、提高人才培养及毕业生质量、提升办学实力及核心竞争力，是提高大学声誉的基本前提和关键要素，应始终伴随大学的办学过程。作为我国高等教育的重要组成部分，地方高水平大学的发展承载着为区域经济社会发展提供人才支持和智力支撑的重要使命（李明，2014），更应抓住“双一流”建设的大好机遇，改革创新，以世界一流学科建设为突破口，逐步在“双一流”建设进程中切实提高自身综合实力及国际竞争力。此外，声誉对大学的影响体现在方方面面，不容忽视，大学应采取多种措施，通过进一步加大对外宣传力度、加强与用人单位的沟通与合作、提高国际交流的广度与深度、发挥海内外校友力量等有效手段，全方位扩大高校的国际影响力和知名度。

（三）加强师资队伍建设，提高教学质量

师资队伍是大学最为重要的战略性资源，是大学核心竞争力的关键要素。一所大学或一个学科迈向世界一流，关键在于拥有一支结构合理、水平顶尖、国际影响力大的师资队伍，聚集一批世界公认的学术权威和大师（李阿瑾，2017）。《“双一流”方案》提出的五大建设任务中的第一条即“建设一流师资队伍”，将师资队伍建设放在非常重要的位置，并指出“深入实施人才强校战略，强化高层次人才的支撑引领作用，加快培养和引进一批活跃在国际学术前沿、满足国家重大战略需求的一流科学家、学科领军人物和创新团队，聚集世界优秀人才”。地方高水平大学与“985 工程”“211 工程”高校及其他部属高校相比，在引进高层次师资方面有一定劣势，为补齐师资队伍建设这一短板，各地方高水平大学要根据学校实际情况，建立引进和培育相结合的多途径建设机制，逐步优化师资质量和结构。一方面，加大人才引进力度，通过完善人事制度改革、提供优越条件、加强软硬件支持、营造学术氛围等措施，积极延揽国内外知名学者、高层次人才特别是领军人才，以提升高校专业与学科发展；另一方面，加强已有师资队伍培育，特别加大高水平青年教师队伍的培育力度，不断增强人才队伍的可持续发展能力。特别需要强调的是，无论是引进还是培育，高水平学科带头人是提升大学国际竞争力的重中之重，应作为师资队伍建设的重点。此外，“高学历”虽并不能等同于“高素质”或“高水平”，但两者之间呈高度正相关，很多世界一流大学都拥有非常高的博士教职工比

例，博士教职工比例在很多大学排名中都被用来衡量师资水平及教学质量。因此，师资学历结构也应是地方高水平大学需要重点注意的问题，应在人才引进、师资培育等方面加强对教职工学历水平的关注。

（四）完善科研激励机制，提高论文质量及影响力

科学研究，特别是重大科学研究的能力是衡量地方高水平大学办学水平的重要标尺（蔡袁强，2016）。与亚洲一流大学相比，我国地方高水平大学在科研实力方面存在较大差距，应注意营造宽松、和谐的学术氛围，以科研质量的提升为重点，努力实现从数量增长为主向质量提升为主的转型。目前，很多地方高水平大学仍缺乏持续有效的激励机制，在一定程度上制约了地方高水平大学科研水平的进一步提高。首先，高校应在科学论证的基础上设立科研成果奖励制度，划定科研成果和学术刊物等级范围，制定政策保障及科研激励措施，提高师生在高水平期刊上发表论文的主动性、积极性，进而增加师均论文数；其次，建立高被引论文奖励机制，鼓励师生多在高级别期刊上发表论文尤其是英文论文，从而有效增加论文引用率、提高高校科研实力。

当前环境下，高校对于科学研究普遍重视，很多高校在此方面已经做了一些调整，如北京工业大学修订了《北京工业大学奖励办法》，通过包括调整奖励范围并加大部分高端成果的奖励力度等在内的具体措施，从而充分调动教师开展科技创新活动的积极性，经过一段时间的积淀，势必会显现出良好的效果。

（五）深化国际交流合作，优化留学生结构

国际化是衡量大学办学水平的重要指标，是世界一流大学的基本特征。推进国际交流合作，是“双一流”建设提出的改革任务。长期以来，地方高水平大学扎根地方与行业。在高等教育全球化背景下以及“双一流”政策的引领下，地方高水平大学只有拥有全球意识、走国际化之路，才能打牢发展根基、强化办学特色，进而更好地服务国家，更快地走向亚洲一流乃至世界一流。结合与亚洲一流大学的比较情况，地方高水平大学应在以下方面有所改进。第一，营造良好的国际化教学科研环境以吸引国际教师，更广范围、更大规模地引进国际优秀学者，提高国际教师比例，更重要的是要切实发挥国际教师在人才培养、科学研究中的积极作用；第二，采取有效措施，与境外高水平大学、

研究机构建立深度、实质性的科研合作，通过教师访学、主办或承办国际会议、积极参与国际教育规则制定、国际教育教学评估和认证等多种形式，逐步提高高校知名学者在国际相关学术领域的影响力和话语权，从而有效提升地方高水平大学的国际知名度和影响力；第三，制定有效的激励机制，支持学生广泛参与校际交流合作项目，在提高出境交换生比例的基础上，鼓励学生切身参与国际人才培养、科学研究的全过程；第四，进一步加强留学生招生宣传、交换生项目宣传与高校形象推介工作，建立更加符合留学生个性化特点的培养体系，不断提高留学生来源与学科背景的多样性，有效提高国际学生及入境交换生比例，全方位扩大地方高水平大学的国际影响力。

总之，地方高水平大学在切实提升国际竞争力、冲击世界一流的道路上还有很多问题需要解决，任重而道远。在教育部、财政部、国家发展改革委公布的《"双一流"建设高校名单》《"双一流"建设学科名单》中，多数地方高水平大学均入选，特别是郑州大学、云南大学、新疆大学三所地方高水平大学跻身"双一流"建设高校名单，充分表明地方高水平大学在"双一流"建设中同样可以大有作为。"双一流"政策打破了"终身制"，对建设过程实施动态监测和管理，因而，对于地方高水平大学而言，进入"双一流"建设高校或建设学科名单既是一个难得的发展机遇，更是一场激烈而残酷的竞争。入选名单仅是起点，后续建设才是更大的考验。如何抓住机遇、迎接挑战，在"双一流"建设中脱颖而出、彰显特色，是地方高水平大学在"双一流"建设实践中需要不断思考和探索的问题。

原文参见宋微.（2018）."双一流"背景下地方高水平大学国际竞争力提升策略研究. 北京工业大学学报（社会科学版），（1）：77-84.

参考文献

蔡袁强.（2016）."双一流"建设中我国地方高水平大学转型发展的若干思路——以浙江工业大学为例. 中国高教研究，（10）：33-37.

郭丛斌，孙启明.（2014）. 中国建设世界高水平大学的问题与对策——基于《泰晤士高等教育》大学排名中亚洲五校的对比研究. 教育学术月刊，（12）：3-9，37.

李阿瑾.（2017）. 对话"双一流"加快地方高校师资队伍建设. 人力资源管理，（3）：124-126.

李明.（2014）. 基于模糊 DEA 的地方高校学科建设绩效评价方法研究. 北京工业大学学报

（社会科学版），（6）：73-79.
QS 世界大学排名官方网站.（2016-12-17）［2017-08-10］. http://www.topuniversities.com/university-rankings.
QS 世界大学排名课题组.（2012）. 2013 世界一流大学指南（中文版）. 世界教育信息，（16）：14-16.
宋微，肖念.（2013）. 大学排名对院校发展的影响研究. 北京教育（高教版），（2）：27-29.
王英杰，刘宝存.（2008）. 世界一流大学的形成与发展. 太原：山西教育出版社：343-392.
许甜.（2012）. 国外大学排名中的学术声誉评价理念及方法. 中国高教研究，（9）：52-58.
赵冬梅.（2011）. 研究型大学国际竞争力评价标准体系研究. 上海交通大学硕士学位论文：2.
郑永扣.（2006）. 大学发展战略：理念、目标与管理. 北京：人民出版社：135-136.
Salmi，J.（2009）. 世界一流大学：挑战与途径. 孙薇，王琪，译校. 上海：上海交通大学出版社：3-58.

作者简介

主编：王绽蕊　（1973—），河南清丰人。2005年毕业于北京师范大学教育学院，获教育学博士学位。现为北京工业大学高等教育研究院研究员，教育部科技委战略研究基地（北京工业大学）责任教授，硕士研究生导师。共出版专著、合著、译著6部，参与撰写中英文著作若干部。在《教育研究》《比较教育研究》《复旦教育论坛》等期刊公开发表学术论文60余篇，其中多篇论文获《中国人民大学复印报刊资料》全文转载。主持和参与国家级、教育部、北京市课题10余项。入选“北京工业大学日新人才”“北京市青年拔尖创新人才培养计划”“北京工业大学青年导师国际化培养计划”。曾任教育部中欧调优联合研究项目比较教育学学科组专家、天津市基础教育课程改革实验组专家。中国教育学会比较教育研究分会会员、中国高等教育学会院校分会理事、中国高等教育学会高教管理分会理事。主要研究方向为比较高等教育、现代大学制度与大学治理、高等教育国际化、教育督导与管理等。

合作主编：Ulrich Teichler　（1942—），拥有社会学和比较教育学的双博士学位，芬兰图尔库大学荣誉博士。1978年之前任柏林马克斯-普朗克教育研究所研究员。自1978年以来，相继担任过16年的卡塞尔大学国际高等教育研究中心主任、1年的学部主任和2年的卡塞尔大学副校长。先后出访过80多个国家，并获得过阿根廷、哥斯达黎加、斯里兰卡和美国的特别荣誉和奖励。曾获联合国教科文组织颁发的“夸美纽斯奖”（1998年）、德国学术交流中心颁发的“伊拉斯谟特别奖”（2008年），还以个人名义设立了乌尔里希·泰希勒最佳博士和硕士论文奖，资助德国高等教育领域的优秀学子。担任多种学术刊物，如*Higher Education*、*European Journal of Education*的合作编辑，担任联合国教科文组织、经济合作与发展组织、世界银行、欧洲委员会、欧盟以及多个国家的专家和顾问。还是欧洲科学院成员（1992至今）之一，曾任高等教育研究员协会前主席、欧洲高等教育学会前主席等职务。主要研究领域包括高等教育和大学职业、高等教育系统的国际比较、高等教育的国际合作和流动性等。

合作主编：张优良 （1987—），河南虞城人，北京大学教育学博士。现为北京工业大学文法学部高等教育研究院副研究员，香港岭南大学博士后/研究助理教授，教育部战略研究培育基地“地方高水平大学发展战略研究中心”专职科研人员，硕士生导师。2020 年入选人力资源和社会保障部“香江学者计划”。曾出版专著《地方高水平大学国际化改革研究》，发表中英文学术论文 20 余篇，主持和参与省部级以上课题 10 余项。主要研究方向为高等教育国际化、高等教育组织与管理等。

本书作者（按照章节顺序排序）

莫家豪 毕业于香港城市大学公共及社会行政学系（1989），获得香港中文大学颁发的哲学（社会学）硕士学位（1991），之后到英国深造，获伦敦政治经济学院颁发的哲学（社会学）博士学位（1994）。曾任英国布里斯托大学东亚研究讲座教授、香港教育学院副校长及研究与发展和比较政策讲座教授、香港大学社会科学学院副院长及社会政策教授。现为香港岭南大学副校长，同时担任林文赞比较政策讲座教授。是期刊 *Journal of Asian Public Policy*（London：Routledge）及 *Asian Education and Development Studies*（Emerald）的创始主编，并担任 Routledge 及 Springer 出版社的丛书编辑。主要研究方向为比较教育政策、比较发展与政策、中国与东亚当代社会发展研究等。

Christof van Mol 荷兰蒂尔堡大学社会学助理教授。2006 年获比利时安特卫普大学历史学硕士学位，2008 年获西班牙瓦伦西亚大学和法国里尔天主教大学移民研究国际硕士学位。曾任职于马德里的国际移民组织，之后于 2013 年在安特卫普大学获得社会学博士学位。在加入蒂尔堡大学之前，曾在海牙的荷兰跨学科人口研究所（Netherlands Interdiseiplinary Demogaphic Institute，NIDI）工作。研究兴趣是国际移民的过程、模式和结果，尤其关注国际学生流动，并就这些问题在 *Higher Education*、*Journal of Ethnic and Migration Studies and Population*、*Space and Place* 等期刊上发表了大量文章，获得了多项学术奖项，如2016年国际社会学协会（International Sociological Association）颁发的移民社会学最佳图书奖、2020年国际高等教育杰出研究奖（The Award for Significant Research on International Higher Education，ASHE）等。

李晗薇 拥有芬兰坦佩雷大学的教育学博士学位和德国比勒费尔德大学的社会学博士学位，现为英国曼彻斯特大学中国研究院研究员，曾任欧洲委员会资助的玛丽·居里项目的博士研究员。主要研究兴趣包括亚欧学生流动、学术整合、社会文化整合、高等教育国际化、跨国主义、投资移民和公民研究等。

黄福涛 著名比较高等教育专家，教育学博士。日本广岛大学大学教育研究中心终身教授，博士生导师，北京大学和上海交通大学客座教授，厦门大学教育研究院以及安徽工业大学兼职教授，大连理工大学“海天学者”特聘教授。用中文、日文和英文三种语言在国内、日本以及国际主要学术刊物发表论文100余篇，多次受邀在联合国教科文组织和经济合作与发展组织主办的国际会议以及国内多所大学做专题学术演讲。主要研究领域包括外国高等教育史、高等教育国际化、大学课程设置与开发、高等教育质量保证与评估、中日高等教育比较研究等。

阎光才 山东荣成人，教育学博士。教育部长江学者特聘教授，第三批国家“万人计划”哲学社会科学领军人才。现为华东师范大学高等教育研究所教授，所长。中国高等教育学会常务理事和学术委员会委员、中国高等教育学会高等教育学专业委员会理事长、中国高等教育学会院校研究分会副会长、上海市高等教育学会副会长。长期以来，带领所在团队始终坚持现实问题的学理探究与政策研究相结合，开展大量基于证据的研究。先后主持教育部哲学社会科学重大攻关项目、国家社会科学基金项目、国家自然科学基金面上项目、上海市哲学社会科学规划项目、北京市哲学社会科学规划重点项目等课题多项。在上述相关领域，出版专著4部，在《教育研究》《北京大学教育评论》《高等教育研究》等期刊发表学术论文180多篇。曾获得获上海市哲学社会科学优秀成果奖一等奖2项、二等奖3项，高校人文社会科学研究优秀成果奖二等奖、三等奖各1项，上海教育教育科学研究优秀成果奖一等奖1项。主要关注领域为高等教育理论、高校教师职业发展、学术管理与政策、本科生职业发展能力、比较高等教育等。

陈德云 山东莒县人，教育学博士。现为临沂大学教育学院教授，硕士生导师。毕业于华东师范大学课程与教学系，获教育学博士学位。于2010年和2013年分别赴美国波士顿学院和加利福尼亚大学洛杉矶分校访学。在《教育研究》等学术期刊公开发表学术论文30余篇，主持国家级及山东省课题多项。作为核心人员参与导师周南照教授主持的教育部、世界银行以及联合国教科文组织等多个国际组织的项目研究。曾获中国高等教育学会优秀高等教育研究成果一等奖、山东省社会科学优秀成果奖二等奖、山东省高等学校优秀科研成果奖等多项学术奖励。研究领域主要为比较教育、教师教育、国际教育政策与领导等。

Darla K. Deardorff 拥有美国北卡罗来纳州立大学的硕士和博士学位。现为国际教育管理者协会（Association of International Education Administrators）执行主任，美国杜克大学社会科学研究所研究员，美国北卡罗来纳州立大学和米德尔伯里国际研究所兼职教授，日本明治大学国际教育研究所和南非纳尔逊·曼德拉大都会大学的客座教授，以及中国上海外国语大学的客座教授。曾在美国哈佛大学未来学习研究所和哈佛大学全球教育智囊团任职，还曾被任命为富布莱特项目高级专家。担任经济合作与发展组织和国际学士学位的顾问，是全球跨文化能力研究网络ICC Global的创始人。主要著作包括《SAGE跨文化能力手册》（*SAGE Handbook of Intercultural Competence*）（2009年）、《SAGE国际高等教育手册》（*SAGE Handbook of International Higher Education*）（2012年）等。主要研究领域为国际教育、全球领导能力和跨文化学习与评估等。

Samson Maekele Tsegay 厄立特里亚人，2018年获得北京师范大学博士学位。现任Anglia Ruskin University研究助手，英国罗汉普顿大学圣心学院（RUSH）研究员。

王英杰 山东莱州人，教育学博士。现为北京师范大学教育学部教授、博士生导师，教育学部学术委员会主席。1988年获新中国第一个比较教育学博士学位，1991—1992年获富布莱特奖学金，赴美国哈佛大学进修讲学。历任北京师范大学国际与比较教育研究所所长、澳门大学教育学院院长、北京师范大学副校长。兼任国务院学位委员会教育学科评议组召集人、世界比较教育学会联合会副会长、中国高等教育学会副会长、中国教育学会比较教育分会会长、全国高等教育自学考试委员会教育专业委员会主任等职。主持国家级和省部级科研课题30余项，发表论文100余篇，出版《美国高等教育的发展与改革》《世界一流大学的形成与发展》等著作10余部，其中多项研究成果获国家级或省部级奖励。主要从事比较教育、高等教育、美国教育研究。

张伟 山东临沂人，教育学博士，现为江苏师范大学副教授，硕士生导师，北京师范大学国际与比较教育研究院兼职研究员。主持中国博士后科学基金面上资助项目、国家社会科学基金教育学青年项目、江苏高校哲学社会科学研究重大项目等，出版专著《层序社会中的师者——传统教师社会身份研究》（入选第五批《中国社会科学博士后文库》），在《教育研究》《高等教育研究》《比较教育研究》等刊物发表学术论文30余篇，并有多篇文章分别被《新华文摘》《中国人民大学复印报刊资料》全文转载。曾获江苏省哲学社会科学优秀成果奖二等奖。目前主要致力于美国高等教育和大学教师发展研究。

刘宝存 山东菏泽人，教育学博士，教育部长江学者特聘教授，国务院政府特殊津贴专家。现为教育部人文社会科学重点研究基地北京师范大学国际与比较教育研究院院长，教育部国别和区域研究培育基地北京师范大学国际教育研究中心主任，兼任亚洲比较教育学会会长、中国教育学会比较教育分会理事长、世界比较教育学会联合会执委会委员、《比较教育研究》副主编等职。主持国家级和省部级科研课题30余项；发表学术论文260余篇，出版著作20余部，曾获第四届全国教育科学研究优秀成果一等奖等多项学术奖励。主要从事国际与比较教育、高等教育、教育政策与管理研究。

伍宸 四川宣汉人，教育学博士。于2014年1月毕业于北京师范大学教育学部高等教育研究所，获教育学博士学位，博士就读期间，受国家留学基金管理委员会资助，公派日本北海道大学留学两年。曾就职于浙江工业大学政策研究室，任校聘副研究员，于2016年4月任职于浙江大学教育学院、浙江大学国际教育研究中心、中国教育发展战略学会国际教育专业委员会（浙江大学秘书处）。现任浙江外国语学院教育学院副教授、“西溪学者”青年人才，入选首批“浙江省高校领军人才培养计划”青年优秀人才。在《教育研究》《比较教育研究》《高等教育研究》《教育发展研究》《高等工程教育研究》《中国高教研究》《清华大学教育研究》《中国教育报》，以及日本《北海道大学大学院教育学研究院纪要》等国内外学术杂志和报刊发表论文30余篇，其中被《中国人民大学复印报刊资料》全文转载3篇。主持“十三五”全国教育科学规划国家青年课题1项，参与省部级课题多项。主要研究方向为高等教育国际化、比较高等教育学、高等教育治理等。

宋永华 四川巴中人，欧洲科学院外籍院士，英国皇家工程院院士。现任澳门大学校长、讲座教授，浙江大学客座教授，中国教育发展战略学会副会长兼国际教育专业委员会理事长，并担任中华人民共和国澳门特别行政区政府科技委员会顾问。1994年至今，出版英文专著6部，发表SCI论文160余篇。主要研究方向为电力系统安全与优化、智能电网、电力经济、能源互联网。

余佳 北京人，毕业于北京工业大学高等教育研究院，获硕士学位。现为北京王府外国语学校教师。

张涵 河南漯河人，北京工业大学高等教育研究院硕士研究生。

宋微 河北保定人，工学硕士，实验师。在《北京工业大学学报（社会科学版）》《现代教育管理》等期刊公开发表学术论文10余篇，参译译著1部，获软件著作权1项，主持省部级课题1项、校级课题5项，作为研究骨干参与省部级课题6项。主要研究方向为研究生教育管理、学科建设等。

后　　记

给这本书写后记不是一个轻松的工作。之所以迟迟没有落笔，一个很重要的原因是我们三个主编的缘分有些令人费解，解释起来颇有些难度。Ulrich Teichler先生，国际知名高等教育专家，曾经被英国高等教育专家马尔科姆·泰特认为是和马丁·特罗、伯顿·克拉克并列的世界三大知名高等教育专家之一。他怎么成了我的合作者？年轻的高等教育界新秀张优良博士，怎么成了本书的第三位合作主编？

这种神奇的缘分和我现在所在的单位——北京工业大学密不可分。2010年，北京工业大学和北京大学、坦佩雷大学、赫尔辛基大学合作主办“中芬高等教育国际论坛”，邀请了很多国际知名高等教育专家与会，其中就包括大名鼎鼎的Teichler教授，还有我们中国学者都很熟悉的黄福涛教授。学校领导认为我的英语比较好，就把会议筹备期间的联络工作交给了我，那是我第一次接触Teichler教授。我记得他到来的那一天，我以个人名义请他和他的学生包艳华博士（现任北京航空航天大学高等教育研究院副教授）去附近的餐馆吃饭，还闹了个笑话，Teichler教授不时提起，总是哈哈大笑一通。Teichler教授睿智而幽默，没有一点儿偶像包袱，跟初次相识的年轻人也能谈笑风生，显得特别亲切。

论坛结束后不久，北京工业大学高等教育研究所（以下简称高教所）领导就决定翻译Teichler教授的著作，协调联络工作还是由我来做。在翻译Teichler教授著作的三年期间，他多次访问高教所，每次都是我负责接待。Teichler教授对工作非常认真，翻译工作历时三年，我们经常通过邮件进行沟通。其间，他还邀请我参加在柏林自由大学举办的“学术职业：环境与方式的变革”（Changing Conditions and Changing Approaches of Academic Work）国际学术研讨会暨 Teichler 教授 70 岁生日纪念活动。在那个盛大而热闹的生日会上，德国教育部长和来自世界各地以及德国本土的数百名专家学者一起为 Teichler 教授举杯祝寿，让我直接感受到了 Teichler 教授在本国和世界教育界与学术界的影响力。在 Teichler 教授发言致谢时，他美丽而能干的妻子 Yuki 就站在他的身边担任他的翻译。在主编本书期间，Yuki 女士因病离世，Teichler 教授万分悲痛，时常落泪，但只要我给他写信，他没有一次不回复的。去年访德期间，我两次陪 Teichler 教授去 Yuki 女士的墓地献花，深刻感受到教授对妻子的依恋，但他仍然以异于常人的毅力全身心投入工作，热心地提携后辈，不管这个后辈是哪个国家的人，在学术上多么稚嫩，他都一视同仁，能帮尽帮。Teichler 教授是我见过的最无私的学者：他没有等级观念，将他第一本中文著作交给我们这样一群地方大学的学者来翻译；他更是一个彻底的国际主义者，他对国际理解与国际和平的珍视不仅表现在其学术观点里，更体现在其学术行动上。

如果说和 Teichler 教授的交往增进了他对我的信任，和杨长聚顾问的接触则是催生这本书的直接机缘。杨长聚先生曾任中华人民共和国国家外国专家局教科文卫专家司司长，自 2010 年以来一直担任北京工业大学国际化顾问。他务实、亲切，并不是高高在上地只为学校领导提供咨询，而是时常深入院系，与教学科研人员像聊家常一样聊大学国际化问题。由于这个原因，在 2014 年 Teichler 教授访问北京工业大学时，我把杨顾问也邀请到高教所，一起探讨高等教育国际化问题。杨顾问希望我多多研究高等教育国际化问题。好像就是在这次三人“神仙会”上，Teichler 教授建议我主编一本国际化方面的书。因为我当时主要关注中国特色大学治理评价指标体系研究，不想分心，并没有十分认真地对待这个建议。直到把那个课题结题，重新思考自己的研究方向和研究兴趣时，我才再次想起 Teichler 教授这个或许完全是无意的提议，并开始与他沟通，如何才能以我之力，完成这么一项需要国内外诸多学者参与的工作。Teichler 教授毫不吝啬地为我介绍他认识的专家和青年学者，而这些专家也如同 Teichler 教授一样具有无私奉献精神，纷纷接受了我的邀请，他们分别是黄福涛教授、莫家豪教授、Christof van Mol 博士、Darla Deardorff 博士。衷心感谢各位专家学者的支持！

我要主编这么一本书，急需一个帮手。正在我为没有合适的帮手而发愁的时候，张优良博士从北京大学毕业来到高教所工作。张博士在北京大学师从高等教育国际化研究领域的知名学者马万华教授，他自己的研究方向为地方高校国际化。我迫不及待地邀请他来帮我，他也毫不犹豫地答应了。在主编这本书的过程中，我负责组稿、联络作者，他负责翻译外文稿件、联络出版社，我们一起从课题费中拿出经费来应对相关支出，相处得很愉快。2020年8月，张博士（已经晋升为副研究员）入选2020年度“香江学者计划”，其在香港的合作导师正是本书作者之一的莫家豪教授。学术界的缘分真是奇妙！

本书能够成功出版，离不开我的导师王英杰教授、包括阎光才教授和刘宝存教授在内的两位师兄，以及陈德云教授、伍宸博士及其合作者宋永华校长、李晗薇博士、Samson Maekele Tsegay博士、张伟博士、宋微老师，还有我的两个学生余佳和张涵对我的信任与支持。此外，还要特别感谢蔡瑜琢教授，是他将李晗薇博士介绍给了我；以及熊建辉研究员，通过他，我才联系上了陈德云教授。深圳大学的李婷婷同学翻译了Teichler教授的大作，坚决不收取任何酬劳，让我非常过意不去。刘然同学翻译了本书前言、作者简介，并帮我将所有论文编辑成册。曹智奇、孙文帅、芮言、张慧、贺玉、崔晓慧、陈童节、王杨等同学翻译了英文论文的初稿，张优良博士和我进行了校译。为了保证翻译的质量，我们邀请中央财经大学外国语学院温剑波教授参与校译了部分章节，对于华人学者完成的英文论文，我们将译文发给作者本人进行审核。在此衷心感谢每一位作者和译者的辛苦付出！

本书部分论文是在期刊上发表过的，部分论文是作者专门为此书而撰写的。在成书的过程中，我们对书名和目录进行了几次修改，最后将其确定为《高等教育国际化：全球视野与中国选择》。书名对这些论文的主题进行了高度的提炼与概括，但我自知高等教育国际化是一个非常复杂的问题，全球学者在这方面的研究十分丰富。受组稿能力所限，本书涵盖的主题维度还不够丰富，未能反映这一领域研究的全貌，书的题目有些过于宏大，但苦于想不出更好的题目，只好抛砖引玉，期待后续研究层出纷呈。

作为北京工业大学国际科研合作种子基金的立项课题，本书出版主要应归功于该基金的大力资助。除此之外，教育部战略研究（培育）基地——地方高水平大学发展战略研究中心以及“香江学者计划”也为本书出版提供了经费资助和精神支持。在此一并感谢！

因为我个人的拖沓，交稿时间一再推后，科学出版社教育与心理分社付艳社长和朱丽娜编辑从不怪罪我。感谢她们的体贴与照顾，让我们能够从容地把书稿完成。由于不同作者有不同的语言表达习惯，文献著录方式也各不相同，朱编辑在认真审读稿件之后，提出了大量修改意见。Teichler 教授逐个校对了文内和文后的英文参考文献，提出了大量修改意见，我都逐一进行了修改。剡然同学付出了大量时间和精力帮我校对、修改书稿格式，张涵同学也参与了文献校对工作，他们两人的帮助大大减轻了我的工作负担。

也许是自己定力不够，也许是外部环境变化使然，这几年我个人的工作状态不是很好，想得多，写得少。这本书一直督促我保持与国内外学术界的联系，像我的家人一样，前前后后陪伴我度过了个人事业最困难的时光。如今，它终于要与大家见面了，内心的感慨无以言表。

最后我想说的是，尽管我们尽了很大努力，想使本书所涵盖的主题能够更好地体现全球以及我国高等教育国际化的前沿问题，本书所涉及的国家和地区已经尽可能多样化，在一定程度上实现了这个目标，但因为能力有限，还是未能收录大洋洲和拉丁美洲相关国家和地区高等教育国际化研究方面的论文，深深引以为憾。我们按照出版社要求对作者原文的标题体例、文献著录格式等进行了修订，但内容仍然以忠实原文为基本原则。如有错误，我们愿意虚心更正。

王绽蕊